Renate Daimler · Lust auf 50

Renate Daimler

Lust auf 50

Frauen am Wendepunkt

Deuticke

4. Auflage

Umschlaggestaltung: Robert Hollinger, Wien
Umschlagfoto: Stefan Badegruber, Wien
Druck: Wiener Verlag
Printed in Austria

ISBN 3-216-30445-0

Inhalt

Fachliche Beratung

Dr. med. Michael Adam, Österreich,
Gynäkologe, Geburtshaus Nußdorf

Univ.-Prof. Dr. med. Klaus Klaushofer, Österreich (Kapitel Osteoporose), Ludwig-Boltzmann-Institut für Osteologie, 4. Medizinische Abteilung Hanusch-Krankenhaus in Wien

Univ.-Prof. Dr. med. Ingrid Mühlhauser, Deutschland,
Universität Hamburg, IGTW-Gesundheit

Julia Onken, Schweiz,
dipl. Psychologin, Psychotherapeutin und Autorin,
Gründerin des Frauenseminars Bodensee

Dr. phil. Beate Schultz-Zehden, Deutschland,
Freie Universität Berlin, Institut für Medizinische Psychologie

Mitarbeit

Maria Abel, Shoba Hamann, Susanne Hochstätter, Janice Goodenough, Elke Oberortner, Andrea Schuster, Grete Wildhaber und unzählige andere Frauen, die mir Beiträge und Ideen geschenkt haben.

Lektorat

Mag. Monika Goodenough-Hofmann

Korrektorat

Mag. Johann Lehner, Irmtraud Weishaupt

Vorwort

Der Tag, an dem ich zum ersten Mal bemerkte, dass ich mein Alter verleugne, war der Anfang einer langen Reise. Sie fing mit dem Gefühl der Verletzung an, eine ältere Frau zu sein, und erreichte mit der Lust, eine reife Frau zu sein, ihren vorläufigen Höhepunkt. Wie meine Reise weitergeht? Ich weiß es nicht, vielleicht erzähle ich es in ein paar Jahren. Jetzt bin ich dabei, mein Leben als 50-jährige zu genießen.

Ein Leben, in dem sich die Werte verschoben haben. Die Hetze und die Jagd nach immer neuen Aufregungen haben einer Gelassenheit Platz gemacht, die mir wohl tut. Der Wunsch, jünger zu sein, als ich bin, hat sich in die Gewissheit verwandelt, dass es herrlich ist, dort zu sein, wo ich gelandet bin. Bei mir. Bei dieser Frau, die ein halbes Jahrhundert gelebt hat, die einen großen Schatzkoffer mitbringt, angefüllt mit Erfahrungen, die mir nützlich sind. Manche dieser Erfahrungen waren auch schmerzhaft. Ich möchte dennoch keine einzige missen. Jede hat mich meinem Ziel, ich selber zu sein, ein Stückchen näher gebracht.

Ich war 48, als ich anfing dieses Buch zu schreiben. In den zwei Jahren, die dazwischen liegen, habe ich mich mit mir und anderen Frauen eingelassen wie nie zuvor. Ich war gegen mich, außer mir, neben mir, auf der Flucht vor mir und bin letztendlich in mir angelangt. In meinem Wesen, das nicht mehr so sehr von seiner Hülle abhängt wie früher.

Jetzt fange ich an, die Früchte meiner Arbeit zu ernten. Ich bin so zufrieden mit meinem Leben wie nie zuvor.

Ich genieße meine neue Freiheit, die vor allem darin besteht, nicht mehr so viel zu müssen: ewig jung sein, ewig fit sein, ewig attraktiv sein. Ich habe mehr Zeit, die Erde unter meinen Füßen zu spüren, die Farben des Himmels zu beobachten und mich einfach zu freuen. An vielem. An meiner Gesundheit, meiner Liebe, meiner Kreativität, meiner Toleranz ...
Die Geschichten, die Sie in diesem Buch lesen werden, sind alle wahr. Die Frauen, die mir ihr Leben erzählt haben, gibt es wirklich, auch wenn ich ihre Namen geändert habe. Keines der Szenarien ist aus meiner Phantasie geboren. Mein kritisches Kapitel zum Thema Daten und Fakten mag für viele angreifbar sein. Für mich ist es eine Gelegenheit, einen neuen Blick auf die angebliche »Krankheit Wechseljahre« zu werfen, unterstützt von ExpertInnen, denen das Wohl von Frauen wichtig ist.
Und so kann ich über »Lust auf 50« sagen – alles ist echt. Die Verleugnung, die Trauer, die Wut, die Freude und die Lust.

Die Autorin, im September 1999

Annäherung in kleinen Schritten

Wenn es die Wechseljahre gibt, dann haben sie einen Sinn.
Und diesen Sinn wollte ich entdecken!
In diesem Moment kam ich mir vor wie in einem Märchen; um zu überleben, musste ich nach etwas suchen, was ich nicht kenne, so etwas wie eine Zauberformel finden, die mich aus der Sackgasse herausführt, in die ich irrtümlich hineingeraten war. …
Und ich wusste … mit absoluter Sicherheit, wenn ich mich ausschließlich der inneren Führung meines Herzens übergebe, wie ein Stück Treibholz der natürlichen Strömung des Flusses folgt, dann werde ich … den Zugang zu meinem ureigenen Wissen finden, aus dem heraus ich den Sinn der Wechseljahre erkennen und verstehen kann.

Julia Onken

Das Foto ist schwarzweiß mit einem altmodisch gezackten Rand und zeigt mich im Bikini unter der Trauerweide am Seeufer. Ein junges Mädchen mit einer hübschen Figur. Damals war ich 16 und schon unzufrieden mit meinem Körper. Damals habe ich schon gefastet und dann wieder heimlich im Keller der Molkerei, in dem es so herrlich nach vergorener Milch duftete, mit meiner Freundin Marianne Käse von den großen, runden Laiben abgeschnitten und in mich hineingestopft.
Heute bin ich fast 50 und noch immer unzufrieden. Ständig auf der Jagd nach zwei oder drei Kilo weniger, ständig abhängig von diesem unerbittlichen Zeiger meiner Waage, der mir am Morgen sagt, ob ich glücklich sein darf oder nicht. Noch steht die Waage in meinem Badezimmer. Noch ist der Terror nicht vorbei. Aber vielleicht, wenn ich diese Geschichte zu Ende erzählt habe, vielleicht, wenn ich mich all dem stelle, meiner Trauer, dass ich die Zeit nicht zurückdrehen kann, meiner Unfähigkeit, mich so zu akzeptieren, wie ich bin, kann ich auch dieses Kapitel meines Lebens abschließen.
Ich erzähle hier meine eigene Geschichte und die anderer Frauen in meinem Alter, die ihren Weg durch eine Lebenszeit finden müssen, für die wir wenig Vorbilder haben. Unsere Schwestern in früheren Jahrhunderten waren mit 50 schon tot, unsere Mütter und Großmütter haben geschwiegen. Weil sie so wenige Jahre nach dem Krieg andere Sorgen hatten, oder aus Scham über den Verlust ihres Wertes in einer Gesellschaft, in der nur Jugend zählt? Ich weiß es nicht.
Aber wer ist die Gesellschaft? Eine Gruppe von Menschen, deren Denken und Fühlen wir mitgestaltet und beeinflusst haben, wir, die Frauen, die wir immerhin mehr als 50 Prozent dieser »Gesellschaft« sind. Unsere

Männer gehören dazu, unsere Kinder, die wir geprägt und erzogen haben, deren Gedankengut wir stark beeinflusst haben. Vielleicht haben unsere Mütter und Großmütter gar nicht aus Scham geschwiegen, vielleicht haben sie das Älterwerden als natürlichen Lebensprozess verstanden und gar keine Notwendigkeit gesehen, ihren Wert aus dem heute so wichtigen »jung, knackig, frisch und faltenlos« zu beziehen. Suchen wir den Feind nicht irrtümlich außen, obwohl er in uns wohnt? Gibt es nicht in unserem eigenen Inneren einen grundsätzlichen Mangel an Wertschätzung für alles Weibliche, für den Wert unseres Wesens?

Der Buchhändler ist jung und attraktiv. »Ich möchte ein Buch von Julia Onken.« »Ein bestimmtes?« Auf mein »Nein« bringt er mir drei Taschenbücher und bleibt geduldig vor mir stehen. Ich blättere und erwecke den Anschein, mich der Qual der Wahl zu unterziehen. Nach einer Weile zeige ich wie zufällig auf die »Feuerzeichenfrau«. »Ich versuch's mit dem.«

Nein, es ist mir nicht bewusst, dass ich mich schäme, ein Buch über die Wechseljahre zu kaufen. Ich merke nicht, wie ich vor dem jungen Mann verberge, dass auch ich eine von diesen Frauen bin, die auf diese Zeit zugehen.

Im Zug nach Basel verbarrikadiere ich alle Sitzplätze rund um mich mit meinem Gepäck. Niemand soll sich zu mir setzen. Ich hole mein Buch aus der Tasche und verdecke den Untertitel »Ein Bericht über die Wechseljahre« mit meinen Fingern. Ich verrenke mir fast die Hand mit meinem Bemühen, niemandem zu zeigen, was ich lese.

Die Frau ist alt und trägt einen ordentlichen grauen Haarknoten. Sie steigt in St. Gallen zu und zwingt mich, alle meine Sachen einzusammeln. Warum setzt sie sich

gerade zu mir? Es gibt doch noch andere Plätze im Abteil. Ich versuche weiterzulesen. Ihre stille Präsenz, ihre spürbare Sehnsucht, mit mir zu reden, wird so unerträglich, dass ich aufgebe und meine Lektüre wegpacke.
»Können Sie sich noch an Ihre Wechseljahre erinnern?«
Meine direkte Frage durchbricht die angespannte Ruhe zwischen uns und bringt sie aus der Fassung.
»Wissen Sie, ich habe nie mit jemandem darüber geredet. Ich bin Pfarrersköchin gewesen und habe mein Leben lang hart gearbeitet. Ständig kamen Leute ins Haus, ständig musste ich den Dreck wegputzen und für den Pfarrer kochen und bügeln. Mich hat nie jemand gefragt, wie es mir geht. Aber ich kann mich an die Zeit noch genau erinnern. Ich hab' so eine Sehnsucht gehabt, ein bisschen leiser zu treten und ein wenig Zeit für mich zu haben. Aber ich konnte es nicht sagen. Ich habe einfach immer weitergeschuftet, bis zu meiner Pension. Man muss zufrieden sein, wenn man gesund ist und niemandem zur Last fällt.«
Sie fängt an zu weinen. Ich nehme ihre Hand und merke, wir mir die Tränen hochkommen. Über ihr hartes Leben, über meine eigenen verlorenen Träume.
Der Zugschaffner kommt und sagt mir, dass ich umsteigen muss. Wieso? Ich kann doch in Basel einfach sitzen bleiben und weiterfahren! Nein, kann ich nicht, weil die Streckenführung für die billigste Route anders läuft. Und wenn ich aufzahle? Das kostet zehn Franken, sagt der Schaffner missbilligend über so viel Verschwendungssucht für ein bisschen Bequemlichkeit.
Ja, ich leiste mir zehn Schweizer Franken für meine Bequemlichkeit! Ich bin es mir wert, mein Gepäck nicht durch einen fremden Bahnhof zu schleppen und auf einem kahlen Bahnsteig auf meinen Anschluss zu warten.

In letzter Zeit bin ich sehr mit meinem Wert und meiner Würde beschäftigt. Was will ich wirklich? Wo gehe ich hin und in welcher Qualität? Ich bin eine Frau in der Mitte ihres Lebens. Langsam wird mir bewusst, was das bedeutet.
Die alte Frau erzählt mir von ihrer Einsamkeit. Von ihren Wallfahrten zur Muttergottes, wo wenigstens Gleichgesinnte mit ihr beten, vom Fernseher, der oft läuft, zum Trost für eine leere Wohnung. Von der Katze, die ihr zugelaufen ist und die wenig später vergiftet im Garten lag. Ich bin dankbar. Für Karl, der mich liebt, für meine wunderbaren Kinder, für meine Freunde.

Der Kurs zum Thema »Wechseljahre« beginnt erst in zwei Stunden. Ich liege auf meinem Hotelbett und blättere in meiner inneren Datei nach. Was weiß ich? Wenig. Ein paar Zeitungsberichte über Hormontherapie, keine persönliche Betroffenheit. Es ist ein Thema wie jedes andere. Für eine Frauenzeitung recherchiert, geschrieben und dann abgehakt. Mehr nicht. Ich versuche mich an Frauen zu erinnern, die in diesem Alter sind, und langsam steigen aus der Erinnerung verdrängte Bilder auf:
Nina sitzt in ihrem Wohnwagen und schwitzt. Die kleinen Schweißperlen an ihren Schläfen verkleben ihre Haare, und als sie sich mit der Hand über den Nacken fährt und mir ihre nasse Handfläche zeigt, klingt Ekel in ihrer Stimme: »Verdammte Scheiße, diese Wechseljahre! Warte nur, bis du drankommst ...«
Ich werde nie »drankommen«. Erstens bin ich 45 und sehe aus wie 35, und zweitens werde ich diesen »Ekel« einfach nicht erleben. Ich habe nichts zu tun mit schwitzenden Frauen, die mit ihrem Leben nicht fertig werden. Ich bin dabei, mit der alljährlichen Fastenkur meinen

Winterspeck erfolgreich zu bekämpfen, der Nachbar auf dem Campingplatz hat mich auf sein neues Boot zum Wasserschifahren eingeladen, und wenn der Sturm die Verankerungen an meinem Vorzelt losreißt, eilen mir sofort ein paar Männer zur Hilfe. Attraktiv, nicht ganz jung, aber begehrt. Was geht mich dieses Gejammer über die Wechseljahre an.

Erst viel später werde ich verstehen, dass ich mich genauso hätte fragen können:

Was gehen mich menstruierende Frauen an?

Was gehen mich schwangere Frauen an?

Was geht mich all das an, was Frauen verbindet?

Schnitt.

Die Frau, die den Raum betritt, wird entscheiden, ob ich das hoch dotierte Projekt, für das ich mich beworben habe, übernehmen kann. Sie lächelt wohlwollend, lädt mich mit einer selbstbewussten Geste ein, Platz zu nehmen, und während ich versuche, meine Beine elegant in Schrägstellung zu bringen, sehe ich unterm Schreibtisch ihre Füße in flachen Schuhen breit und gerade auf dem Boden stehen. Ich trage immer Absätze, weil ich mir einbilde, dass meine Beine zu kurz sind, und bewundere sie für ihre Sicherheit.

Sie muss so um die 50 sein, und obwohl sie mindestens zehn Kilo mehr wiegt als ich, ist sie äußerst attraktiv in ihrem lose geschnittenen Seidenkleid.

Plötzlich, mitten im Gespräch, in dem sie souverän die Führung übernimmt, steht sie gelassen auf, öffnet das Fenster und fächelt sich mit einem Blatt Papier Luft zu. »Sie gestatten, ich habe eine Wallung.« Sie sagt es mit einer Selbstverständlichkeit, nicht anders als »Möchten Sie gerne eine Zigarette?«

Schnitt.

Beate ruft mich an. Sie hat ihre Regel seit zwei Monaten nicht bekommen. Sie macht sich Sorgen. Nein, schwanger kann sie nicht sein. Wahrscheinlich Stress. Das wird es sein. Der Abschluss der Bilanz war in diesem Jahr wieder besonders hart. Ein neuer Chef, Überstunden, wenig Schlaf ... Ich tröste sie. Wird schon wieder werden ...

Mein Gott, Beate ist 50. Keine von uns beiden hat auch nur daran gedacht, dass sie vielleicht am Ende ihrer körperlichen Fruchtbarkeit sein könnte.

Schnitt.

Gertrude in einem weißen, langen Leinenrock und einem weißen Oberteil. Sie lacht, singt und tanzt durch meine Wohnung. Ich erkenne sie nicht wieder. Sie war für mich der Inbegriff der »braven Mama«. Wie eine Wanderpredigerin erzählt sie, die Angepasste, die sich als »Weibi« 30 Jahre lang hinter ihrem Mann versteckt hat, begeistert von ihrem neuen Leben. Von den »Bewusstseinsschulen«, die sie gründen will, von den Vorträgen, die sie weit über die Grenzen des Landes hält. »Meine Kinder sind erwachsen, sie brauchen mich nicht mehr in ihrem Alltag, ich bin endlich frei.« Im Dorf, in dem sie lebt, nennt man sie jetzt »die Verrückte«, weil sie sich mit 50 nicht zu den anderen Frauen auf die Hausbank setzt und auf das Alter wartet.

Schnitt.

Ich schwitze in der Nacht. Erwache aus einem Traum und liege im nassen Bett. Fieber, krank? Keine Ahnung. Ich ignoriere es. Karl findet ein schwarzes Haar an meinem Kinn. Es ist dick und lang. Ich lache. Ein Hexenhaar. Warum habe ich keine Ahnung, dass alle diese Anzeichen eine Zeit einleiten, die man Klimakterium nennt? Weil ich es nicht wissen will, weil ich niemals eine von denen sein will. Das Stigma bleibt mir erspart, wenn ich alles verleugne, was damit zu tun hat.

Schnitt.

Ich gelange mit Null in eine freie Leitung und rufe meine Mutter an. »Mama, erzähl' mir etwas über deine Wechseljahre.« »Kind, da gibt es nichts zu erzählen. Ich habe nichts gemerkt, mir ist es immer gut gegangen, ich hatte keine Zeit, daran zu denken.« Ich bin misstrauisch. Meine Mutter ist, so wie auch ich, begabt darin, alles zu vergessen, was schwer war. Ihr Wahlspruch »Man muss aus allem das Beste machen« hat sie über vieles, was wehgetan hat, den Mantel des Schweigens breiten lassen. Einmal, an Allerheiligen, habe ich sie gefragt, ob sie sich vor dem Tod fürchtet. »Nein, Kind, ich weiß, dass ich es dort oben besser haben werde als hier.« Weshalb? Es ist ihr doch immer gut gegangen?

Gibt es eine Wahrheit über ein Lebensalter, das so tabuisiert ist, dass es mir bis vorgestern nicht einmal eingefallen ist? Haben die Frauen, die »gar nichts spüren«, vielleicht auch etwas versäumt, was wichtig wäre? Sind es neue Probleme, denen wir uns stellen müssen, oder drängt Altes, das schon immer da war, an die Oberfläche? Was passiert zwischen dem 49. und 50. Geburtstag? Beginnen wir plötzlich an einem Mangel zu leiden, der vorher nicht da war? Verlieren wir unsere Achtung und unseren Respekt vor uns selbst? Werfen wir unseren Wert weg wie einen alten Schuh, oder haben wir ihn in Wirklichkeit nie besessen? Sind wir »krank« geredet von der Pharmaindustrie, die immer neue Einnahmequellen sucht, lassen wir uns beeindrucken durch ein Umfeld, in dem eine Hitzewallung angeblich peinlich ist und eine Frau ab 50 nicht mehr zählt?

Mein Koffer ist voll, obwohl ich nur vier Tage hier sein werde. Ich habe Kleidung für zwei verschiedene Arten von Gesellschaft mitgebracht. Edle Klamotten, so wie ich sie gerne trage, und aus meiner Hippievergangenheit den lila Schlabberlook und indische Hosen, falls hier ein alternatives Outfit erwünscht ist. Es fällt mir nicht auf, dass ich mit fast 50 noch immer andere entscheiden lasse, wie ich mich kleiden soll!

Im Seminarraum Erleichterung. Julia Onken ist eine Dame. Von Kopf bis Fuß. Geschäftsfrau, Schauspielerin, Entertainerin, Therapeutin in einem. Sie trägt ihre Üppigkeit, die in zahllosen Frauenzeitschriften als Übergewicht gegeißelt wird, selbstbewusst verpackt in grauer Seide und kündigt an, dass alle, die von ihr erwarten, dass dieses Seminar mit körperlicher Bewegung zu tun habe, enttäuscht sein werden. »Wer das braucht, muss dafür in den Pausen sorgen oder zwischendurch hinausgehen.« Klare, fast männliche Worte. Aber was ist schon männlich? Warum müssen Frauen in Blümchensprache reden und das Konkrete, Strukturierte den Männern zuordnen? »Wir fangen pünktlich an und hören pünktlich auf.« Herrlich. Kein tolerantes Herumgelaber, kein Warten, bis sich die Letzten endlich auf ihre Plätze begeben haben. Keine heimlichen Aggressionen, während wir auf die ewig Zuspätkommenden warten, die sich einen persönlichen Auftritt verschaffen müssen.

14 Frauen in meinem Alter, manche auch älter. Ich stelle sofort Vergleiche an. Haben sie es geschafft, den Wettkampf gegen den Zerfall zu gewinnen, gehören sie zu jenen, die sich im Balsam baden dürfen, wenn sie mit »Was, Sie sind wirklich schon 50, Sie sehen aber viel jünger aus!« getröstet werden.

Welcher Mann wird gelobt, weil er sein wahres Alter verleugnen kann?
Ich gehöre zu denen, die ihr Alter verleugnen. Aber noch ist es mir nicht bewusst. Noch freue ich mich kindisch, dass ich zu der Gruppe der jünger Aussehenden gehöre.
Aber nicht lange. Julia lässt keinen Zweifel daran, wie pervers es ist, bis ans Lebensende darum zu kämpfen, jung zu bleiben. Wie Energie raubend und sinnlos es ist, so zu tun, als gehörte das Älterwerden nicht zum natürlichen Lebensverlauf. »Ihr seid an einem Punkt angelangt, an dem ihr euch entscheiden müsst.« Sie zeichnet einen Bogen auf die Tafel, dessen Verlauf nach unten zeigt. »Das ist der Weg, den euer Körper geht, egal, wie sehr ihr darum kämpft, es zu verhindern. Eure geistige Entwicklung zeigt aufwärts«. Sie zeichnet eine zweite Kurve, die steil nach oben zeigt. »Das Alter, in dem ihr jetzt seid, ist der Schnittpunkt. Ihr könnt eure geistige Mutterschaft, eure spirituelle Entwicklung fördern, eure freigewordenen Kräfte nützen oder einen sinnlosen Kampf um eure Jugend führen, den ihr nur verlieren könnt.«
Es war mir bisher nicht bewusst, aber ich führe diesen sinnlosen Kampf. Ich gehöre zu denen, die nicht älter werden wollen.
»Meistens haben Frauen, die in ihrer Jugend als attraktiv oder schön galten, mehr Mühe, sich mit ihrem Körper anzufreunden«. Ich höre die Stimme und sehe den Mund, aus dem die Worte kommen. Er gehört mir. Ich stehe auf einem Podium und spreche in ein Mikrofon zu Hunderten von Menschen auf einem Kongress zum Thema Sex im Alter. Ich bin vierzig Jahre alt und trage einen schwarzen Body, der meine Brüste betont, darüber lässig, halb offen eine Kostümjacke. Ich rede über etwas, was ich selbst noch nicht erfahren habe. Ich kenne Statistiken, ich

habe viele Interviews geführt, ein gutes Buch zum Thema geschrieben. Aber ich weiß noch nicht, dass ich in ein paar Jahren eine dieser Frauen sein werde.
Ich fühle mich ertappt. Zwar nur von mir selbst, aber das ist unangenehm genug. Spieglein, Spieglein an der Wand, wer ist die Schönste hier im Land. Oder wenigstens hier im Saal?
»Verurteilt euch nicht«, höre ich gerade rechtzeitig Julia sagen, »wenn ihr in die Schönheitswahnfalle getappt seid. Wenige von uns haben gelernt, ihren Wert nicht über ihr Äußeres zu definieren.«
Es ist, als ob eine kartonierte Schablone weggezogen wird. Ich sehe noch immer die 14 Frauen, aber sie haben sich verändert. Ich kann ihre liebevolle Energie spüren, ich sehe ihr Lächeln mit anderen Augen, ich erkenne ihre Einmaligkeit und möchte erfahren, was sie denken, wie sie leben. In den Pausen schließe ich mich kleinen Gruppen an, am Abend trinke ich Wein, esse genussvoll, was ich will, ohne Rücksicht auf den Zeiger meiner Waage, und tauche immer wieder ein Stückchen in fremde Leben ein. Und so verschieden die Geschichten sind, die ich in diesen Tagen höre, so eindeutig zieht sich durch alle wie ein roter Faden der Wille nach Veränderung, die Rebellion, das Erwachen oder wie immer man dieses Feuer nennen möchte, das der »Wechsel« in vielen dieser Frauen entfacht hat.
Irene zum Beispiel hat den inneren Aufruhr schon hinter sich. Sie sitzt am ersten Abend neben mir und fällt angenehm auf, weil sie sich kein Blatt vor den Mund nimmt und freizügig von sich erzählt. Sie ist 59 und trägt ihr kurzes Haar wie einen silbernen Helm, der zu ihrer kämpferischen Geschichte passt:
»Ich habe zwei verschiedene Leben geführt. Im Büro war

ich kompetent, anerkannt, geachtet, zu Hause war ich die Hausfrau, die gerügt wurde, wenn das Haushaltsgeld nicht reichte. Mein Gehalt ging auf das Konto meines Mannes – so richtig altmodisch – ich bin nicht einmal auf die Idee gekommen, ein eigenes zu eröffnen. Mein Gott, wenn ich daran denke, wie angepasst ich mich freiwillig verhalten habe, wird mir immer noch ganz schlecht.

Meine Wechseljahre brachten mir im wahrsten Sinne des Wortes einen Wechsel, einen Wandel. Ich bin aufgewacht und habe mir gedacht: Was mache ich hier! Ich arbeite in meinem Beruf, ich versorge diesen Mann, ich putze ein großes Haus und lasse mich auch noch unterdrücken!

Von einem auf den anderen Tag habe ich gesagt: ›Egon, jetzt ist Schluss damit‹, mein Geld auf ein eigenes Konto gelegt und von ihm verlangt, dass er sich gleichberechtigt an den Arbeiten im Haushalt beteiligt. Als das nicht klappte, bestand ich darauf, das Haus zu verkaufen und in eine praktische, kleinere Wohnung zu ziehen. Für ihn war's hart! Da lebt einer jahrelang in einem Fünfsternehotel und muss plötzlich den Abstieg in ein Zweisternehotel verkraften. Unserer Beziehung hat es gut getan. Wir haben uns zusammengekämpft und sind aus diesem Trott, dem viele Paare erliegen, wenn sie älter werden, ausgestiegen.

Mein Arzt verschrieb mir Hormone, obwohl ich keine wirklichen Beschwerden hatte. Er hat gesagt, ›Frau B., das ist einfach besser so.‹ Ich war so blöd und habe es nicht einmal hinterfragt. Nach drei Monaten habe ich wieder aufgehört. Ich wollte keine Blutungen mehr, ich hatte es einfach satt, mich mit Monatshygiene zu beschäftigen. Alleine, wenn ich daran denke, was für Kräfte frei werden, wenn man nicht mehr jeden Monat eine ganze Woche lang mit der Menstruation zu tun hat!

Meine Wallungen haben nach einem Jahr aufgehört, und ich rate allen Frauen: ›Haltet durch, es ist eine gute Zeit.‹«

In der Nacht kann ich nicht schlafen. Ich will nicht »durchhalten« müssen, ich möchte die kommenden Veränderungen meines Körpers lustvoll erleben. Auf meinem Nachtkästchen stapeln sich ungelesene Bücher zum Thema Wechseljahre. Ich ziehe wahllos eines heraus, schlage es auf und lese: »Die Frau der zwei Welten berührt meine Wange. ›Ob du es weißt oder nicht, dein Leben war ein langer Weg, auf dem du nach Wahrheit gesucht hast. Du hast um Kraft gebeten, und du hältst jetzt dein Blut zurück. Du besitzt nun die Kraft. Du bist jetzt eine Frau des weisen Bluts, eine Frau des Feuers. Heiße das Feuer willkommen, wenn es kommt, denn ich bin das innere Feuer‹«, schreibt Lynn Andrews in »Aufbruch in ein neues Leben«. Ich blättere ein Stück zurück und finde eine Stelle, an der Agnes, Lynns schamanistische Lehrerin, spricht: »Du bist dabei, dich auf den wichtigsten Teil deines Lebens einzulassen. Dich im Schrecken über Knochenschwund oder Herzkrankheiten, über Krebs und das Altern zu verlieren, heißt, das zu verlieren, was dich diese Zeit lehren kann. Ich verstehe deine Furcht, denn sie ist real. Du musst deinen Körper trösten. Du musst deinem Körper helfen, zu verstehen, was vor sich geht. ... Aber dein Bewusstseinszustand ist das Allerwichtigste. Es ist wichtig, dass du dein Leben nicht fortwirfst und dir einredest, dass es nun keinen Grund zum Leben mehr gibt. ... Wenn du die Zeremonie, die die Schwesternschaft für dich vorbereitet hat, erlebt hast, wirst du in der Lage sein, das, was du gelernt hast, deinen Leuten zu vermitteln, die es so bitter nötig haben, wieder ins Gleichgewicht zu kommen ... Sie haben ihr spirituelles Wissen verloren, sie haben ihre heilige Vision eingebüßt, und so viele deiner Leute haben ihren Geist verloren. Aber du wirst deinen Schwestern helfen, zu ihrer eigenen Wahrheit zurückzukehren«. Die Sätze sprechen mich an. Es gibt also eine Vision, es gibt ein Übergangsritual, und ich werde es erfahren. Beruhigt schlafe ich ein.

Beim üppigen Frühstücksbüffet begegnet mir Klara. »Ich habe gestern gesehen, dass du dir Notizen gemacht hast, willst du von mir auch etwas hören?« Zwischen weichem Ei und Müsli mit Obstsalat erzählt sie mir von ihrem 48. Geburtstag, an dem sie die ersten Veränderungen bemerkte, und was seither geschah:

»Ich mag meine Wallungen. Dieses Gefühl, wenn die Hitze in mir hochsteigt und alles verbrennt, was nicht wichtig ist. Dann muss ich mich, ob ich will oder nicht, mit mir selbst beschäftigen, weil alles andere in den Hintergrund tritt. Das, was ich gerade tue, das, was ich gerade denke. Dann bin ich nur Hitze und habe das Gefühl, dass ich meinen Körper so intensiv spüre wie nie zuvor. Es ist ein geradezu erotisches Gefühl. Für ein paar Sekunden bin ich mein eigener Mittelpunkt. Ich genieße das sehr. In meinem Beruf als Krankenschwester bin ich gewöhnt, ständig die körperlichen Beschwerden anderer zu beobachten und zu lindern. Es tut mir gut, mich selbst einmal ernst zu nehmen.

Am Anfang hatte ich Schwierigkeiten mit meinen Wechseljahren, weil ich ständig nur Horrormeldungen in den Zeitungen las. Depressionen, brüchige Knochen, abgemeldet vom Leben als Frau. Seit ich mich in einer Gruppe von Frauen darüber austausche, bin ich viel selbstbewusster als früher. Wir haben uns alle Fächer gekauft, ich besitze sie in allen Farben und benütze sie inzwischen mit einer Selbstverständlichkeit, die ich nie für möglich gehalten habe.

In meinem Alltag hat sich vieles verändert, seit dieses neue Feuer in mir brennt. Ich war immer die Gute, die für alle anderen da war. Wenn man jemanden auf der Station brauchte, der nicht nur an Weihnachten, sondern auch an Silvester Dienst machte, Klara war das ideale Opfer dafür. Wenn meine Schwester spontan auf Urlaub fahren wollte, weil ihr die drei Kinder und der Hund zu viel waren, habe ich meine eigenen Pläne über den Haufen geworfen und alle versorgt, während meine Freunde in der Toskana wanderten. Ich war das gute Schaf und habe ständig Bonuspunkte für den Himmel gesammelt, während mein Leben auf Erden zu kurz kam. Es ist gut, dass meine Zeit der Bescheidenheit zu Ende ist. Die Frau, die ich jetzt in mir entdecke, ist anspruchsvoll und weiß genau, was sie will. Sie hat viele Wünsche, noch einige Sehnsüchte und vor allem neue Ziele.«

Während Klara erzählt, hat sich der Frühstücksraum geleert. Es bleibt keine Zeit mehr für Fragen, wir hetzen in den ersten Stock und schlüpfen gerade noch in den großen, hellen Seminarraum hinein, bevor die Assistentin die Türe schließt.

Julia fängt wirklich pünktlich auf die Minute an. Gut gelaunt, kraftvoll und wieder elegant gekleidet, lässt sie, die mehr als 50-jährige, den Gedanken an die »abgedankte Frau« erst gar nicht aufkommen:

»Ich wünsche mir, dass ihr versteht, dass es wunderbar und aufregend zugleich ist, sich auf die Socken zu machen und sich ganz neu kennen zu lernen. Es gibt so vieles in uns Frauen, was mit den Jahren verschüttet oder von Unrat überwuchert wurde. Jetzt ist es Zeit, alles, was lange im Dunkeln lag, ans Licht zu holen. Denn die

Wechseljahre sind der Auftakt in eine neue, schöpferisch-geistige Lebensphase. Überlegt euch genau. Wer oder was in eurem Leben lädt eure Energie auf, wer oder was sind Energiekiller? Welche Begabungen und Fähigkeiten habt ihr mit den Jahren verloren, und wie könnt ihr sie wieder aktivieren? Gibt es Träume, die ihr hattet und die noch nicht erfüllt sind? Träumt eure Träume groß genug! Bis sie auf der Erde ankommen, sind sie ohnehin kleiner geworden.

Ich möchte euch jetzt zuerst meine sieben Leitsätze vorstellen. Sie sind kein Dogma, sondern einfach nur Erfahrungen aus meiner langjährigen Arbeit, über die ihr nachdenken könnt. Findet euren eigenen Zugang, denn eine ausgetretene Denkspur behindert das innere Wachstum. Jede von euch ist einmalig, und dennoch gibt es gewisse Ähnlichkeiten in den Prozessen, die wir durchlaufen. Aber so, wie wir nicht alle das gleiche Kostüm tragen können, weil es zu groß oder zu klein sein wird, so gilt es auch, jeden Gedanken zu prüfen. Jede ist für sich selbst die einzige Instanz, die beurteilen kann, was wichtig und richtig ist. Wer nicht will, muss nicht mitschreiben, ihr findet die Punkte auch in meinem Buch ›Feuerzeichenfrau‹:

1. Die Wechseljahre sind keine Krankheit, sondern der Auftakt in eine neue, schöpferische Lebensphase. Einige Lasten fallen von uns ab, die Kinder sind erwachsen, die lästige Verhütung entfällt, die Menstruation, die für viele Frauen mit Schmerzen verbunden war, ist zu Ende.
2. Die Wechseljahre entlassen uns aus unserer biologischen Aufgabe, der körperlichen Mutterschaft, und geben uns frei für die Gestaltung der geistigen Mutterschaft.

3. Die körperlichen Veränderungen in den Wechseljahren zeigen gleichnishaft nach außen, was sich innen analog wandelt. Hitzewallungen bedeuten Reinigung von Altem, alles wallt durcheinander, es entstehen neue Werte, die Hitze der ›heißen Frau‹ bedeutet frei werdende Energie. Schlaflosigkeit heißt auch wacher werden, alles wird hinterfragt.
4. Wechseljahre bedeuten die Loslösung aus der ausschließlichen Verhaftung im weiblich-mondhaften Prinzip durch die Ergänzung im männlich-sonnenhaften. Die innere Frau und der innere Mann wollen sich verbinden und suchen ihr Gleichgewicht. Die Stimmungsschwankungen, die auftreten, zeigen, dass wir uns auf eine neue Melodie einstimmen. Die Aggression und Reizbarkeit deutet darauf hin, dass wir unser neues Leben in Angriff nehmen. Wenn dieser Angriff gegen uns selbst gerichtet wird, entstehen depressive Verstimmungen.
5. Wechseljahre beenden eine Zeit, in der wir uns meist nur über einen attraktiven Körper identifizieren, von nun an wird unser Wesen in den Vordergrund gerückt. Dieser Wandel ermöglicht uns eine Orientierung zum geistigen Wachstum.
6. Die Wechseljahre fordern uns heraus, alle unsere Anteile, die männlichen und die weiblichen, in einem Ganzsein als Mensch zu vereinen.
7. In der Zeit der Wechseljahre überschneidet sich die äußere und die innere Lebenskurve. Während die äußere langsam absinkt, steigt die innere stetig weiter an.«

Den ganzen Tag über finden wir immer wieder neue Aspekte unserer »zweiten Pubertät«, wie Julia die Hormonumstellung nennt. Bis zum Abend sind wir energiegeladen und fühlen uns als eingeschworenes Forscherteam auf Entdeckungsreise. Die Lebensgeschichten fließen wie aufregende oder träge Flüsse dahin, und alles, was ich brauche, ist ein großer Speicher in meinem Kopf, um die Essenz des Erzählten zu behalten:

»Ich bin 46, und habe vor einem Monat meinen Mann verlassen, und meine vier Kinder auch«, erzählt Gisela beim Abendessen. »Sie sind allerdings nicht mehr wirklich Kinder. Der Jüngste ist 16 und die Älteste 23. Ich bin eines Morgens aufgewacht und habe mich gefragt: War das alles? Ich habe mehr als die Hälfte meines Lebens ständig andere versorgt. Mein Mann hat mich kaum unterstützt, er war eher wie ein fünftes Kind.

Ich habe mir eine kleine Wohnung in der Stadt genommen und weiß noch nicht genau, wie's weitergeht. Aber eines ist sicher – so wie bisher will ich es nicht mehr!

Das Umfeld, aus dem ich aussteige, sieht von außen ganz idyllisch aus. Wir waren 15 Familien, die sich in einer Ökosiedlung den Traum von einer Gemeinschaft mit ähnlichen Idealen verwirklichten. Die ersten Jahre war es wunderschön, aber mit der Zeit nützte sich das Gefühl der Zusammengehörigkeit ziemlich ab. Ich hatte an manchen Tagen bis zu 15 Kinder im Haus, weil ich eine der wenigen Frauen war, die vorübergehend aus ihrem Beruf ausgestiegen sind. Es gab nie ein Danke, nie einen Ausgleich. Es war alles so selbstverständlich. 30 schmutzige Gummistiefel in meinem Vorraum, riesige Töpfe mit Essen auf dem Herd. Wir waren ja alle so gut befreundet, da musste das schon drin sein. Am Abend war ich zu müde für alles andere. Und das jahrelang.

Plötzlich hatte ich einfach genug. Von allem. Von meinem Leben, das hauptsächlich aus Putzen und

Kochen bestand, von meinem Mann, der mich längst nicht mehr wahrnahm, von der ganzen Ökosiedlung. Die Kinder sind erwachsen, meine Aufgabe als Mutter ist erfüllt, meine Rolle als Frau habe ich in dieser Beziehung längst verloren – was soll ich hier noch?
Meine Periode ist noch regelmäßig, aber ich schwitze in der Nacht immer öfter, und wenn ich dann aufwache, denke ich über mein Leben nach. Es ist, als ob in mir ein großer Reinigungsprozess stattfindet. Und das ist gut so. Gleichzeitig habe ich auch Angst vor dieser krassen Umstellung. Aber die Freude auf ein neues Leben überwiegt. Es ist, als ob ich noch einmal eine Chance bekomme. Ich bin in einer Aufbruchsstimmung, die mich an die erste Zeit nach der Schule erinnert. Plötzlich sind so viele Zwänge weg. Ich fühle einen radikalen Wunsch nach Veränderung, ich spüre einen Wandel, der mich zwingt, alles neu zu hinterfragen.«
Am Tisch ist es ganz still. Jede von uns ist betroffen. Alles hinter sich lassen, ist das nicht ein hoher Preis? Aus einem sicheren Nest ausbrechen, weggehen in eine ungewisse Zukunft. Werden so radikale Veränderungen notwendig, wenn wir vor Jahren eine Abzweigung versäumt haben? Beginnt die Unzufriedenheit und die Entfremdung zwischen Ehepartnern nicht schleichend? Warum haben die beiden nicht darüber geredet und ihr Leben vor dem großen Crash verändert? Müssen »Wechseljahre« denn so oft bedeuten, dass man gleich auch den Partner wechselt? Kann es keine sanften Korrekturen geben, einen geglückten Neuanfang? Ich habe viele Fragen, aber noch bevor ich sie stellen kann, fängt Rita zu reden an:
»Meine Wechseljahre sind schon vorbei. Ich bin jetzt 57, aber wenn ich zurückblicke, dann war das ein ziemlicher

Zusammenbruch meines ganzen Systems. Ich hatte keine Mühe mit dem Schwitzen. Es war ein heißer Sommer, und alle haben geschwitzt. Ich wusste nicht, sind das jetzt Wallungen oder die 30 Grad im Schatten. Mein Problem war die Schlaflosigkeit. Ich bin in der Nacht wach gelegen, und alles ist über mich hereingebrochen. Mein ganzes Leben ist Revue passiert. Mein Mann ist ein Patriarch. Ich habe immer spuren müssen, dafür hat er mir ein sicheres Leben geboten. Wir hatten genug Geld und gesellschaftliche Anerkennung, aber alles musste nach seinem Willen geschehen, und ich war damit einverstanden. Das war der Preis, den ich gezahlt habe. Weil meine Ehe von Anfang an ein Kompromiss war, habe ich mich sehr auf die Kinder konzentriert. Wenn sie Probleme hatten, war ich da. Auch als sie schon längst erwachsen waren. Ich habe für meine Tochter und ihre Kinder vorgekocht, damit sie arbeiten gehen kann, am Nachmittag die Kinder gehütet und die Wäsche gemacht.

Und plötzlich, durch meine ständige Schlaflosigkeit, konnte ich nicht mehr funktionieren. Ich war so müde, dass ich am Morgen am liebsten nicht mehr aufgestanden wäre. Hormone wollte ich keine. Ich hasste das Gefühl, dass ich jeden Tag eine Pille nehmen sollte, wie eine Kranke. Stattdessen habe ich angefangen, etwas für mich zu tun. Seither geht es mir besser. Zum ersten Mal in meinem Leben sorge ich zuerst für mich und dann erst für die Familie. Das war am Anfang nicht leicht. Alle waren daran gewöhnt, dass ›die Rita oder die Mama das schon macht.‹ Jetzt meditiere ich regelmäßig, mache meine Atemübungen und gönne mir immer öfter Dinge nur für mich. In den letzten zwei Jahren habe ich sogar angefangen, mit einer Freundin zu verreisen. Ich habe aus Angst vor dem Verlust meiner Sicherheit nie gewagt, ein

eigenständiges Leben zu führen. Aber jetzt bin ich aus dem Schatten meines Mannes herausgetreten. Verlassen werde ich ihn nicht, ich habe ihn immer noch gern.
Dafür überlege ich mir, ob ich nicht wieder anfangen soll zu arbeiten. Ich habe ein Hotel geführt und den Beruf aufgegeben, als die Kinder kamen, weil Robert wollte, dass ich immer für alle da bin. Aber bei uns, in diesem Wintersportort, wird in der Saison jede Arbeitskraft gebraucht. Und ich habe einen so guten Namen, dass es wahrscheinlich gar nicht schwierig wäre, wieder einzusteigen.«
Martina hat bisher nicht viel gesagt. Sie kam abgehetzt und zu spät zu unserem Seminar und war bisher damit beschäftigt, den Anschluss zu finden. Aber jetzt ist sie in ihrem Element und bestärkt Rita darin, wieder im Berufsleben Fuß zu fassen. »Ich kann mir überhaupt nicht vorstellen, freiwillig meine Arbeit aufzugeben«, sagt sie und erzählt nach wenigen Minuten ihre eigene Geschichte:
»Ich bin eine Karrierefrau und daran gewöhnt, dass mein Körper funktioniert. Ich habe ihn gefordert und gestresst und rücksichtslos vom Flughafen zu Sitzungen und zurück gejagt. Und plötzlich, ich war 49, hat er ein Eigenleben entwickelt, das total beängstigend war. Ich konnte Reisen, an die ich gewöhnt war, nicht mehr aushalten. Ich war nach einem 16-Stunden-Tag so erschöpft und fühlte mich so leer, dass ich bei der Ankündigung einer Verspätung am Flughafen fast in Tränen ausgebrochen bin. Ich nehme an, dass ich früher auch oft erschöpft war, aber ich habe es einfach besser verdrängt.
Und dann kam auch noch das Schwitzen. Meistens nach der Kaffeepause. Ich saß am Verhandlungstisch und konnte es nicht kontrollieren. Ich glaube, mein Haupt-

problem war der Kontrollverlust. Ich komme aus einer Familie, in der Disziplin sehr wichtig war.
Im Nachhinein sehe ich es als Fügung, dass mein Körper mir geholfen hat, mein Familienmuster zu durchzubrechen. Wenn man mit dem Satz aufwächst ›Nur wer arbeitet, darf essen‹, hat man wenig Zeit, sich um den Sinn des Lebens zu kümmern, innezuhalten und sich zu überlegen, was man wirklich will. Am Anfang habe ich die Botschaften einfach ignoriert, ich wollte nicht wahrhaben, dass ich älter werde, und verlangte nach Hormonen. Mein Bruder ist Gynäkologe. Er hat mich auf den Boden zurückgebracht und mir gesagt, dass eine Pille mich nicht wieder jung macht und das Lebensrad anhält. Außerdem hat er mich darüber aufgeklärt, dass nach mehr als fünf Jahren Einnahme das Brustkrebsrisiko steigt.
Also habe ich mich mit mir selbst beschäftigt und meinen Tag neu organisiert. Ich nehme mir mehr Zeit für mich, ich fordere mehr und habe aufgehört, mich in meiner Firma als unersetzlich zu betrachten. Und siehe da, es hat mir gut getan. Ich habe schon vor langer Zeit von meinem Chef eine Assistentin gefordert, weil die Abteilung immer größer wird und ich meine Arbeit nur noch mit unzähligen Überstunden bewältigen kann. Vergeblich. Vor einem Monat hatte ich die Nase endgültig voll und habe gebrüllt, dass ich mir das alles nicht mehr gefallen lasse. Jetzt habe ich eine Mitarbeiterin. Es war mir nicht einmal peinlich, dass ich zum ersten Mal in meinem Leben im Büro laut herumgeschrien habe. Irgendwie hat es auch Spaß gemacht und mir richtig gut getan.
Ich fange an, anders zu leben. Ich lasse mich endlich von meinem Mann scheiden, von dem ich schon Jahre getrennt lebe, ich renoviere meine Wohnung und betreibe Sport. Zu all dem hatte ich nie Zeit. Meine Beschwerden

durch die Hormonumstellung waren nach einem Jahr vorbei. Ich fühle mich so wohl wie schon lange nicht.«

Es tut gut, all diese Geschichten zu hören. Noch gibt mein Körper mir keine klaren Signale, dass ich mich in den Wechseljahren befinde, aber jedenfalls bin ich schon darauf vorbereitet. Für heute ist mein Speicher voll. Ich nehme meinen Schlüssel und wünsche allen eine gute Nacht.

Laura begleitet mich. Sie wohnt im Zimmer nebenan, und als wir einander umarmen, spüre ich ein Gefühl von Freundschaft, das über meine Neugierde auf ihre Lebensgeschichte hinausgeht. Wir lehnen am Stiegengeländer und reden einfach weiter, bis am Ende des Ganges eine Türe aufgeht und eine empörte Stimme »Ruhe« schreit.

»Ich habe eine gute Flasche Wein im Zimmer, komm doch noch einen Augenblick herein«, sagt sie und beginnt, kaum habe ich mich hingesetzt, zu erzählen:

»Der einzige, der Probleme mit meinen Wechseljahren hatte, war mein Gynäkologe. Als ich jung war, hat er mir ständig gepredigt, dass ich zur Risikogruppe der Osteoporosegefährdeten gehöre, weil ich hellhäutig bin. Als meine Regel immer wieder verspätet kam oder weg blieb, wollte ich von ihm hören, was ich als Vorbeugung gegen Knochenschwund tun kann.

Er hat sich geweigert, darüber zu sprechen, und wollte mir einreden, dass ich mit 47 noch viel zu jung für die Wechseljahre sei. Mein Frauenarzt ist gleich alt wie ich und gehört zu den so genannten ›schönen Männern‹. Offenbar war für ihn die Idee, dass ich ins Klimakterium komme, unerträglich. Er hat wohl unbewusst geglaubt, wenn er mein Älterwerden verleugnet, dann wird er selber nicht alt.

Jedenfalls musste ich mir einen neuen Arzt suchen. Der

hat mir bestätigt, dass ich in den Wechseljahren bin, und mir sofort Hormone verschrieben, weil ›das alle Frauen zur Vorsorge brauchen.‹ Jeden zweiten Tag habe ich mich dabei erwischt, dass mein Pflaster nicht auf meinem Popo, sondern im Badezimmer war. Nach ein paar Wochen habe ich es weggeworfen.

Außerdem hatte ich keine Beschwerden. Weder körperliche noch seelische. Ich bin nie wie eine Ware im Regal gelegen, also war für mich auch nicht so wichtig, ob mein Frischhaltedatum abläuft. Ich wurde immer dafür geliebt, wie ich bin, und nicht dafür, wie ich aussehe. Ich mag mich. Mit allen meinen Fältchen.

An meinem 50. Geburtstag war das richtig peinlich. Keiner wollte diese furchtbare Zahl aussprechen. Alle haben so blöd drumherumgeredet. Es war richtig lächerlich. An deinem ›runden Geburtstag‹ usw. Ich kann das nicht verstehen. In meinem Herzen bin ich eine Bäuerin und lebe im Einklang mit der Furche. Ich werde gerne älter.«

Ich nicht. Ich muss wohl noch etwas daran arbeiten. Aber ich habe immerhin noch fast zwei Jahre Zeit, bis ich 50 bin.

Das Hotelzimmer hat eine schöne Aussicht auf den Park, dafür ist es so winzig, dass meine Bücherstapel den ganzen Raum dominieren. Ich habe die Türe noch nicht hinter mir zugemacht, als mir schon die große, rosarote Schrift von »Aufbruch in ein neues Leben« entgegenleuchtet. Ach ja, fast hätte ich es vergessen, ich wollte doch über die Übergangsriten der Indianerfrauen weiterlesen.

Es wird eine lange Reise, in der ich Lynn Andrews auf ihrem Weg zur Initiation als weise Frau folge. Sie fastet zwei Tage, verbringt eine Nacht in der Hütte des abneh-

menden Mondes, wird mit ihren tiefsten Ängsten konfrontiert, findet ihre Kraft und begegnet in der nächsten Nacht der Frau der zwei Welten, die zu ihr spricht:
»Du bist eine Frau. Du bist jetzt wie Feuer – du greifst nach der weisen Muttergöttin im Himmel. Sie kommt zu dir. Sie ist du. Erinnere dich stets daran, wer du bist. ... Wenn dein Herz schlägt, ist es der Puls des Herzens der Großen Mutter. Du bist die eine. Und du bist eins mit allem, das lebt. Wenn du atmest, ist es der Große Geist, der atmet. Wenn du Kummer hast, ist es die Göttin des Geistes, die Kummer hat. Wenn du blutest, ist es Mutter Erde, die blutet, und wenn du deine Macht und dein Blut hältst, ist es die Geist-Göttin des weisen Blutes, die in dir vollständig wird. Du bist nun eine Weise. Übertrage diese Erfahrung von mir auf dich selbst und fülle den spirituellen Kürbismutterleib deiner Schwestern mit neuer Weisheit und Wissen über eine bessere Art zu leben. ... Bilde eine Schwesternschaft aus allen Frauen, denn egal, woher du kommst oder wer du bist oder wie dein Lebenslauf aussieht, wenn du durch das Tor der Frau im Wechsel gehst, schreitest du durch ein Tor, durch das alle Schwestern gehen. Es ist eine Gemeinsamkeit – es ist der Anfang deines heiligen Lebens und deiner wahren Schwesternschaft auf Erden.«
Ich merke es nicht in dieser Nacht. Die Erkenntnis kommt erst ein paar Wochen später, als ich längst wieder zu Hause bin. Die Erzählung von Lynn über ihre schamanistische Einweihung hat eine starke Sehnsucht nach einer weisen Lehrerin in mir geweckt. Wo kann ich sie finden? Muss ich nach Amerika reisen, oder gibt es weise Frauen in Europa, die mich auf meinem Weg begleiten können? Wohnt vielleicht eine nebenan, und ich weiß es nur nicht?

Die Schweiz hat mich wieder. Ich war weit weg in der Nacht, aber jetzt beim Frühstück kommt ganz irdisch Dagmar auf meinen Tisch zu und fragt, ob sie sich setzen darf.

Sie sagt nichts und rührt nervös mit einem kleinen Löffel in ihrem Yoghurt, obwohl es nichts zu rühren gibt. Ich sage auch nichts und denke an Steve de Shazer, den amerikanischen Therapeuten, der Menschen zum Reden bringt, indem er schweigt. »Es ist schwierig, die Stille auszuhalten, denn schon wenige Sekunden werden als lang empfunden, aber es wirkt«, pflegt er bei jedem seiner Europaworkshops zu sagen. »Und wenn ein Klient nichts sagt, indem er sagt ›ich weiß nicht‹, dann habe ich für mich entschieden, dass es bedeutet, ›halt weiter deinen Mund, ich denke nach.‹«

Es funktioniert. Dagmar fühlt sich durch mein Schweigen zum Reden animiert. Sie wird unruhig, dann leckt sie bedächtig ihren Yoghurtlöffel ab, legt ihn auf ihren Frühstücksteller, holt Luft, seufzt und beginnt mit leiser Stimme, fast wie im Beichtstuhl, zu sprechen:

»Ich bin 43 und habe jetzt schon Angst. In meiner Familie waren alle mit 46 schon in den Wechseljahren, und ich zittere schon richtig, dass es mich bald trifft. Ich bereite mich darauf vor, dass ich wahrscheinlich viel mitmachen muss. Depressionen und so. Ich will das meiner Familie nicht zumuten und mache mir ständig Gedanken, wie ich meinen Zustand vor ihnen verbergen werde.

Meine Sorge ist nicht, dass ich dann weniger attraktiv sein könnte, meine Angst ist diese Schwäche, die ich damit verbinde. Das Kranksein. Meine Mutter, meine Schwester, meine Tante, alle hatten Probleme.

Im Augenblick geht es mir noch gut, aber ich lauere schon auf die ersten Anzeichen. Eine Freundin hat mir gesagt, ich soll positiv denken, viele Frauen hätten nämlich überhaupt keine Beschwerden. Aber ich habe Mühe, daran zu glauben. Seit ich hier in diesem Seminar bin, hat sich mein Weltbild verändert. Ich verstehe, dass meine Familiengeschichte mein Erleben prägt, dass alles auch ganz anders sein kann, dass ich mir meine Welt selbst erschaffe.«

Am Nebentisch, der nicht einmal einen Meter von unserem entfernt ist, hat Alma ihren Hals immer länger gemacht, um nichts von dem zu versäumen, was Dagmar inzwischen mit normaler Lautstärke erzählt. Sie nimmt ihre Kaffeetasse und fragt, ob sie sich zu uns setzen darf. Offenbar ermutigt durch die Schwierigkeiten, die ihre Kurskollegin schildert, wagt sie es, mit ihrer eigenen Ambivalenz herauszukommen:

»Ich bin 48 Jahre alt. Bis ich hier herkam, hatte ich ein merkwürdiges Verhältnis zu den Wechseljahren. Am liebsten wollte ich sie einfach ignorieren und verleugnen. Auf der anderen Seite habe ich ständig daran gedacht und mir überlegt, was ich tun werde, wenn sie wirklich eintreten. Und obwohl ich weiß, dass sie auch eine neue Freiheit bedeuten, dass mein Sohn dann fast erwachsen sein wird, dass ich keine Tampons mehr kaufen und nicht mehr verhüten muss, beschäftigt mich absurderweise die Frage, wie ich meine Schamhaare am besten färben kann, die schon langsam grau werden.

Gleichzeitig mit diesem Widerstand gegen das Älterwerden beginnt auch etwas Neues. Früher waren für mich oft die anderen das Maß aller Dinge. Jetzt fange ich an zu prüfen, was ich selber will. Ich habe von meinem Mann, der leider früh gestorben ist, eine Firma geerbt. Es war immer ganz klar, dass ich diesen Betrieb in seinem Sinn weiterführen muss. Plötzlich merke ich, dass ich das nicht mehr will, dass ich einfach keine Lust mehr habe, Produkte zu vertreiben, die mir völlig gleichgültig sind. Ich möchte endlich wieder kreativ sein. Ich war vor meiner Ehe Stoffdesignerin, dorthin will ich zurück. Auch wenn der Einstieg wahrscheinlich hart sein wird. Nächste Woche führe ich gegen den Wunsch der Familie Verkaufsgespräche. Ich will nicht mehr für andere leben, ich will nicht mehr die Hüterin einer Firma sein, die sich über mich gestülpt hat wie eine fremde Haut, in der ich nicht atmen kann.«

Für die meisten Frauen, die mir ihre Geschichte erzählt haben, geht es um den Sinn ihres Lebens. Für Männer in diesem Alter wahrscheinlich auch. Sie nennen ihre Wechseljahre »Midlife-Crisis«, vielleicht weil es besser klingt. Aber sicher sind auch sie damit beschäftigt, Bilanz zu ziehen.

Julia nimmt am Vormittag, ohne zu wissen, dass mich dieses Thema intensiv begleitet, den Faden auf:

»Unser aller Leben verläuft zielgerichtet auf die Zukunft. Nach jedem erreichten Teilziel stecken wir uns schnell ein neues und streben danach, es möglichst schnell zu erreichen. Von der Schule in den Beruf oder ins Studium, von der Freundschaft zur Ehe, von der kleinen Karriere zur größeren Karriere. In der Ehe meistens zum Kind. Dann beginnt alles von vorne, nur dass wir jetzt unsere Wünsche und Hoffnungen zusätzlich auf unseren Nachwuchs richten: Das erste Wort, der erste Zahn, der Kindergarten, der Schulabschluss usw. Nicht zu vergessen die materiellen Güter, die wir anstreben. Vom Fahrrad zum Auto, vom Auto zum größeren Auto, von der Wohnung zum Haus ... Es gibt ständig neue Ziele, denen wir nachjagen. Und wenn alle diese Ziele abgegrast sind, merken wir, dass das erhoffte Glück meist nur kurz zu Gast war.

Unser Älterwerden bringt uns die Chance, uns auf die Gegenwart zu konzentrieren. Was will ich JETZT noch, ist die Frage, die sich viele Menschen stellen. Die Wünsche richten sich nicht mehr in die Zukunft, sondern auf den Augenblick. Die Kraft, die früher in eine weite Ferne gerichtet war, wird frei für die Gegenwart und steht uns zur Verfügung.«

Bis zur Mittagspause hat es sich endgültig herumgesprochen, dass ich an Interviews mit Frauen interessiert bin. Ich muss nicht mehr werben, mich nicht mehr bemühen. Es ist alles da, und ich sammle nur noch ein.

Raffaela, 47 Jahre: »Ich habe auf meine erste Menstruation sehnsüchtig gewartet. Für mich war's eine Berechtigung, mir die Lippen anzumalen und einen Büstenhalter zu tragen. Ich war wahnsinnig stolz darauf und habe mich gefreut.

Ich bin das, was man eine ›frühe Menopausale‹ nennt. Mit 44 wurde meine Menstruation unregelmäßig, mit 45 hat sie ganz aufgehört. Ich war genauso erwartungsvoll wie vor meiner ersten Regel. Was geschieht, wenn sie aufhört, was darf ich denn jetzt? Denn für mich war klar, dass es eine Wiederholung ist, dass nach 30 Jahren etwas Neues anfängt, dass ich wieder ›etwas dürfen muss‹.

Und dann passierte etwas Spannendes: Meine Wallungen kamen dann, wenn ich nicht authentisch war. Wenn ich mich ärgern ließ, ohne mich zu wehren, wenn ich gutmütig war und damit oft gegen mich selbst agierte, wenn ich etwas zuließ, was für mich nicht stimmte. Viele meiner ›Scheingroßzügigkeiten‹, mit denen ich mich selbst beschwindelt habe, wurden mir bewusst. Und auf einmal bemerkte ich, das Neue war, dass ich verweigern durfte, ja sogar ›Nein‹ sagen musste, wenn ich beschwerdefrei leben wollte.

Ich empfinde es als Privileg, dass ich früher aus diesem Zug aussteigen durfte, in dem viele anderen Frauen noch ein Stück weiterfahren müssen. Es ist, als hätten meine Wechseljahre mir ein neues Gütesiegel verliehen, auf dem ›garantiert echt‹ steht.«

Lena, 51 Jahre: »Ich habe nie etwas hinterfragt, nie etwas gewollt und immer funktioniert. Und ich war sogar stolz darauf. In meinem Freundeskreis waren alle Frauen so wie ich, es kam mir normal vor, mich an meinen Mann, die Kinder und die Firma anzupassen. Der Betrieb ist auf seinen Namen geschrieben, ich war seine Angestellte. Unterversichert, unterbezahlt. Ich war so naiv, wie viele andere Frauen auch, die in kleine Gewerbebetriebe ihr Leben investieren. Aber wenn alles in Ordnung ist, denkt man nicht an seine Rechte.

Mit 48 habe ich plötzlich ›zu spinnen‹ begonnen. Jedenfalls sagt das mein Mann. ›Wann hast du gelebt, Lena‹, habe ich mich gefragt, und die Antwort lautete: ›Noch gar nicht‹.

Ich wollte meinen Mann nicht verlassen, ich wollte nur eine Atempause, Zeit, mich neu zu orientieren, mir zu überlegen, wie es weitergehen soll. Also habe ich ihn um ein Jahr unbezahlten Urlaub in der Firma gebeten. Da hat er mich gekündigt. Er ist mein Chef, es steht ihm zu, ich konnte nichts dagegen tun. Plötzlich stand ich auf der Straße, ohne Job und ohne Perspektive. Wir sind noch nicht geschieden. So weit bin ich noch nicht. Aber wir leben inzwischen getrennt. Wenn man so etwas erfährt, dann ist die Gewohnheit, die die Liebe längst ersetzt hat, nicht mehr genug. Er wollte mich ›zur Vernunft bringen‹, hat er gesagt, mich zurückholen in mein altes Leben. Er wusste nicht, dass ich innerlich schon weit über die Hälfte des Sees geschwommen war, dass es kein Zurück gab.

Die ersten Monate waren die Hölle. Das alte Leben gab es nicht mehr, ein neues war noch nicht in Sicht. Die Kinder waren erwachsen, das Wissen, dass mich niemand mehr braucht, hat mich in der Nacht nicht schlafen lassen.

Weißt du eigentlich, was das Wort ›selbstlos‹ bedeutet, wenn man es in seine Einzelteile zerlegt? Man ist sein eigenes Selbst los. Verliert es in einem Alltag, in dem man mit der Zeit vergisst, wer man ist und was man will. Am Anfang habe ich versucht, die Kinder wieder an mich zu binden. Aber sie brauchen keine ›selbstlose‹ Mutter mehr. Sie möchten, dass man da ist, wenn eine Katastrophe ausbricht, sie wollen wissen, dass ein sicherer Platz auf sie wartet, wenn es Wunden zu lecken gibt. Aber sie wollen nicht dankbar sein für die vielen Jahre der Versorgung. Sie wollen nicht verantwortlich gemacht werden für die Leere, die sich ausbreitet, wenn man genug gekocht und gewaschen hat. ›Du hast es für dich selbst getan, Mutter‹, sagte meine Tochter, die Psychologie studiert. ›Es war dein Weg, um Liebe und Anerkennung zu erlangen, ich schulde dir nichts.‹

Damals war das hart für mich. Heute weiß ich, dass sie Recht hatte. Ich muss die Verantwortung für die Art und Weise, wie ich mein Leben gestaltet habe, selbst übernehmen. Jedes Mal, wenn ich eine Chance vorbeiziehen ließ, war das eine Entscheidung. Jedes Mal, wenn ich die Augen vor dem wahren Zustand meiner Ehe verschloss, war es ein Weg, den ich gewählt habe. Auch wenn ich dachte, dass es nichts zu entscheiden gibt, weil ich der Familie und der Firma dienen muss.

Niemand hat mich dazu gezwungen. Aber es war bequemer, als mich aufzulehnen und mich auf eigene Füße zu stellen.

Für mich waren die Wechseljahre eine Katastrophe mit glücklichem Ende. Es war wie nach einem Schiffsuntergang. Ich stand nackt da und hatte nichts mehr. Nicht einmal meine eigene Identität. Alles wofür ich gelebt hatte, gab es nicht mehr, alles was ich über mich gedacht hatte, stimmte nicht mehr. Nach einer Zeit des Schocks nahm ich jedes Stückchen von mir neu in die Hand und fragte mich: Gehört es zu mir, ist es mein's, oder lasse ich es zurück auf diesem großen Haufen von Erwartungen, die ich glaubte, erfüllen zu müssen.
Als ich wieder neu zusammengesetzt war, war meine Haut noch dünn und verletzlich, und ich hatte Mühe, neu anzufangen. Ich musste mich erst daran gewöhnen, mich selbst zu fragen: ›Was will ich wirklich?‹
ICH.
Ein fast obszönes Wort nach 30 Jahren, in denen es aus meinem Sprachschatz verschwunden war.
Von den Freunden von damals sind nicht viele übrig geblieben. Ich bin nicht mehr so, wie sie mich wollten. Angepasst, immer für alle da, ständig verfügbar. Die Menschen, die jetzt um mich sind, kennen die alte Lena nicht. Sie nehmen mich so, wie ich jetzt bin.
Ein weiser Mann hat einmal gesagt: ›Wenn du dein Leben änderst, dann wechsle deine Freunde, denn sie binden dich an die Vergangenheit.‹«
Grete, 44 Jahre:
»Ich kann mich mit den Geschichten, die die anderen Frauen erzählt haben, überhaupt nicht identifizieren. Ich bin keine Frau, die sich zum Opfer gemacht hat und nun plötzlich erwacht und rebelliert. Ich war immer selbstständig, ich wurde nie unterdrückt. Vielleicht liegt es auch daran, dass ich bei meiner Reifeprüfung im fünften Monat schwanger war und sofort nach der Schule für ein

Baby sorgen musste. Als mein Sohn aus dem Gröbsten heraußen war, habe ich Musik studiert und mir im Lauf der Jahre eine Künstleragentur aufgebaut. Mein Mann ist Arzt, und wir spielen beide in einem Orchester Geige. Obwohl ich das Instrument studiert habe und genauso gut bin wie er, sprechen alle in Gesellschaft nur über ihn. Jetzt habe ich die Konsequenzen gezogen und trete immer häufiger mit Frauen auf.
Ich spüre noch nichts von den Wechseljahren, aber ich bin schon sehr gespannt darauf und bereite mich mit diesem Seminar darauf vor. Ich kann mir kaum vorstellen, dass mich diese Zeit in eine Krise stürzen kann, ich hatte meinen Aufbruch schon vor zehn Jahren. Für mich ist jetzt die Zeit der Ernte.«
Christine, 49 Jahre: »Ich war mit 20 sensibel und hatte jeden November Depressionen, weil ich diese graue Zeit hasse. Ich war mit 30 sensibel und hatte jeden November Depressionen, warum soll das in den Wechseljahren anders sein?
Ich bin der Meinung, dass vieles in dieser Zeit der Hormonumstellung einfach in einen großen Topf geworfen wird und plötzlich einen Namen bekommt. Aber wenn wir ehrlich sind, müssen wir doch zugeben, dass fast alles – mit Ausnahme der Wallungen – in bestimmten Lebensphasen schon da war und sich jetzt wahrscheinlich verstärkt, weil es endlich transformiert werden will.
Was sich wirklich geändert hat? Ich habe keine Lust mehr, die ›sexy Hexi‹ zu sein. Letzthin habe ich mich vor den Spiegel gestellt und mich in meinen kurzen Hosen, die ich noch im Vorjahr so gern mit dicken Strümpfen getragen habe, betrachtet. Da habe ich mir gedacht: ›Nein, es ist vorbei. So willst du dich nicht mehr kleiden.‹

Aber es war ohne Schmerz. Einfach eine Tatsache. Ich wandle mich, also wandelt sich auch meine Garderobe. Ich bin Therapeutin und habe immer gern mit Frauen gearbeitet. Jetzt möchte ich mich verstärkt mit der Zeit auseinander setzen, die ich selbst durchlebe. Rituale erforschen, die heilsam sein können, herausfinden, wie ich diese Weisheit, die in uns allen steckt, aktivieren kann. Denn für mich ist eines klar: Es geht um die Entdeckung der weisen Frau. Die Kriegerin, die Amazone verabschiedet sich und macht einer neuen Form Platz.«

Emma, 56 Jahre: »Ich habe im Zeitraffer gelebt: mit 35 Gebärmutter raus, mit 37 weiße Haare, mit 39 Großmutter. Ich musste mich schon früh schrittweise ans Älterwerden gewöhnen. Am Anfang habe ich mir meine Haare noch gefärbt, und später, als ich dazu stand, bemerkte ich plötzlich, dass sich die Blicke der Männer veränderten. Ich sah gut aus, ich war noch relativ jung, aber ganz tief im Unterbewusstsein muss es so etwas geben wie einen Urtrieb, der das Begehren so steuert, dass der Nachwuchs gesichert ist. Und graue Haare signalisieren offenbar ›alt‹.

Als mein Enkel kam, erlebte ich das zweite Stigma. Privat habe ich es sehr genossen, Großmutter zu sein, aber in beruflichen Gesprächen habe ich es nie erwähnt. Ich hatte das Gefühl, dass ich dann weniger anerkannt werde.

Mit 50 setzte der körperliche Wechsel ein: Hitzewallungen, Kälteschübe, Gedächtnisprobleme, Konzentrationsmangel und Schlaflosigkeit. Ich war nahezu arbeitsunfähig. Nach fünf Monaten konnte ich es nicht mehr ertragen.

Damals, als mir die Gebärmutter entfernt wurde, geriet mein Hormonhaushalt so durcheinander, dass ich monatelang mit Depressionen zu kämpfen hatte. Der Arzt hat

es nicht einmal zur Kenntnis genommen. Meine Freundinnen haben mir aus dem Loch geholfen.
Diesmal habe ich mit Unterstützung meiner Frauenärztin verschiedene Hormone ausprobiert. Aber nach vier Jahren hatte ich Zysten in der Brust und Angst vor Krebs, also hörte ich wieder auf. Alles kam wieder. Nachts lag ich wach, der Schweiß rann in Strömen auf mein Bett. Ein Jahr habe ich durchgehalten. Die Wallungen verschwanden, aber die depressive Stimmung wurde schlimmer, ich konnte nicht schlafen. Seit kurzem nehme ich eine neue Hormonkombination, die auch das männliche Hormon Testosteron enthält. Seither fühle ich mich wohl, meine alte Vitalität ist zurückgekehrt. Aber ich weiß, dass die Langzeitwirkungen noch ungenügend erforscht sind, und beobachte meinen Körper genau. Ich entscheide selbst, was ich möchte und was nicht.
Älterwerden gehört zum Leben. Mein Blick ist weiter geworden, ich kann mich viel öfter genussvoll zurücklehnen als früher.«
Gerti, 49 Jahre: »Ich war 25 Jahre lang Hausfrau und habe meinen Selbstwert aus der Familie bezogen. Mein Mann und meine drei Söhne haben mich ganz schön gefordert. Und dann ging ein Kind nach dem anderen weg, und ich wusste plötzlich nicht mehr, wofür ich da bin. Ich hatte eine tiefe Sinnkrise und war so depressiv, dass ich am Morgen am liebsten nicht mehr aufgestanden wäre. Dazu kam, dass ich nie dem körperlichen Ideal entsprochen habe und mehr denn je damit konfrontiert wurde, dass von der Gesellschaft ›dick‹ mit ›träge‹ gleichgesetzt wird. Es war eine schwierige Zeit.
Aber dann hatte ich Glück. Einer meiner Söhne hat sich selbstständig gemacht und mich gebeten, in seiner Firma die Abteilung Telebanking zu übernehmen. Die Arbeit

war nach so vielen Jahren eine große Herausforderung und auch für die Beziehung nicht einfach. Mein Mann war ja gewöhnt, dass ich für ihn da bin. Aber wir haben es geschafft.
Ich bin sehr selbstständig und selbstbewusst geworden und stelle mit Vorliebe Frauen ab 40 ein. Sie sind erfahren, in der Kommunikation oft besser als Männer, und außerdem will ich ihnen eine Chance geben, so wie auch ich eine Chance bekommen habe, ein neues Leben zu beginnen.«
Ein neues Leben beginnen.
Ich schlendere in der Mittagspause des letzten Seminartages über den afrikanischen Markt, der an diesem Wochenende in dem kleinen Ort am Flussufer aufgebaut ist, und kaufe mir einen knallgelben Schal mit schwarzem Muster aus grob gewebter Baumwolle. Noch nie habe ich mich so wohl und sicher in meiner Haut gefühlt. Die ganze Kraft meiner Vergangenheit steht mir zur Verfügung, Mut für eine bunte, interessante Zukunft, in der ich so authentisch sein werde wie nie zuvor, erfüllt jede meiner Zellen.
Ich bin naiv.
Und obwohl ich weiß, dass ich naiv bin, falle ich immer wieder auf mich selbst herein. Als ich mit meinem Koffer in den Zug steige und zum Flughafen nach Zürich fahre, bin ich sicher, dass dieses Gefühl von Stolz und Freude, eine reife, schöne Frau zu sein, mich nie mehr verlassen wird. Am liebsten hätte ich ein Schild vor mir hergetragen, seht her, ich bin auf dem Weg durchs Klimakterium und ich bin stolz darauf.
Am Bahnsteig treffe ich Helena, eine Journalistin, die aus Hamburg kommt. Sie fährt so wie ich zum Flughafen. Wir haben bisher wenig miteinander geredet, sie erschien mir im Seminar so selbstbewusst und unnahbar, dass ich

gar keinen Versuch unternommen habe, ihr näher zu kommen. Wir setzen uns in ein Nichtraucherabteil, und sie fällt gleich mit der Türe ins Haus: »Wieso hast du mich nicht gefragt, wie es mir geht?« Ich sage ihr die Wahrheit, und sie ist ziemlich betroffen. »Ich höre das manchmal, dabei bin ich gar nicht arrogant, ich bin nur schüchtern und verberge meine Unsicherheit hinter diesem selbstbewussten Auftreten.«

Ich packe noch einmal mein Schreibzeug aus.

Helena, 49 Jahre: »Ich habe mich nie mit dem Älterwerden beschäftigt, weil ich so viel mit meinem aktuellen Leben zu tun hatte, dass die Zukunft in jeder Beziehung in weiter Ferne lag. Und dann, mit 45, ich hatte mich gerade in einen fünf Jahre jüngeren Mann verliebt, schickte mich die Redaktion zu einem Wechseljahrkongress. Das war ein ganz schöner Hammer. Ich fühlte mich anschließend mindestens eine Woche lang krank und wertlos und beschloss, das Thema von allen Seiten journalistisch zu beleuchten. Ich mache das immer so. Wenn ich mich vor etwas fürchte, dann schreibe ich darüber. Es ist wie eine Art Therapie. Ich habe viele Interviews geführt und bin draufgekommen, dass die Wechseljahre für viele Frauen und Männer eine Chance sind, ihre Lebenslügen, ihren Selbstbetrug, ihre Selbsttäuschung zu entdecken und einen neuen Zugang zu sich selber zu finden. Die Lebenserfahrung und Lebensweisheit, die sie angesammelt haben, helfen ihnen dabei.

Ich bin selbst durch einen tiefen Prozess gegangen und habe gemerkt, dass ich mich immer davor gedrückt habe, mich wirklich auf Gefühle einzulassen. Ich war bis dahin ganz sicher, dass mein Exmann das Schwein ist, dass er, der mich mit anderen Frauen betrogen hat, die Schuld am Scheitern unserer Ehe trägt. Inzwischen weiß ich, dass es

ein Spiel zwischen uns beiden war. Ich habe ihn nicht an mich herangelassen, er hat sich die Liebe und Zuwendung woanders geholt.
Mein Freund und ich haben vor ein paar Monaten geheiratet, und ich sehe unsere Ehe als Möglichkeit, mich weiterzuentwickeln. Unsere Grundpfeiler sind guter Sex und gute Gespräche. Ich habe die Hoffnung, dass wir miteinander in Liebe alt werden können.« Klingt gut. Karl und ich wollen im Sommer auch heiraten, ich freue mich schon drauf.
Abfertigungshalle Zürich-Kloten. Es ist, als ob man der Schwimmente, die ich stolz zum Kinderbecken trage, um dort weiterzuspielen, die Luft auslässt. Ich stehe in einer Menschenschlange am Abfertigungsschalter, vor mir eine knusprig braun gebrannte Frau in einem schwarzen, schulterfreien Kleid, die offensichtlich aus Nairobi oder von einem anderen Ziel, das sich für die Flucht aus einem zu kalten Frühling eignet, zurückkommt. Sie scheint noch nicht bemerkt zu haben, dass wir in Europa erst den 11. Mai schreiben und alle anderen Fluggäste noch ziemlich dick eingepackt sind. Alles an ihr ist wunderbar. Ich denke nicht an den Preis, den sie für diesen perfekten Körper wahrscheinlich bezahlt hat, an die Salatblätter und den knurrenden Magen in der Nacht. Ich bin einfach nur neidisch.
Plötzlich, ohne Vorwarnung, falle ich in die Kiste »ältere, unattraktive Frau« und kann nichts dagegen tun, dass der Deckel zufällt. Wo ist die Zufriedenheit der letzten Tage hingekommen, wo die Gelassenheit, wo die Erotik, die Liebe zu meinem Körper, so wie er jetzt ist?
Also ist es doch nicht so einfach. Es war schön im Aquarium bei Julia Onken, aber jetzt bin ich wieder in der rauen See und muss zusehen, wie ich überlebe.

Plötzlich ein Aufschrei. Ein großes, rosarotes Bonbon kommt auf mich zugesteuert, im Schlepptau etwas Graues. Carina mit Begleiter. Ich brauche eine Weile, bis ich verkraften kann, dass sie sich wirklich getraut, ein Chanelkostüm in dieser zuckersüßen Farbe zu tragen. Dazu Bleistiftabsätze, mit denen sich jede andere Frau das Bein brechen würde. Aber Carina war schon immer außergewöhnlich. Das letzte Mal, als wir einander begegnet sind, war ich noch Flugbegleiterin und sie gerade auf dem Weg zur großen Dame. Sie hatte den Job als »Kellnerin der Lüfte« vor kurzem gekündigt und flog erster Klasse nach München, um im Zweitdomizil ihres 30 Jahre älteren Liebhabers »das Silber putzen zu lassen«. »Hättest du dich auch in ihn verliebt, wenn er nicht reich wäre?« habe ich sie damals neugierig gefragt. »Das muss ich mir nicht überlegen, er ist reich.« Ein Stück habe ich sie immer um diese Leichtigkeit und Unverfrorenheit beneidet, mit der sie durchs Leben tänzelte. Partys, reiche Männer, Champagner.

Und da steht sie wieder. Nach 20 Jahren und ist ganz die Alte. Jedenfalls benimmt sie sich so. Der Mann in Grau ist längst ein anderer, aber der Altersunterschied und der galante Handkuss, mit dem er mich begrüßt, haben sich nicht geändert.

»Du siehst ja blendend aus, genauso wie damals«, strahlt sie begeistert und umarmt mich in jugendlichem Ungestüm. »Du auch«, lüge ich und weiß, dass auch sie lügt.

Warum tun wir das? Warum lassen wir die Zeit stillstehen und tun so, als wären wir die jungen Frauen, die wir nicht mehr sind?

Was ist falsch daran, wie wir heute aussehen? Carinas üppiger Schönheit kann nicht einmal das rosa Kostüm etwas anhaben. Aber so wie damals sieht sie nicht aus.

Denn damals waren wir beide nicht ganz 30 und jetzt sind wir fast 50.
Wir trinken an der Bar ein Glas Champagner, das der Herr in Grau bezahlt, und ich steige aus meinem »Ältere-Frau-Drama« wieder aus. Wir erzählen uns im Zeitraffer unser Leben, jedenfalls den Teil, den man sich auf einem Flughafen erzählen kann, tauschen unsere Visitenkarten aus und wissen doch, dass wir einander nie anrufen werden. Wir gehören zu verschiedenen Welten, die sich nur im Vorübergehen berühren.
Nein, ich erlaube mir kein Urteil. Vielleicht ist Carina in ihrer Art, die ich früher Oberflächlichkeit genannt hätte, glücklicher als ich. Im Flugzeug hole ich das Buch von Marlo Morgan »Traumreisende« heraus und lese noch einmal die Stelle nach, in der eine Aborigines-Frau die Grundhaltung der australischen Ureinwohner erklärt: »Urteilen bedeutet, über Richtiges oder Falsches oder Abstufungen davon zu entscheiden. Wenn du urteilst, machst du dich automatisch zur anderen Hälfte der Gleichung. Du musst also auch Vergebung erfahren und erlernen. ... Das Beobachten ist eine völlig andere innere Einstellung. Sie erfordert den Schritt des Verzeihens nicht. Du erkennst alle Menschen als Ewige Seelen an, erkennst an, dass sie sich alle auf ihrer Reise durch die Schule menschlicher Erfahrung befinden, und du erkennst an, dass alle Seelen die Gabe des freien Willens und der Wahlfreiheit besitzen, die der Schöpfer ihnen geschenkt hat. Mit anderen Worten, Menschen, die anders sind als du, haben nicht Unrecht. Sie treffen einfach andere spirituelle Entscheidungen.«
Ich markiere die Stelle mit meinem roten Filzstift und nehme aus den Augenwinkeln wahr, dass meine Sitznachbarin neugierig versucht mitzulesen. Ich reiche ihr

das Buch: »Bitte, Sie können gern darin blättern, es lohnt sich, es zu kaufen.« Sie wird kurz rot, nimmt aber dann ohne zu zögern mein Angebot an.
Beim Essen frage ich Andrea – wir haben uns einander inzwischen vorgestellt – was sie über das Älterwerden denkt: »Es klingt lächerlich, aber ich hatte meine Midlife-Crisis mit 35. Das ist jetzt vier Jahre her. Es war wie eine Art ›Pensionsschock‹. Ich hatte eine wunderbare, beklatschte Karriere, verdiente viel Geld, war jung und attraktiv, meine Kinder waren zehn und sechzehn. Mein Freund war reich, liebte mich und wollte heiraten. Wir hatten guten Sex. Kein Wunsch, der offen geblieben war, kein Traum, der sich nicht erfüllt hätte. Ich hatte keine Ziele, keine Notwendigkeiten mehr. Alles war erledigt. Selbst meine Arbeit gefiel mir. Es war furchtbar. Ich war so satt, ich hatte keinen Hunger mehr. Auf gar nichts. Ich fragte mich: Und was mache ich die restlichen 40 oder 50 Jahre mit meinem Leben? Ich fiel in ein schwarzes Loch, obwohl die Wechseljahre noch in weiter Ferne lagen, und durchlebte eine Sinnkrise, die mich dazu zwang, nach meiner Substanz, nach meinem wahren Selbst zu suchen. Vielleicht gehöre ich zu den Frauen, die nicht auf einen körperlichen Auslöser warten müssen, um ›reif‹ zu werden. Ich weiß nicht, ob mich die Menopause noch einmal zwingen wird, mich neu zu orientieren. Jedenfalls glaube ich daran, dass der Abschied von der körperlichen Fruchtbarkeit nur dann schwer ist, wenn wir daraus Macht und Daseinsberechtigung beziehen. Wenn wir unseren Wert darauf aufbauen, dass wir Männer verführen und Kinder gebären können. Ich habe inzwischen meinem Leben einen anderen Sinn gegeben, aber letztendlich bin ich immer wieder neu eine Suchende.«
»Dann wird Ihnen dieses Buch gefallen«, sage ich.

»Marlo Morgan erzählt von den zehn Geboten der Aborigines, und wenn wir uns daran halten könnten, dann wäre unser Leben sicher reicher.«
»Und was beinhalten diese zehn Gebote?«
»Ich habe sie in den letzten Tagen einige Male gelesen, ich kann versuchen, sie sinngemäß wiederzugeben:

1. Du sollst deiner Kreativität Ausdruck verleihen.
   Jeder Mensch hat eine einzigartige Weise sich auszudrücken. Kreativität ist aber nicht darauf beschränkt, ob du Malen, Komponieren oder Schreiben kannst. Genauso kreativ ist es, jemanden trösten zu können, der Kummer hat, einem Kind eine schöne Geschichte zu erzählen oder Ordnung in ein Chaos zu bringen. Du kannst dich in der Art und Weise ausdrücken, wie du dein Haar kämmst, deine Kleider auswählst, deine Wohnung einrichtest oder etwas reparierst. Der Schlüssel dazu ist, dass du jede deiner Handlungen zum Ausdruck deiner selbst machst. Wenn du glaubst, dass du keine besondere Begabung hast oder dass das Leben diesen besonderen Ausdruck verhindert, nützt du die Gelegenheit nicht, deine Seele zu bereichern.
2. Erkenne, dass du Verantwortung trägst.
   Du bist Gast auf diesem Planeten und dafür verantwortlich, ihn so zu hinterlassen, wie du ihn vorgefunden hast – oder besser: es obliegt dir, für alle Lebensformen zu sorgen, die nicht für sich selbst sprechen können. Du bist verantwortlich für alles, was du sagst und tust, für jede Gedankenlosigkeit, für jede Versprechung, die du gemacht hast, für jede Vereinbarung, die du triffst, und für alle Konsequenzen, die dein Handeln mit sich bringt. Du bist Rechenschaft schuldig für allen Schmerz und alles Leid, die du jemandem zugefügt hast.

Du sollst auch für deinen Körper gut sorgen. Du hast ihn dir von jenen Kräften ausgeliehen, die dir dein Bewusstsein gegeben haben. Ihn zu vernachlässigen oder zu missbrauchen ist verantwortungslos.

3. Vor deiner Geburt hast du eingewilligt, anderen zu helfen.
Du legst deine Lebensreise nicht allein zurück. Wir sind dazu da, einander zu unterstützen und zu hüten. Alles, was du tust, sollte von dem Gedanken begleitet sein: ›Was dient dem höchsten Wohl allen Lebens?‹ Jeder Mensch hat das Recht, mit Achtung und Würde behandelt zu werden. Sei dir bewusst, dass du Teil einer Gemeinschaft bist, der Gemeinschaft menschlichen Bewusstseins.
4. Du sollst emotionale Reife erlangen.
Wir alle verfügen über eine ganze Palette von Emotionen, als da sind Freude, Glück, Hoffnung, Frieden, Liebe, Wut, Enttäuschung, Depression, Hoffnungslosigkeit, Schuld, Gier, Traurigkeit, Sorge usw. Dein Ziel soll darin bestehen, deine Gefühle wachsen zu lassen, sie zu disziplinieren und auszuwählen. Nach dem Motto: ›Du bist so glücklich, wie du es zulässt.‹ Doch auch die Ehrfurcht vor deinen Gefühlen braucht ihren Platz, besonders Freude und Kummer. Eines von beiden zu unterdrücken, kann dazu führen, dass du physisch krank wirst.
Eine der wichtigsten Ausdruckformen für die Gesundheit jedes Menschen, aber auch für die Gesundheit des Planeten ist das Lachen. Humor ist so wichtig für dein Wohlbefinden, dass du nie einschlafen sollst, bevor du nicht wenigstens einmal am Tag gelacht hast oder dich gefreut hast.

5. Du sollst unterhaltsam sein.
Unterhaltung geschieht willentlich und ist dazu gedacht, die Erschöpften aufzuheitern, die Enttäuschten zu besänftigen und die Kranken zu trösten. Sie ist ein Ventil für kreativen Ausdruck. Dich selbst zu unterhalten kann dazu beitragen, deine Selbstdisziplin zu stärken und emotional zu reifen. Achte darauf, nur an positiver Unterhaltung teilzunehmen, und verharre nicht immer in der Rolle dessen, der unterhalten wird.
6. Du sollst ein guter Verwalter deiner Energie sein.
Jedes Wort, jede Handlung trägt Energie in sich. Alles in der Welt, das Sichtbare und Unsichtbare, ist Bestandteil davon. Jedes Wort, jedes Gefühl, das du freisetzt, geht hinaus in die Atmosphäre, du kannst es nie mehr zurückholen oder korrigieren. Worauf auch immer du dein Hauptaugenmerk richtest, es wird wachsen. Wenn du dich als Opfer fühlst, anderen die Schuld gibst oder in Selbstmitleid schwelgst, verstärkst du die negative Schwingung. Die meisten Menschen finden es einfacher, die Negativität anzuzapfen, als sie zu durchstoßen und darüber hinauszugelangen. Ändere deine Einstellung, sei optimistisch und sieh das Positive, dann wird es zu deiner Realität.
7. Du sollst Musik genießen.
Es ist ein Geschenk des Universums, dass du mit deiner Stimme eine breite Palette von Tönen erzeugen kannst. Jeder ist musikalisch und wird von der Musik beeinflusst. Sie ist die Sprache deiner Seele, die Stimme unseres Planeten, die die Verbindung zum Universum schafft. Sie ist so wichtig, dass sie eine eigene unabhängige Aufgabe in deinem Leben darstellt. Die Energie der Musik ist heilsam für deinen Körper und für die ganze Welt.

8. Du sollst nach Weisheit streben.
Weisheit wird oft mit Wissen verwechselt. Wissen ist das Erlernte, Weisheit ist die Art, wie ein Mensch sein Wissen nützt. Sie ist der willentliche Entschluss, auf eine bestimmte Art und Weise zu handeln oder nicht zu handeln, und zwar im Hinblick auf das Wohlergehen aller Betroffenen. Alle sind eins mit dem Schöpfer. Es zeugt von Weisheit, den Zweck aller Dinge zu erkennen und zu ehren.
9. Du sollst Selbstdisziplin lernen.
Es ist wichtig, Selbstdisziplin zu entwickeln, um eine innere Verbindung zwischen Körper und Seele zu erfahren. Es ist möglich, sich zu viel zu gönnen, süchtig, nachlässig und gierig zu werden. Wenn du auf dein Herz hörst, wirst du wissen, wann etwas genug ist.
10. Du sollst beobachten, ohne zu urteilen.
In den Begriffen des Ewigen gibt es keine Fehler. Du kannst beobachten, was geschieht, und – ohne es zu beurteilen – entscheiden, dass es für deinen Weg intuitiv nicht das Richtige ist. Dann segnest du es und gehst weiter. So kannst du jeden lieben, denn es bedeutet nicht, dass du sein Handeln und sein Verhalten mögen musst. Aber du fällst kein Urteil, dass dieser Mensch etwas falsch macht. Seine Art gehört einfach nicht zu deinem Weg. Du sendest keine Energie in diese Richtung. Keine Worte, keine Taten und keine Gedanken.«

Andrea sagt lange nichts. Aber das Schweigen zwischen uns trägt einen Frieden in sich, der mir wohl tut. Meine Wiedergabe der spirituellen Weisheit dieses alten Volkes und ihre entspannte Aufmerksamkeit haben eine Atmosphäre aufgebaut, in der mir alles möglich erscheint: uneingeschränkte Liebe, Freude und Verständnis für die Zeit, die auf mich zukommt.

Beobachtungen vom Rand

Die Frau in den Wechseljahren ist die Gefangene eines Klischees, und sie wird sich daraus nicht befreien, wenn sie nicht beginnt, ihre Geschichte selbst zu erzählen.

Germaine Greer

Ich fahre nach Hause

Ich sage immer noch nach Hause, obwohl Wien längst meine Heimat geworden ist. Ich kann mich noch an die Mischung aus Abenteuerlust und Schmerz erinnern, als ich im Zug nach Paris saß und meinen Eltern auf dem Bahnsteig zuwinkte. Ich musste weg aus Bregenz am Bodensee, weil es mir dort viel zu eng war. Die Vagabundin in mir brauchte die Einsamkeit, die Gefahr, die Herausforderung. Ein Zimmer ohne fließendes Wasser auf dem Boulevard Péreire, das Gefühl auf den Champs-Élysées, dass die Welt mir gehört, und eine große Liebe auf den Barrikaden im Mai 68.

Michel Bove. Ich möchte ihn gerne wieder sehen, diesen Mann, der jetzt alt ist, wenn er noch lebt. Ihm verdanke ich fast alles, was ich über die Lust weiß. Er hat mich entjungfert, befreit von der Kleinstadtbigotterie und mich mit dem fremden Geschmack von Austern auf der Zunge weggeschickt, als ich ihm mein Leben schenken wollte. Seine süße, kleine Frau wollte ich sein. Auf ihn warten, bis er nach Hause kommt, und ihn so lieben, wie er es mir beigebracht hat. Seine Sklavin sein und meine Träume von der weiten Welt begraben. Danke, Michel, dass du mich in den Zug nach London gesetzt hast. Wir haben keine Ahnung, wenn wir jung sind, dass wir ständig an Wegkreuzungen stehen, die unsere Zukunft bestimmen. Meine Karriere als Frau hätte genauso gut mit 18, ohne Ausbildung in einem fremden Land, dafür mit einem Baby im Arm, beginnen können.

In Bregenz ist alles anders. In den wenigen Jahren, in denen ich nicht hier war, weil meine Eltern gern zu uns nach Wien gereist sind, hat die Stadt ihr Provinzkostüm ausgezogen und sich auf schick gestylt. Es macht mich traurig. So, als ob man mir ein Stück meiner Kindheit gestohlen hätte. Sogar der Fußweg zum Friedhof verläuft jetzt anders und muss mir vom Vater erklärt werden, als ich ihm seine sommerliche Pflicht des Blumengießens am Grab der Großeltern abnehmen will. Dort, wo früher noch Wiesen und kleine Gärten waren, hat sich die Stadt die Natur einverleibt. Häuser, Sportplätze, Fahrradwege. Alles so fremd.

Nie wäre ich freiwillig hingegangen. Zu diesem Golgatha meiner Kindheit. Der Stätte des Unglücks und der Schande. Aber plötzlich stehe ich davor und staune, wie klein sie ist. Diese Schule, in der ich fast täglich geschlagen wurde, weil ich mit der »falschen Hand« schrieb. In der mir unter dem Gejohle der Burschen die »böse Hand« in eine Papiertüte gepackt wurde, damit ich sie nicht benützen konnte. Ich setze mich auf die Wiese, die früher mein Schulhof war, und bin wieder sechs Jahre alt. Der Lehrer lehnt im Hintergrund am Fenster und putzt sich mit der Spitze seines Rohrstocks die Fingernägel. Ich weiß, wenn meine Verzweiflung, weil ich das Diktat mit der »guten Hand« nicht schreiben kann, übermächtig wird, dann wird sein Arm nach vorne zucken, und der Schlag wird meine nackten Finger treffen, die sich aus dem Papiersack gebohrt haben, um die Holzfüllfeder zu halten. Arthur Kammerlander trinkt unterdessen ein Tintenfass aus, und Erwin Riedesser schießt mit kleinen, klebrigen Papierkugeln auf die Mädchen.

Dann kommt die Handarbeitslehrerin. Sie schaut angeekelt auf mein verschwitztes Strickzeug aus ehemals roter Wolle, das ein viereckiger Fleck werden soll. Ich kann nicht stricken, weil sie es mir nicht erklären kann. Sie ist keine Linkshänderin. Ich habe schon wieder versagt.

An der Breitwand der Klasse stehen auf riesigen weißen

Packpapierbogen in Farbe die Namen der guten Kinder geschrieben. Mein Name steht auch drauf. Ganz unten und in braun. Das war die einzige Farbe, die noch übrig war, als ich auch endlich brav war. Ich hasse meinen Namen. Dieses runde R in Braun erinnert mich an Kartoffel. Ich bin eine braune, hässliche Kartoffel.
Es ist Sonntag. Ein heißer, herrlicher Nachmittag. Kein Schüler und kein Lehrer kann mich beobachten, mich altes Kind, wie ich hier auf der Wiese sitze und bitterlich weine. Mein Gefühl »Ich bin nicht richtig, wie ich bin« hat endlich eine Heimat gefunden.
Julia Onken, meine Freundin und Lehrerin, taucht in Gedanken vor mir auf: »Jedesmal, wenn du deinen Namen sagst, hisst du deine Flagge. Überleg dir gut, ob dein Name jetzt, wo du ein neues Leben beginnst, noch für dich stimmt.« Damals habe ich mir gewünscht, dass die Frauen im Wechseljahrseminar mich Renata nennen. Ich wollte dieses A haben, das meinen Namen offen macht, das ihn reinigt vom Schmerz meiner Kindheit. Ich war mir ganz sicher, dass ich nach Hause fahren werde und Karl und alle meine Freunde bitten werde, mich Renata zu nennen. Julia tut es noch immer. Die anderen habe ich nicht einmal gefragt. Es erschien mir plötzlich so anmaßend und lächerlich.
Das Weinen war gut. Ich fühle mich stark und froh und bedanke mich bei meiner Schule, die jetzt so klein und unbedeutend neben dem modernen Anbau aus Glas steht, für alle meine Erfahrungen und Lernmöglichkeiten.
Am Friedhof flimmert die Hitze und dörrt die kleinen Weihwasserkessel an den Gräbern aus. Ein Mann mit gesenktem Kopf schleppt zwei Gießkannen an mir vorbei. In jeder Hand eine. »Herr Gorbach, sind Sie das?« Er

hebt sein Gesicht und starrt mich an. »Ist etwas passiert?« Der Mann, den ich kaum kenne, stellt wortlos seine Gießkannen ab und steht mit hängenden Armen vor mir. Ich berühre ihn an der Schulter, und plötzlich fängt er an zu weinen. »Meine Frau ist gestorben, kurz vor ihrem 70. Geburtstag. Ich kann es nicht verkraften.« Er ist kleiner als ich, sein Kopf liegt an meiner Schulter, ich streichle ihn und halte ihn, wie eine Mutter ihr Kind. Es ist mir egal, was die Leute denken. »Ich bin so furchtbar einsam, so furchtbar einsam«, stammelt er und hält sich an mir fest. Später nehme ich ihn an der Hand, und er führt mich zum Grab. »Hermine, schau, wen ich dir mitbringe.« Ich weine mit ihm. Ich sage ihm nicht, dass meine Tränen auch dem verzweifelten Kind gelten, dem ich auf dem Schulhof begegnet bin.

Ich erzähle ihm, dass nur die Hülle des geliebten Menschen von uns geht. Dass die Seele bei uns bleibt, dass wir sie rufen können, dass sie uns zur Seite steht.

Ich bin ein weises, wunderbares Wesen. Das Glücksgefühl, diesen verzweifelten Mann im Arm gehalten zu haben, begleitet mich den ganzen Tag. Wenn Älterwerden das bedeutet, dann bin ich zufrieden.

Der Sommer zeigt endlich, was er kann. Nach einem verregneten Juli ist es der heißeste August seit Jahren. Die Wanderung muss trotzdem sein. Es gibt Rituale, die eingehalten werden müssen. Zu Fuß auf den Pfänder und Mittagessen in der »Schwedenschanze« gehören dazu.

Der alte Weg ist sich treu geblieben. Kein Tourismusverein hat ihn »verschönert«. Ich kenne ihn, und er kennt mich seit mehr als 40 Jahren. Nur die Bilder haben sich verändert. In den ersten Jahren läuft die kleine Renate dem Vater, der Riesenschritte macht, hinterher. »Papa, warte auf mich.« Dann kann der Vater mit der erwachsenen Tochter nicht mehr Schritt halten: »Lauf nicht so schnell, ich bin nicht mehr der Jüngste.« Und jetzt haben meine Kinder die Führung im Stafettenlauf übernommen. Ich höre ihre Stimmen hinter der nächsten Biegung. Jetzt bin ich »die Alte«, der man davonläuft. Der Schweiß rinnt mir in den Nacken. Das ist endlich eine Wallung! Seit Wochen belauere ich mein Schwitzen. Versuche mich zu erinnern, ob ich früher beim Joggen auch so klatschnass nach Hause gekommen bin, höre auf, mich zu freuen, wenn mir beim Tennis das Wasser in die Augen rinnt. Ich habe immer gerne geschwitzt. Es war für mich ein Zeichen von köstlicher Bestätigung meiner körperlichen Fitness. Seit es ein Hauptsymptom für die Wechseljahre ist, hat es seine Unschuld verloren.

Jetzt ist es also so weit. Die Kinder laufen der schwitzenden Mutter, die jetzt endgültig alt ist, davon. Ich suhle mich im Selbstmitleid, als hinter der Wegbiegung Anna und Antonio einträchtig im Schatten auf einer Bank sitzen. »Mama, schwitzt du auch so wie wir? Uns rinnt der Schweiß in Bächen herunter.« Mit einem Satz sind meine Wechseljahre schon wieder zu Ende. Ich schwitze ganz normal an einem glutheißen Augusttag auf einer Bergwanderung.

Der Rückweg führt am Café Melanie vorbei. Ein leichtes Ziehen in der Herzgegend. Mehr eine Erinnerung als ein Schmerz. Hier war ich oft mit meiner Jugendliebe. Gut, dass er mich verschmäht hat für meine beste Freundin. Er arbeitet noch immer in derselben Firma wie damals. Und schaut sich vielleicht noch immer nach jungen Mädchen um, wie damals. Aber ein Stückchen des Gefühls »Ich bin nicht richtig, wie ich bin«, hat hier im Café Melanie, in das er uns abwechselnd ausgeführt hat, seinen Ursprung.

In der Kaiserstraße steht ein Grüppchen Männer. Die

einen mit grauen Haaren, die anderen mit leichtem Bauch. Einige mit beidem. Alle noch immer ansehnlich. Für sie bin ich »Hofmanns Renate« geblieben. Kumpel aus der Jugendzeit, so lange her, dass wir es alle nicht wahrhaben wollen. »Wie geht's euch denn so in den Wechseljahren?« lenke ich provokativ ihre Aufmerksamkeit auf die Tatsache, dass es auch ein männliches Klimakterium gibt. »Es wäre alles in Ordnung, wenn nicht die jungen Mädchen immer teurer würden«, grinst Andi, mit dem ich zur Schule gegangen bin. Ich will ihn nicht verstehen und frage nach. »Naja, früher haben wir sie zu einem Eis und ins Kino eingeladen, heute brauchst du schon ein Boot auf dem See, dass eine mitgeht.« »Und deine Frau?« »Alles in Ordnung. Aber seit wir Enkel haben, muss ich mit einer Großmutter ins Bett. Das kommt mir komisch vor.« Brüllendes Gelächter. Wertmüllers Lisi gesellt sich zu uns. Sie ist Laborantin im Krankenhaus. »Ich habe gerade von einem Patienten den neuesten Witz passend zum Thema gehört: Warum kann man mit einer Frau in den Wechseljahren nicht Verstecken spielen?« Mir fällt dazu nichts ein. »Weil sie niemand sucht.« Brüllendes Gelächter.
Lisi hat einen Mann, sagt sie, »der sie vergöttert, obwohl sie schon durchsichtig ist.« »Durchsichtig?« Sie lacht unbeschwert. »Kennst du das nicht, wenn du mit einer Freundin ins Restaurant gehst und ewig herumstehst, bis dir der Kellner einen Tisch zuweist. Früher ist mir das nie passiert. Aber ich leide nicht darunter, ich finde es eher lächerlich und amüsant. Vielleicht, weil ich geliebt werde, wie ich bin.«
Brauchen wir immer jemanden, der uns schön findet, damit wir uns gut fühlen können? Der uns begehrt, obwohl angeblich auf unserem Körper ein Ablaufdatum

steht, das wir spätestens mit 40 unerbittlich überschreiten? Wird unser Wert als attraktive Frau so stark von außen bestimmt, oder hat es etwas mit unserem Selbstwert und unserer Ausstrahlung zu tun? Ich sehe mich mit deinen Augen, also bin ich, was du siehst. Oder sehen die anderen mich so, wie ich mich selbst fühle? Meine Freundin Elke hat dieses Problem nicht. Sie ist schon viele Jahre unbemannt und fühlt sich wohl dabei. Ihr Selbstbild hängt nicht von einem Mann ab.

Und meins?

Bitte lüg nicht.

Ich laufe schnell in die Küche zu meiner Mutter und hole mir ein Butterbrot. Nichts. Keine Eingebung, wie der Text weitergeht. Ich hole ein zweites Butterbrot. Nach dem fünften höre ich auf. Ich hab's kapiert. Die Frage ist verdammt heikel. Wenn ich sie mir ehrlich stelle, muss ich im Tiefen waten, an meinem Selbstverständnis als attraktive Frau kratzen. Wie sicher ist mein Gefühl für meine Substanz, für meinen Wert?

Ich flehe um Gnade. Kann ich nicht einfach dort weiterschreiben, wo's wieder angenehm wird. Tage schildern, an denen ich jede Pore an mir mag? Nein. Dazu brauche ich mehr Zeit. Mit fünf Butterbroten im Magen fällt mir nichts mehr ein.

Barbara ruft an. Mitten hinein in meinen Widerstand, über mich und meinen Wert zu erzählen, kommt ihre Stimme vergnügt aus dem Burgenland, als ob sie nebenan säße. Barbara ist eine meiner Verbündeten. Sie erforscht mit mir gemeinsam jede Regung in ihrem 47-jährigen Leben, die zu unserem Thema passt. Das war nicht immer so. Böse und mit grollend tiefer Stimme war sie vor zwei Monaten auf meinem Tonband: »Was soll dieser Blödsinn. Ich bin nicht in den Wechseljahren, du musst dir jemanden anderen suchen, mit dem du darüber sprichst.« »Bärbel«, sage ich zärtlich auf ihr Tonband zurück, denn ich mag sie. »Könnte es vielleicht sein, dass du das Thema verdrängst, weil du Angst hast?« Ja, Barbara hat Angst, so wie ich und viele andere Frauen auch. Sie hat gehofft, wenn sie ihr Älterwerden ignoriert, dass es einfach nicht geschieht. Aber jetzt gehört sie zu meinem Forscherteam.

»Du, stell dir vor, heute war ich einkaufen, und da war am Eingang zu einem Drogeriemarkt eine Schranke, die hat gepfiffen, als ich vorbeiging. So wie früher die Bauarbeiter von ihren Gerüsten. Und ich habe mich daran erinnert und mir gedacht, dass sie mir heute nicht mehr nachpfeifen, weil sie meine Würde als Frau akzeptieren. Jedenfalls glaube ich, dass es auch mit Respekt zu tun hat.«

»Barbara, du hast mich gerettet«, sage ich dankbar. »Ich war gerade dabei, an meinem Wert zu zweifeln und mich klein zu machen. Es ist nicht einfach, in der eigenen Heimatstadt gross zu bleiben!«

Zweierlei Maß

Mein Blick bleibt an einem wunderschönen Buch hängen. Der Streifzug durch die große Buchhandlung am Münchner Stachus hat sich gelohnt. Auf weißem Hintergrund, vor einem satten, blauen Himmel, posieren halbnackte Frauen in einer Üppigkeit, die sehr erotisch, aber längst nicht mehr modern ist. Der Titel »Jetzt, da ich älter bin« lädt mich zum Kaufen ein. »Jetzt, da ich älter bin«. Ein Satz so selbstverständlich, so angenehm, dass ich mich sofort in ein gemütliches Kaffeehaus setze und

mir eingestehe, dass ich nach ein paar Stunden Stadtbummel einfach müde bin.
Ich trinke heiße Schokolade, schlage mein neues Buch auf und bin glücklich und zufrieden. Eine neue Qualität von genüsslicher Gelassenheit breitet sich aus. Wann habe ich es mir je gegönnt, einfach mitten am Tag in aller Ruhe zu lesen?
Der Autor geht der Frage nach, wie die weiblichen Wechseljahre im Spiegel der Literatur beschrieben worden sind. Dazu gehört für ihn »die Schilderung der typischen Wechseljahrbeschwerden, das seelische Erleben und Erleiden der Phasen von Trübsinn und Mutlosigkeit, der Mangel an Antrieb mit dem Verlust der geistigen Schöpfkraft, der Abschied von körperlicher Liebe und Geschlechtlichkeit ...«
Peng.
Mein wunderbares Wohlgefühl verwandelt sich in Empörung. Was würden Männer sagen, wenn Frauen ihnen ab 50 ihre Schöpferkraft absprächen und ihnen nahe legten, sich aus der körperlichen Liebe und Geschlechtlichkeit zu verabschieden, weil sie ohnehin zu depressiv und antriebslos seien, um sich noch für Arbeit oder Sex zu interessieren?
Ich will wissen, wer dieser Mann ist, der Frauen ein erfülltes Leben nach dem Ende der körperlichen Fruchtbarkeit abspricht, und blättere zurück, auf die letzte Seite:
Das Foto zeigt einen älteren Herrn mit schütterem Haar, wohl auch längst jenseits von »Schöpferkraft« und »Geschlechtlichkeit«, wenn sein Maßstab auch für Männer gilt. Professor. Dr. med. Christian Lauritzen, Direktor der Universitäts-Frauenklinik in Ulm, Vorsitzender der Menopausengesellschaft deutschsprachiger Länder.

Das also soll unser offizieller Begleiter durch die Jahre des Wandels sein!
Es wird Zeit, dass wir Frauen unser Wissen über die Wechseljahre selbst weitergeben. Denn wer weiß mehr über uns als wir selbst? Wer soll diese Zeit des Umbruchs beschreiben, wenn nicht wir? Wer darüber erzählen, dass es nach dem Ende der körperlichen Fruchtbarkeit einen neuen Anfang gibt? Warum sind die Zeitungen voll mit Empfehlungen für Hormone, warum sagt uns niemand, dass nur ein Drittel aller Frauen Beschwerden haben, die ihre Lebensqualität einschränken, dass eine halbe Stunde Sport am Tag gegen Osteoporose vorbeugt?
Am Abend bin ich mit Annette Bopp verabredet. Ihr Buch »Wechseljahre« ist informativ, ermutigend und hält sich von dem Gejammer fern, das viele Ratgeber kennzeichnet.
Annette vermutet, warum die Berichterstattung so einseitig verläuft: »Wenn du jeden Morgen durch deinen Park läufst, dann verdient niemand Geld. Weder die Pharmaindustrie noch der Arzt, der dich alle paar Monate untersuchen muss, wenn du Hormone nimmst.« Ein böser Satz von Germaine Greer kommt mir in den Sinn: »Die Menopause ist ein Traumgebiet für mittelmäßige Mediziner. Ihre Behandlung erfordert weder chirurgisch noch diagnostisch besondere Fähigkeiten.«
Das Lokal, in dem wir verabredet sind, ist voll, und wir müssen an der Bar auf einen Tisch warten. Eine Gruppe von Männern erzählt sich Blondinenwitze. Eine blonde Frau im coolen Lederoutfit lehnt daneben und scheint nicht zuzuhören. Plötzlich wendet sie sich lächelnd den Männern zu und sagt strahlend: »Kennen Sie den schon?« Die Typen sind erfreut. Endlich eine Frau mit Humor. »Was ist eine Blondine ohne Arsch?« Erfreutes

Gemurmel über die Deftigkeit, dann ratloses Kopfschütteln. »Eine Frau ohne Mann.«
Plötzlich ist es ganz still. Keiner lacht. Dann wird der Bann mit einem Zischlaut gebrochen: »Blöde Zicke«.
Es ist mir noch nicht aufgefallen, aber auch beim Witze Erzählen wird mit zweierlei Maß gemessen.
Wieder zurück in Wien, steige ich aus dem Zug und bin offensichtlich in einer so kritischen Stimmung, dass mir zum ersten Mal ein Plakat auffällt, das nicht nur am Westbahnhof die Wände ziert:
Die eine hat den Mund leicht offen und lächelt in einer Mischung aus freundlich und dümmlich vom Plakat. Die andere blickt ernst, Marke scheues Reh, die Dritte zeigt den Ansatz einer kleinen Brust und trägt eine Wallemähne à la Claudia Schiffer. So wie sich eben Werbemanager verfügbare, erotische Frauen vorstellen.
Alle drei haben eines gemeinsam: Sie sind faltenfrei, jung und sollen für die Österreichischen Bundesbahnen Kunden werben. Unter dem Motto »Man fährt wieder Bahn« findet sich quer über der Brust einer der Damen der Slogan »Heiße Fracht«.
Soll ich jetzt meine Bahncard, die es mir ermöglicht, ein Jahr lang zum halben Preis durchs Land zu fahren, zurückgeben? Müssen von nun an Frauen, die sich nicht als Kunstfiguren eignen, zu Hause bleiben – wo die Bahn, die sie offenbar nicht zu ihrer Zielgruppe zählt, sie vielleicht beim Kuchenbacken vermutet?
Es ist allerdings auch schwer vorstellbar, dass eines dieser fragilen Models auf zugigen Bahnhöfen herumsteht und dann mit einem banalen Zug fährt. Schon gar nicht in dem schäbigen, eiskalten Lokalzug, der mich letzthin in der Nacht von Villach nach St. Veit an der Glan transportiert hat. Im Speisewagen wird man sie wahrschein-

lich auch nicht finden, weil die Qualität der dargebotenen Speisen einem so edlen Geschöpf schwer im Magen liegen würde.
Wer also soll von diesem sexistischen Plakat zum Bahnfahren animiert werden?
Die Frauen sicher nicht. Die Österreichischen Bundesbahnen preisen sie als Ware an, als »heiße Fracht«, und vermitteln das Bild von hilflosen, untergewichtigen Geschöpfen, die nur darauf warten, dass ein Mann sie vom Plakat pflückt und beschützt. Sie werden wohl eher abgeschreckt werden von so viel Gedankenlosigkeit oder Unverschämtheit, falls die primitive Absicht, »ins Gerede zu kommen«, hinter der Aktion steht.
Also welche Kunden? Männer vielleicht? Will man sie glauben machen, dass auf jedem Bahnhof eine dieser »Traumfrauen«, die ihnen im Alltag viel zu anstrengend wären, auf sie wartet? Spätestens nach der dritten Bahnfahrt werden sie aus Enttäuschung wieder ins Auto oder ins Flugzeug steigen.
Menschen in der Bahn. Berührend, banal, nervtötend, unterhaltsam. Alle sind sie mir schon begegnet. Alt und Jung. Kunstgeschöpfe waren sie nicht. Gott sei Dank.

Seite an Seite

Auf die Wimperntusche verzichtet, zwei Packungen Taschentücher eingesteckt, Rumkugeln zum Trost gekauft, fußfreie Plätze bestellt. Es kann losgehen. Meine Freundin Maria und ich in trauter Einigkeit – die Männer haben sich wie immer bei solchen Filmen verweigert – wollen wieder einmal Rotz und Wasser heulen. Das hat uns die Filmkritik versprochen. »Ein berührendes Melodrama« erwartet uns.

Dann kommt die kalte Dusche, wie so oft im Leben, wenn man zu viel erwartet. Der Film lässt kein Klischee aus:

Älterer Mann (Ed Harris), gut aussehend, hat sich von seiner gleichaltrigen Frau (Susan Sarandon) getrennt. Die hinreißend spielt, aber natürlich auf tief zerfurcht geschminkt ist, weil sie – wie könnte es anders sein – durch den Verlust des Gatten verbittert und verhärmt ist.

Junge, hübsche Frau (Julia Roberts) kümmert sich als Nachfolgerin der ausrangierten Ehefrau, die einsam in einem riesigen Haus lebt, rührend, aber ungeschickt um die bockige Tochter und den verzogenen Sohn, wenn sie beim Vater sind. Weil die Kinder sie brauchen – der Originalerzeuger ist ständig geschäftlich verreist –, gibt sie ihren hoch dotierten Beruf als Starfotografin auf und verzichtet auf ihre Karriere. Ganz undramatisch, nur von ein paar hingeworfenen Sätzen untermalt, bringt sie ein Opfer, von dem jedenfalls wir erfahrenen Frauen wissen, dass es ihr vermutlich irgendwann Leid tun wird. Was der Mann darüber denkt, erfahren wir nicht, weil die beiden nicht darüber reden. Ist ja auch nicht so wichtig. Außerdem nimmt er Julia Roberts zur Frau, das ist Lohn genug für eine verpasste Karriere, und wir sind gerührt über seinen Mut, noch einmal neu anzufangen.

Die Exgattin ist gehässig und niederträchtig, erkrankt zur Strafe an Krebs und ermöglicht durch ihr langsames Dahinsterben endlich einen Familienfrieden, der darin gipfelt, dass der Exmann jammert: »Was sollen wir denn ohne dich anfangen?«

Ja was wohl? Zwei Frauen versorgen großzügig einen Mann, der nicht erwachsen werden will. Wenn die eine tot ist, wird er wahrscheinlich nach einer angemessenen

Zeit die neue Ehefrau mit einer noch jüngeren Geliebten betrügen, damit das Gleichgewicht wieder stimmt.
Aber für dieses zusätzliche Klischee haben die zwei Stunden leider nicht ausgereicht.

Vom Dorf

Manchmal, wenn ich das alte Foto sehe, Monika und ich vor dem Brunnen hinter dem Haus, jede ein Windrad in der Hand und einen kleinen Rucksack auf dem Rücken, überkommt mich die Sehnsucht, und ich fahre hin. In dieses Dorf im Bregenzerwald, das früher in den Ferien mein Zuhause war. Meine Schwester und ich haben hier so manchen Sommer verbracht, weil es in der Stadt wenig zu essen gab nach dem Krieg und weil die Eltern froh waren, dass wenigstens »die zwei Großen« versorgt waren. Später bin ich immer wieder zurückgekommen. Wegen Herta, die wie eine Mutter zu mir war, und wegen Evi, die meine älteste Freundin ist. Und überhaupt. Weil hier die Zeit ein bisschen stehen geblieben ist, weil die Leute noch immer aus dem Fenster schauen und grüßen, weil die Kogler-Bäuerin, die mir damals eine selbst genähte Stoffpuppe geschenkt hat, mich auf dem Weg zum Vorsäß hereinruft und mir ein Glas Milch einschenkt. Manche sind schon tot. Zum Beispiel Hertas Mann, vor dem ich mich immer ein bisschen gefürchtet habe als Kind.
Als er starb, war Herta mitten in den Wechseljahren. Und weil das noch nicht genug Unglück war, starb er in den Armen seiner Sprechstundenhilfe. Die Sprechstundenhilfe war seit 20 Jahren seine Geliebte, und alle wussten es. Aber geredet wurde nicht darüber. Jedenfalls nicht, wenn Herta dabei war.

Sie hatte ihrem Mann mehr als 30 Jahre gedient. Die Kinder erzogen, seinen Haushalt geführt und stumm akzeptiert, worüber er nie sprach.
Als Herbert starb, war ihr Leben auch offiziell vorbei. Inoffiziell war es an dem Tag zu Ende gegangen, als ihr klar wurde, dass das Kind der Sprechstundenhilfe, von dem niemand wusste, wer der Vater war, ihren eigenen Kindern ähnlich sah. Aber jetzt war der Gemeindearzt tot, und über einen Toten soll man nichts Böses sagen.
In den ersten sechs Monaten nach der Beerdigung ging Herta nur ans Grab. Sie mied jeden Kontakt nach außen und vermisste ihren Mann täglich um 12.15 Uhr, wenn er nicht aus seiner Arztpraxis, die sich im Erdgeschoss des Hauses befand, zum Essen kam. Das nächste Mal vermisste sie ihn um 19 Uhr und kochte noch lange Zeit für zwei. In der Nacht ging er ihr nicht ab. Sie hatten längst getrennte Schlafzimmer gehabt, damit Herta sein Zweitleben nicht bemerken musste.
Nach einem halben Jahr fing Herta an abzunehmen. Am Anfang unbemerkt. Unbemerkt nicht deswegen, weil sie wenig abnahm. Im Gegenteil. Im ersten Monat ihrer Kur verlor sie neun Kilo. Aber was sind neun Kilo, wenn man sich aus Kummer von 62 auf 120 hinaufgefressen hat. Als sie nur noch 80 Kilo wog, fing sie an zu reisen. Zuerst ganz vorsichtig. Einen kleinen Ausflug mit der Sparkasse zu den Schaffhausener Wasserfällen. Dann eine ganze Woche in die Dolomiten zum Bergwandern.
Am Anfang klammerte sie sich noch ängstlich an die sauber geschrubbte Kartoffel, die sie gegen die Übelkeit während der Autofahrt immer bei sich hatte. Ein Hausmittel, das schon ihre Urgroßmutter verwendete. Aber mit der Zeit wurde sie immer mutiger und immer fröhlicher und entdeckte ihren lang verschütteten Witz.

Als Herta 54 war, lernte sie auf einer ihrer Reisen einen gut aussehenden Mann im passenden Alter kennen. Nein, nein, kein Happy End. Um Gottes Willen. Sie wollte nie mehr einen Mann im Haus, aber jemanden im Bett, das wollte sie gern. Und so fuhr sie von nun an einmal in der Woche in die nahe gelegene Stadt.

Das, was ihr Arzt, der gleichzeitig ihr Ehemann gewesen war – Gott habe ihn selig – als Wechseljahrbeschwerden diagnostiziert hatte, war längst vorbei. Die schlaflosen Nächte, die Fettleibigkeit – er sagte immer so wissenschaftlich »Adipositas«, als ob das ihr Unglück kleiner gemacht hätte. Und natürlich die Depressionen, die ein entwertetes Frauenleben verursachen kann.

Herta erzählt nur mir von ihrem Liebhaber. Weil ich weit weg wohne und sowieso »ganz anders« bin. Nicht einmal mit Evi, ihrer Tochter, spricht sie darüber. »Was soll die denn denken.«

Wenn ich im Dorf bin, wohne ich bei Evi. Sie hat mit ihrem Mann am Ortsrand ein Haus gebaut und ist stolz auf ihr Gästezimmer, von dem aus man die Rehe am Waldrand beobachten kann. Richtig reden mit ihr kann ich nur, wenn Dieter weg ist, dann sitzen wir in unseren unförmigen »Babyanzügen« aus rosa Flausch, in denen wir uns sonst niemandem zeigen, auf dem Sofa und erzählen einander die Wahrheit. Und so weiß ich vieles, was geheim bleiben muss.

Zuerst war es umgekehrt. Dieter verdiente viel mehr als Evi. Und er ließ es sie spüren. Nicht bösartig, nur eben so, dass ganz klar war, dass seine Frau den Haushalt allein zu erledigen hatte. Neben ihrer Arbeit als Assistentin des Fremdenverkehrsdirektors. Gott sei Dank gab es keine Kinder, sonst hätte sie zu der Heerschar überforderter, erschöpfter Mütter gehört. Ihr Kind war Dieter, auch wenn er 15 Jahre älter war als sie. Er wurde gelobt, er wurde verhätschelt, er war der Größte und der Schönste, auch dann noch, als es nicht einmal mehr für Evi stimmte.

Mit 60 ging er in Pension. Nein, er ging nicht, er wurde gegangen. Ein Realitätenmakler, der so alt war, konnte mit dem Schmäh der Jungen nicht mehr mithalten. Jetzt sitzt er zu Hause und wartet auf Evi, die inzwischen das Fremdenverkehrsamt leitet und am Abend einfach ihre Füße hochlegen möchte und eine Stunde nichts reden will.

Evi verdient jetzt viel mehr, als Dieters kleine Pension ausmacht. Aber sie lässt es ihn nicht merken. Und schon gar nicht verlangt sie von ihm, dass er sich jetzt um den Haushalt kümmert. Manchmal, wenn er nicht depressiv ist über den Verlust von Macht und Geld, kocht er und räumt sogar ein bisschen auf. Dann lobt Evi ihn überschwänglich, obwohl er in den 25 Jahren, in denen sie täglich gekocht und aufgeräumt hat, kein Wort darüber verloren hat.

Evi beschwert sich nicht über ihr Leben. »Wenn ich mir ansehe, wie es anderen Frauen geht, dann habe ich es richtig gut. Bei uns ist alles in Ordnung. Mich stört nur, dass er ständig über mein Aussehen meckert.«

Früher hatte sie sich mager gehungert, obwohl eine Figur wie Claudia Schiffer in ihren Genen nicht angelegt war. In ihrer Familie neigten alle zur Üppigkeit, und es gab eine Zeit, in der sie in ihrer Magerkeit wie eine Fremde zwischen ihren Eltern und Geschwistern saß. Die Zeiten sind allerdings vorbei. Mit 45 beschloss Evi, dass sie keine Lust mehr hatte, zum Frühstück ein Knäckebrot mit Magerkäse, zum Mittagessen ein Yoghurt und am Abend mageren Fisch ohne Beilage zu essen. Nein, sie ist nicht wirklich dick geworden, aber eben ziemlich üppig. Und obwohl sie aus ihren neuen Kleidern vorsorglich die Größe heraustrennt und so tut, als ob sich nichts verändert hätte, beschwert sich Dieter ständig. Evi verliert kein Wort über seine vielen Falten, die wiederum in seiner Familie angelegt sind, und wenn, dann nur um ihn zu loben, dass er dadurch noch »interessanter« aussähe.

Ihre Vision für die Zukunft? Eigentlich könnte sie in Frühpension gehen, damit Dieter nicht den ganzen Tag allein ist. Dann könnten sie miteinander Rad fahren und Musik hören. »Aber in Wahrheit«, sagt Evi, als ihr Mann nach dem Abendessen noch auf ein Bier ins Wirtshaus geht, »damit die Weiber schnattern können«, »stell' ich es mir auch schrecklich vor. Ich bekomme in meiner Arbeit so viel Selbstbestätigung, das tut mir gut, bei diesem kritischen Mann.« Sie lässt endlich ihren Bauch wieder heraus, den sie den ganzen Abend für ihn eingezogen hat, und ist richtig glücklich. Dass sie ihren Dieter hat und dass er gerade weg ist. Beides ist wahr.

»Unsichtbar werden«, sagt die Kogler-Bäuerin, als ich auf dem Weg zum Vorsäß bei ihr vorbeischaue, »tun sie nur in der Stadt. Und sich ins Bett legen, weil sie unpässlich sind, tun sie auch nur in der Stadt. Unsereins hat überhaupt keine Zeit, an den Wechsel zu denken. Was sollen die Kühe tun, wenn ich mich wegen einer Hitzewallung auf die Stubenbank lege?«

Ich merke, dass sie meine Fragen als »modischen Firlefanz« betrachtet und nur mit mir darüber redet, weil sie mir schon als Kind Butterbrote und Milch gegeben hat, wenn ich zu ihr in die Stube gekommen bin. Also spar' ich mir den Rest von meinem Fragebogen. Wie sie ihre eigene Attraktivität wahrnimmt und ob ihr Mann sie noch begehrt.

Die Kogler-Bäuerin hat fast keine Zähne mehr, und ihr graues, dünnes Haar wird jeden Morgen um fünf zu einem kleinen Knoten gedreht. Zu mehr hat man nicht Zeit, wenn man eine Landwirtschaft führt. Am Sonntag zieht sie noch ihre Tracht an und geht mit dem Kogler-Bauern in die Kirche. Das schwarze Mieder, das sie bei ihrer Hochzeit bekommen hat – vorher tragen die Frauen ein weißes –, passt ihr noch immer. Nein, Figurprobleme hat sie keine, dazu muss sie viel zu hart arbeiten. Wenn sie alle paar Jahre zum Arzt geht und in den Frauenzeitungen blättert, dann wundert sie sich, was die in der Stadt für Probleme haben. Früher war das alles einfacher. Der Alfred und sie waren einander von den Eltern versprochen und haben sich gut vertragen auf ihrem langen, arbeitsamen Lebensweg. Der Alltag hat die Regeln aufgestellt, das Wetter den Rhythmus bestimmt.
Vor der Scheune steigt der Bauer vom Traktor. Er ist noch keine 60, aber seine Hose schlottert um seine mageren Beine, und er ist ausgemergelt und abgearbeitet wie ein alter Mann.
Die Kinder sind alle schon gegangen. Das Leben auf dem Hof ist zu hart für die Jungen. »Aber ob die wirklich glücklicher werden als wir, weiß ich nicht«, sagt die Kogler-Bäuerin und setzt sich für einen Augenblick zu mir auf die Hausbank.
Bei meinem nächsten Besuch in dem kleinen Dorf ist es schon Herbst.
Auf der Hausbank liegt in der Früh der Raureif, und Evi ist mit ihrem Ehemann – so wie jedes Jahr – vor dem Novembernebel auf die Kanarischen Inseln geflüchtet. Ich will dem Großstadtgrau entkommen und wohne bei Herta. Sie hat inzwischen schon 11 Kilo abgenommen und kocht uns zur Feier des Tages ihr berühmtes Hirsch-

ragout mit Preiselbeernockerl. Der Rotwein ist noch von ihrer Italienreise im September, auf der sie ihren Liebhaber wieder verloren hat. Verloren ist vielleicht nicht das richtige Wort. »Wir haben uns im Urlaub auseinander gelebt. Weißt du, wenn man mit jemandem nur ein paar Liebesstunden verbringt, ist das einfach. Aber im Urlaub lernst du alle Gewohnheiten des anderen kennen. Und da habe ich mir gedacht: Einen geizigen Mann, der trinkt, hatte ich schon. Und einen, der seine Unterhose dort fallen lässt, wo er sie auszieht, auch. Das brauche ich nicht mehr.«

Herta schenkt sich noch ein Glas Rotwein ein und schlägt bekräftigend auf den Tisch. Sie, die sich ihr ganzes Leben lang untergeordnet hat, ist eine völlig andere geworden. Früher hat sie zu Hause auf ihren Ehemann gewartet. Jetzt geht sie aus und lädt Menschen zu sich ein, die sie großzügig bewirtet. »Ihr jungen Frauen könnt euch das gar nicht vorstellen, was es bedeutet, wenn man sein ganzes Leben lang kein eigenes Geld hat. Ich war schwanger, mein Mann hat noch studiert, wir waren so arm, dass wir uns die Fahrkarte für die Hochzeitsreise nach Wien vom Mund absparen mussten. In Wien hatte der Onkel vom Herbert ein Geschäft und drüber eine kleine Wohnung, da sind wir untergekommen. Am Abend hat er uns zum Heurigen ausgeführt und dem Zigeunermusiker im Suff einen Zwanziger nach dem anderen zugesteckt. Ich habe sehnsüchtig jedem Schein nachgeschaut und mir gedacht, davon könnten wir schon die nächste Rate für unser Schlafzimmer bezahlen. Am Ende hat er noch für jeden von uns ein grünes Filzhütchen mit Feder gekauft. Wenn ich an all das gute Geld denke, das der Onkel an diesem Abend zum Fenster hinausgeworfen hat!«

Später, als ihr Mann, der Gemeindearzt, genug verdiente, hatte Herta auch nichts davon. Er gab ihr ein genau abgezähltes Haushaltsgeld, und wenn es nicht reichte, wurde es ihr im nächsten Monat abgezogen. »Kannst du verstehen, dass mir die Wechseljahre überhaupt nichts ausgemacht haben? Was ist schon eine Wallung gegen das Vergnügen, zum ersten Mal im Leben eigenes Geld, genug Geld, zu haben!«

Zeitunglesen auf dem Klo

Wenn ich bei Herta auf dem Land bin, habe ich viel Zeit und kann endlich in Ruhe alle Zeitungen lesen. Meine Lieblingslektüre hängt in ihrem Klo. Fein säuberlich an einem richtigen Zeitungshalter gibt es die jeweils neueste Ausgabe eines deutschen Frauenmagazins.
Diesmal geht es um Köperbewusstsein. 60 Prozent der 30- bis 40-jährigen Frauen haben Angst, dass ihr Körper im Alter an Attraktivität verliert, entnehme ich einer brandneuen Umfrage. 71 Prozent betrachten den eigenen Körper weitaus kritischer als den von anderen Frauen und zwei Drittel aller Frauen schauen sich nicht einmal gerne nackt im Spiegel an. Neben den Zahlen sind »normale« Leserinnen abgebildet, die es wagen, sich nackt mit ihren »breiten Pos«, ihren »hässlichen Füßen« und ihren »Speckrollen am Bauch« – Eigendefinition – zu präsentieren. Eine der Frauen wiegt mindestens 120 Kilo, und ich bin im ersten Augenblick schockiert, dass sie sich auszieht. »Entweger man mag mich, wie ich bin. Oder eben nicht,« sagt sie im Bildtext. Recht hat sie. Wie sehr sind wir von den magergehungerten Fotomodellen verbildet, die uns täglich vorgesetzt werden. Und

obwohl wir wissen, dass sie stundenlang geschminkt werden, die Zähne geweißt, Po und Brust, wenn überhaupt echt, mit Leukoplast höher gehievt sind, messen wir uns mit ihnen und finden nackte »wahrhaftige Frauen« fast peinlich.

Als Nächstes lese ich den Bericht über eine amerikanische Studie. Ein Baby wurde einmal blau, einmal rosa bekleidet und dann jeweils derselben Gruppe von Menschen zur Charakterisierung vorgeführt. Als das Kind den blauen Strampler trug, sah es »unternehmungslustig, tapfer, stark und mutig« aus. Im rosa Outfit verwandelte es sich in ein »hübsches, zartes, liebes Wesen«. Kein Wunder, dass Frauen sich oft über ihre äußere Erscheinung definieren.

Aber auch Österreichs »liberalsteTageszeitung« beschäftigt sich an diesem Wochenende ausgiebig mit Frauen.

Ihr entnehme ich, dass ein »Vertrauter der jugoslawischen Präsidentengattin« erschossen wurde. Irgendwo, ganz hinten im Text, erfahren die geschätzten LeserInnen, dass die Soziologieprofessorin Mira Markovic die Gründerin der politischen Partei JUL ist und es eigentlich nicht notwendig hätte, sich nur als »Gattin des Präsidenten« in den Schlagzeilen aufzuhalten.

Aber es kommt noch dicker. Unter dem Titel »Duell zwischen Frauen mit Evita-Nostalgie« erzählt uns ein männlicher Korrespondent, dass in Argentinien am Sonntag knapp die Hälfte des Parlaments neu gewählt wird. »Hier streiten sich zwei Frauen um die Gunst der 6,7 Milllionen Wähler«. Ja, lieber Kollege. Weil es Frauen sind, streiten sie sich natürlich. Primitive Hyänen. Männer kämpfen. Und weil Hilda Dualde, eine der Streithennen, täglich Tausende von unterernährten Kindern verpflegt und unzählige Schwangere aus der Un-

terschicht unterstützt, nennt er sie eine »Sozialtäterin«. Wurde je ein Politiker, der sich um die Armen kümmert, zum »Sozialtäter« gestempelt?
Endlich ein Lichtblick. Eine Kolumne von einer Frau unter dem Titel: »Geld macht keine Familie«. Der Familienminister will Frauen von ihren Arbeitsplätzen zurück an den Herd locken: »Frauen, bekommt mehr Kinder, auf dass die Pensionen gesichert sind.« Solange es nicht genug Kinderbetreuungsplätze gibt, resümiert die Autorin, wird die »Werbe-Idylle« nichts nützen: »Immer weniger junge Frauen wollen nur Hausfrau und Mutter sein, sondern auch arbeiten, haben sie in einer IFES-Umfrage angegeben. Zwar wollen 85 Prozent der Frauen auch Kinder, durchaus, aber eben auch und nicht nur, egal, ob das dem Familienminister passt oder nicht.«

Vom großen Unterschied

Die österreichische Bundesministerin für Frauenfragen rief zu einer Fachtagung zum Thema »Frauen werden älter« und zeigte sich in ihrer Eröffnungsrede solidarisch: »Wäre ich nicht Ministerin, dann wäre ich in meinem Alter auf dem Arbeitsmarkt nicht mehr vermittelbar.« Wie wahr. Und meinte dann: »Ich bin zu allem bereit«, damit Frauen eine bessere Zukunft erwartet.
Das wird auch dringend notwendig sein. In einer Gesellschaft, in der in der Gruppe der über 60-jährigen auf 100 Frauen nur 63 Männer kommen, wird die Altenpolitik dennoch vorwiegend von Männern gemacht. Was das bedeutet, zeigen die Daten und Fakten, die auf der Tagung vorgetragen wurden:

- Frauen leben 6,5 Jahre länger als Männer, sind aber dafür finanziell extrem schlecht abgesichert.

- Fast 70 Prozent sind im Alter – in welcher Form auch immer – vom Einkommen ihres Mannes abhängig.
- Nur 37 Prozent der Frauen über 60 verfügen über eine eigene Pension, bei den Männern sind es 90 Prozent.
- Die Frauen, die eine eigene Rente beziehen, bekommen nur etwa 50 Prozent von dem, was ein Mann sich erwarten darf, weil sie weniger verdienen und weil das Pensionsversicherungssystem die männliche Biographie als Norm ansieht. Frauen erlangen meist nicht genug Beitragsjahre, da ihre Berufskarriere zu oft durch Kinder- oder Altenversorgung unterbrochen wird.
- Frauen leiden häufiger als Männer unter chronischen Krankheiten und Abnützungserscheinungen, was unter anderem auf die ungerechte Arbeitsverteilung zwischen den Geschlechtern zurückzuführen ist. Im Alter rächt sich die Doppelbelastung, der die meisten Frauen ausgesetzt sind.
- Viele Frauen gehören im Alter zur sogenannten »Sandwichgeneration«, sie werden von den Kindern angefordert, die Enkel zu betreuen, und gleichzeitig von pflegebedürftigen Eltern in Anspruch genommen.
- Mehr als 80 Prozent der Personen, die Angehörige pflegen, sind Frauen, ein Viertel von ihnen hat dafür den Beruf aufgegeben.
- Wenn Frauen selbst pflegebedürftig werden, können sie dagegen nicht ohne weiteres damit rechnen, dass ihre Angehörigen für sie da sind (unter anderem, weil die meist älteren Partner, mit denen sie verheiratet waren, schon gestorben sind und die Wohndistanz zu den Kindern – die durchaus pflegewillig wären – oft zu groß ist). Während 80 Prozent der Männer von ihren engsten Verwandten – meist von den Frauen – betreut

werden und nur 9 Prozent durch familienfremde Personen versorgt werden, sind es bei den Frauen nur 61 Prozent. 17 Prozent müssen sich »ErsatzpflegerInnen« suchen.

Die gute Nachricht:
Frauen entwickeln effizientere und flexiblere Strategien als Männer, um mit ihrem Älterwerden umzugehen. Trotz aller Benachteiligungen, konstatiert die Sozialhistorikerin Univ.-Prof. Dr. Bolognese-Leuchtenmüller, ist diese Begabung nicht auf die Bescheidenheit, die dem weiblichen Geschlecht grundsätzlich zugeordnet wird, zurückzuführen: »Es scheint viel eher mit der prinzipiellen Fähigkeit zu tun zu haben, sich besser auf neue Situationen einzustellen bzw. sich auch auf Um- und Neuorientierungen einzulassen. Und das führt zu dem letztendlich doch erstaunlichen Resultat, dass Frauen – zumindest solange sie sich einigermaßen gesund fühlen – durchschnittlich sogar eine größere Lebenszufriedenheit äußern«.

PS: Auch wenn diese Zahlen aus Österreich stammen, entsprechen sie dem europäischen Durchschnitt.

Der Bankdirektor

Der Bankdirektor trägt braune Schuhe zum schwarzen Anzug. Er wirkt nervös, sehr belastet und ist vermutlich ein paar Jahre älter als ich. Das alles stört mich nicht.
Die Bankfiliale ist hell und modern, ich werde mich hier wohl fühlen. Ja, eine Kundenberaterin kann ich natürlich auch gerne haben. Zum ersten Mal liegt meine Betonung

auf »Beraterin«. Bis vor kurzem habe ich Männer vorgezogen. Einfach so. Ohne darüber nachzudenken.
Er führt mich in den ersten Stock. Ich bin neugierig. Jetzt also werde ich eine kompetente Frau kennen lernen, die in Zukunft meine Geldgeschäfte lenken wird.
Das Mädchen ist höchstens 18 und hat einen schlaffen Händedruck. Ich bin enttäuscht und unwillig. Zurück in seinem Büro sage ich bestimmt: »Ich möchte gerne eine Beraterin in meinem Alter.«
Der Bankdirektor ist mager und sieht aus wie ein verstörter Vogel, wenn er sich Sorgen macht. Er hebt ruckartig den Kopf, den er über ein Formular gebeugt hat, und sieht mich irritiert an: »Sind Sie mir nicht böse, gnädige Frau, aber in Ihrem Alter haben wir keine Beraterin in dieser Bank.«
Er sagt »in Ihrem Alter« mit einer Betonung, dass ich mich plötzlich schmutzig fühle, befleckt vom Makel, alt zu sein.
Ich lächle verkrampft und gehe. Es hat mir die Rede verschlagen.
Den Schmerz in meiner Brust bemerke ich erst eine Weile später. Ich wandere benommen über den Wochenmarkt und kaufe hier ein paar Champignons, dort ein paar Äpfel und zum Schluss noch einen großen Fisch, von dem ich keine Ahnung habe, wie man ihn zubereitet. Ich weiß nicht, was ich kochen soll, und kann mich nicht konzentrieren. In mir sitzt der Satz des Bankdirektors wie ein Nagetier. Auch die ersten Frühlingsblumen in den großen Gurkengläsern erfreuen mich nicht.
Jetzt bin ich alt. Zum ersten Mal in meinem Leben hat ein Mensch, ein Mann zu mir gesagt: »In Ihrem Alter«. Von nun an werde ich »für mein Alter gut aussehen, trotz

meines Alters noch gesund sein, obwohl ich schon so alt bin, noch Sex haben ...«

Es dauert ein paar Stunden, bis ich mich von dem Schock erhole, aber dann kommt die Wut. Über mich selbst, weil ich mich durch einen einzigen Satz entwertet fühle, über die gedankenlose Herablassung des Bankdirektors, der vielleicht seine eigene Angst vor dem Älterwerden auf uns Frauen projiziert.

Eine Woche später habe ich meine neue Bank gefunden.

Die Direktorin ist eine Frau.

Ich kehre zu meinem Bankdirektor zurück. Er bietet mir keinen Sessel an, weil er es eilig hat, und will mich auf später vertrösten. »Ich brauche keinen Termin, ich brauche nur Zeit, um einen Satz zu sagen.« Er nickt gehetzt und ist mit seinen Gedanken schon in der nächsten Besprechung. »Ich verlasse Ihre Bank wegen Frauenfeindlichkeit.« Jetzt muss er sich setzen und bietet mir auch einen Platz an. »Aber um Gottes Willen, wer in meiner Bank ist frauenfeindlich?« »Sie.«

Ich habe vorher nicht gewusst, was für ein lustvolles Wort ein einfaches, kurzes »Sie« sein kann.

Er stammelt, ich bin ruhig, er entschuldigt sich, ich erkläre ...

Gut zu machen ist es nicht mehr. Ich will keine Bank mit einem gedankenlosen Manager. Auch wenn es Tausende davon gibt. Auch wenn er nicht bösartig ist und auch nicht bewusst frauenfeindlich. Es wird Zeit, dass wir Taten setzen, die etwas bewirken.

Ich stelle mir vor, wie es wäre, wenn alle Frauen – immerhin mehr als die Hälfte der Bevölkerung – sich darauf versteiften, ihre Geschäfte nur in Banken abzuwickeln, die von Frauen geleitet werden ...

Die Problemzone

Ich habe eine neue Problemzone. Nein, nicht was Sie denken. Cellulitis ist out, seit sich herausgestellt hat, dass ohnehin 80 Prozent der Frauen daran leiden. Sie gehört jetzt zur Norm. Wer keine Dellen am Oberschenkel aufzuweisen hat, ist eigentlich nicht ganz normal und zählt zu einer Minderheit.

Meine Problemstelle ist am Kopf, und zwar genauer gesagt über dem linken Ohr. Es ist eigentlich eine Problemfläche, weil sich meine Haare genau an dieser Stelle entschieden haben, grau zu werden.

Zuerst habe ich mich darüber gefreut. Ich fand diesen eigenwilligen, grauen Fleck in meinem dunklen Haar ganz interessant. Bis ich meinem Friseur unter die Augen kam.

»Gegen diese Problemzone müssen wir etwas tun«, sagt er besorgt und reißt mich aus dem Vergnügen, mich über das Liebesleben von Stefanie aus Monaco zu informieren.

»Welche Problemzone«, frage ich frustriert, denn ich hatte an diesem Tag schon genug Probleme und wollte keine zusätzlichen.

Er hebt mit seinem Kamm fast anklagend das graue Haarbüschel in die Höhe.

»Wieso, ich finde das ganz schön, ich möchte gerne ausprobieren, wie ich grau meliert aussehe.«

Jetzt verdreht er seine Augen, denn er ist ein Meister der Schauspielkunst, und mir wird klar, dass ich etwas Unappetitliches, ja geradezu Anstößiges will.

Ich bleibe trotz seiner Überredungskünste konsequent und verlasse seinen Salon, der mir lieb und wert war, mit dem Wunsch, nie mehr wiederzukommen.

Mit mir nicht, denke ich mir, und melde mich das nächste Mal bei einer Friseurin an, die mir empfohlen wurde.

»Schneiden und Farbe«, sagt die stadtbekannte Meisterin der Haarkunst, und mustert mich kritisch. »Nein, keine Farbe«, sage ich und merke, wie sich die Rezeptionistin und ihre Chefin ansehen. So, als hätte ich Mundgeruch und Haarausfall gleichzeitig.
Ich kehre reumütig mit der Erkenntnis, dass ich offenbar am Trend der Zeit vorbeigehe, zu Herrn Alfred zurück. Auch wenn die Chance, ihn dazu zu erziehen, grau meliertes Haar attraktiv zu finden, wahrscheinlich gleich Null ist.

Die feine Gesellschaft

Die meisten der Damen haben jede alternde Zelle (erfolglos) bekämpft und in Samt oder Seide verpackt. Fast überall zu wenig Stoff und zu viel Haut, zu wenig Natur und zu viel Make-up. Frauen, die sich verzweifelt darum bemühen, viel jünger auszusehen, als sie sind, wirken oft tragisch. Einige der dazugehörigen Männer haben sich erst gar nicht darum bemüht. Ziemlich dicke Bäuche quellen über viel zu enge Hosen. Das steht Typen wie Manfred Krug, alias Liebling Kreuzberg. Von dem Herrn jenseits der 50, der mich gerade gönnerhaft »junge Frau« nennt, kann man das nicht behaupten.
»Ich möchte nicht, dass Sie mich junge Frau nennen«, sage ich freundlich.
»Aber wieso denn, Sie sind doch soo attraktiv.«
»Genau deswegen. Sie können mich gern ›schön oder attraktiv‹ nennen, aber jung bin ich nicht mehr und Sie übrigens auch nicht.«
»Aber es ist doch als Kompliment gemeint«, ruft verzweifelt mein Gegenüber und stopft sich noch ein Brötchen in den Mund.

Er will und kann nicht verstehen, dass es in Wahrheit eine Abwertung ist.
»Wenn Sie mich ›junge Frau‹ nennen, dann nehmen Sie mir die Erfahrung, die Weisheit und die Erotik meines Alters, und ›jung‹ bin ich deswegen noch immer nicht«, bemühe ich mich noch einmal, mich verständlich zu machen.
Die Gäste rund um uns erstarren vor Peinlichkeit. Die Brötchen auf dem Weg zum Mund werden je nach Charakter beschleunigt eingeworfen oder degoutiert weggelegt. Das oberflächliche Geplauder weicht einem Schweigen, das eine Antwort fordert. Mein Gesprächspartner – völlig aus der Bahn geworfen – schaut Hilfe suchend zu seiner Frau, die mir begeistert zunickt. Und jetzt kommt offensichtlich die Sekunde der Rache für jahrelangen Ehekrieg: »Sie haben völlig Recht, ich habe ihm schon immer gesagt, dass er ein gestörtes Verhältnis zum Älterwerden hat.«
Bevor der schöne, wohl geordnete Abend verdorben ist, greift die charmante Gastgeberin, die als Markenzeichen Kostüme mit übergroßen Schleifen auf dem Rücken trägt, begütigend ein und rettet alle durch einen eleganten Themenwechsel. Den dicken Herrn vor der Lächerlichkeit, seine Frau vor einem Anpfiff und mich davor, gänzlich als Hysterikerin abgestempelt zu werden.
»Denn«, sagt meine Freundin Sophie, die Zeuge meines Auftritts war, »wenn Frauen bestimmt auftreten oder sich wehren, sind sie hysterisch, und wenn man sie ganz und gar beleidigen will, nennt man sie ›überhaupt nicht weiblich‹.«
Am nächsten Morgen erwache ich mit einem Kater und taumle verschlafen an der Faxmaschine vorbei, aus der Papier quillt. »Später«, sage ich zu ihr, denn meine Büro-

geräte verlangen, dass man mit ihnen spricht, sonst funktionieren sie nur mangelhaft. Aber dann fällt mein Blick auf die fette, schwarze Überschrift: »Abschied von der Weiblichkeit?« Ich reiße die Nachricht ab. Es ist ein Bericht über den letzten Europäischen Menopausenkongress in Wien: »Der Abschied von der Weiblichkeit lässt sich heute um viele Jahre hinauszögern ...« Daneben handschriftlich kommentiert von Freundin und Kollegin Vera, meiner besten Informationsquelle in Deutschland: »Kein Wunder, dass wir alle nicht älter werden wollen, wenn uns dabei unser Frau-Sein abhanden kommt. Aber da es sich doch nicht ganz vermeiden lässt, wie heißt denn das neu entstandene Geschlecht, wenn das Weibchen sich verabschiedet?«
Ich faxe ein Zitat von Germaine Greer zurück:
»Nachdem Frauen jahrhundertelang zu jener immer währenden Mädchenhaftigkeit erzogen worden sind, die man Weiblichkeit nennt, können wir uns nicht mehr erinnern, was Fraulichkeit ist. ... Frauen müssen sich ihren eigenen Übergangritus schaffen, eine Feier zu Ehren von etwas, das man als Übereignung der Frau an sich selbst bezeichnen könnte. Die leidenschaftliche, idealistische, energiegeladene, junge Person, die vor der Menstruation in uns war, kann wieder erstehen, wenn wir es zulassen.«

Die Talk-Show

Die Moderatorin hat Angst vor dem Älterwerden. Noch ist sie ein Stück davon entfernt, aber nicht weit genug, um dem Thema der Sendung Vergnügen abzugewinnen. Das sagt sie natürlich nicht vor der Kamera, sondern in der Schminke, wo wir uns mit zurückgelegtem Kopf und

Gesichtern, die immer mehr hinter einer grauen Schicht Make-up erstarren, unterhalten.
Vor der Kamera lächelt sie so glücklich, dass ihre Zuseher ganz sicher glauben dürfen, dass auch sie sich freut, wenn sie in 20 Jahren endlich 50 ist. Es sei denn, sie verstehen etwas von Zwischentönen.
»Sie waren Lehrerin«, sagt sie zu einer Dame, die vor einem Jahr in Pension gegangen ist. »Wie haben Sie sich übers Älterwerden gerettet.«
»Ich habe mich nicht gerettet, ich finde diesen Ausdruck unpassend. Ich habe mir meine Träume erfüllt. Ich bin gereist, habe einen Literaturzirkel gegründet und gehe endlich zu der Rückengymnastik, die mir mein Arzt schon vor 10 Jahren empfohlen hat.«
Die Moderatorin lächelt jetzt noch ein bisschen breiter, weil sie sich kritisiert fühlt, und lässt nicht locker: »Aber der Schock, keine Aufgabe mehr zu haben, hat Sie das nicht getroffen?« »Wer sagt, dass ich keine Aufgabe mehr habe, mein Leben hat doch nicht nur aus meinem Beruf bestanden?«
Frustriert über den Fehlschlag, das Älterwerden als Drama darzustellen, wendet sie sich nun einer Frau zu, die als »Junggebliebene« vorgestellt wird und in der Sendung »die vitale 50-jährige« repräsentieren soll. Die Jungggebliebene sieht aus wie 60 und hat gelb gefärbtes langes Haar und einen roten Herzchenmund, der nichts mit ihrer natürlichen Lippenform zu tun hat. Ihre Beine sind wohl geformt und uneingeschränkt sichtbar, denn sie trägt ein kurzes, goldglänzendes Plastikhöschen mit passendem Oberteil, das auch an einer 17-jährigen – es sei denn als Arbeitskluft im Rotlichtmilieu – grotesk ausgesehen hätte.
»Sie ziehen sich sehr jugendlich an, was sagt denn Ihre

Tochter dazu?« Die Frage hätte eigentlich lauten müssen: »Sie ziehen sich völlig lächerlich an, warum tun Sie das?« Aber die Schmutzarbeit wird delegiert, der unpopuläre Teil elegant einem Familienmitglied überlassen. »Leihst du dir von deiner Mutter gern Kleider aus?« fragt die Moderatorin scheinheilig das 17-jährige Mädchen in Jeans und ungeschminkt, das in der ersten Reihe im Publikum sitzt. Die Kamera fährt genüsslich ganz nahe an die nackten Oberschenkel der Mutter heran und zeigt in Großaufnahme den kleinen Hund, der auf ihrem Schoß sitzt und den letzten Rest des Klischees von der »lächerlichen Alten« erfüllt. »Höchstens im Fasching«, sagt die Tochter. »Aber wenn sie zum Elternsprechtag kommt, dann bitte ich sie, etwas anderes anzuziehen.«

Das hat gesessen. Die Moderatorin ist zufrieden.

Aber wenden wir uns nun den geladenen männlichen Gästen zu. Ein 90-jähriger Fallschirmspringer und Bungeejumper, der natürlich keine Probleme mit dem Älterwerden hat und für seinen Mut gelobt wird, sich angstfrei in die Tiefe zu stürzen, ein 70-jähriger Schwerenöter, der von sich sagt, dass er »nichts anbrennen lässt«. Als Illustration, wozu Männer in seinem Alter noch fähig sind, nennt er als Beispiel den alten Feldmarschall Radetzky, der als Krönung seiner Karriere im Bett noch eine Schlacht gewann und mit einem jungen Mädchen ein uneheliches Kind zeugte. Bravo.

Am Ende der Sendung gibt es keinen Zweifel über die Botschaft: Frauen erleiden einen Schock, wenn sie in die Jahre kommen, oder verleugnen ihr Alter und machen sich damit lächerlich. Männer entwickeln neue Leidenschaften und einen ganz besonderen Mut, und sei es nur den, ein Kind in die Welt zu setzen, das seinen Vater vielleicht nicht mehr lange haben wird.

Das Maßband

Da liegt es vor mir, harmlos ausgestreckt in seiner ganzen Länge von 0 bis 100. Ein Maßband aus weißem Papier mit schwarzem Aufdruck: »Anleitung zum Herzinfarkt«. Ein ironischer Aufruf für Manager, sich mit ihrem Leben auseinander zu setzen, in dem Stress eine Hauptrolle spielt.

»Und nun reißen sie das Stück von 0 bis zu ihrem jetzigen Alter ab, das ist die Zeit, die Sie schon gelebt haben«, sagt der Trainer, der durch seine eigene Methode schon ganz entspannt ist. »Jetzt entfernen Sie noch 80–100, denn an diesem Punkt endet statistisch Ihr Leben.«

Und plötzlich sitze ich da und höre die Stimme des Vortragenden nur noch aus der Ferne. In der langsameren Spur soll ich bleiben, anstatt zu überholen, wenn ich Auto fahre, das reduziert den Stress. Im Supermarkt nicht ständig überlegen, ob es sich lohnt, die Reihe zu wechseln, weil die an der Nebenkasse viel schneller vorankommen ... Ich starre auf das Stück Maßband, das den Rest meines Lebens symbolisiert, und mir wird klar, wie kurz es ist. Und das nur im besten Fall, denn wer weiß, ob ich überhaupt 80 werde?

So wenig Zeit bleibt mir also noch, um alles zu erleben, was mir noch wichtig ist.

Ich denke an meine Träume.

Ich, als Tänzerin.

Das Bild kommt sofort und tut nach mehr als 40 Jahren noch immer weh. Musikschule Belruptstraße. An meinen großen Schuhen klebt nasses Laub. Trostloses Novembernieseln kriecht in meine Kleider, ich bemerke es nicht. Hinter den hell erleuchteten Fenstern tanzt meine Freundin Hemma im Kinderballett. Graziös hebt sie den rosabeschuhten kleinen Fuß und legt ihn auf eine Stange, die vor einem riesigen Spiegel durch den ganzen Saal läuft. Sie hebt ihn im Gleichklang mit 15 anderen Mädchen in Seidenschuhen und weißen Trikots mit einem kecken Volant um die Hüfte. Ich gehöre nicht dazu. Im Dunkel dieses tristen Novembernachmittags bin ich draußen, und drinnen sind die anderen. Die Grazilen, die Reichen, die Beneidenswerten.

Ich werde nie Ballett-Tänzerin. Ich bin viel zu groß und zu plump. Und außerdem haben meine Eltern nicht genug Geld für diesen »Firlefanz«. Das Haus ist abgebrannt im Krieg, und jeder neue Ziegel musste hart erarbeitet werden. Ich tanze am Abend mit meiner Schwester für das Hausmädchen aus dem Bregenzerwald, das sich dann weniger einsam fühlt. Wir singen dazu »Laura, Laura, lett, lett lett, ich tanze im Ballett, lett lett.«

Der Trainer spricht weiter vom Herzinfarkt, ich lege eine Liste der unerfüllten Träume an:

Ich will tanzen.

Nein, nicht mehr Ballett, das ist vorbei. Einfach tanzen. Vielleicht mit Karl, vielleicht Jazztanz, vielleicht etwas anderes. Die Tänzerin in mir will endlich leben.

Ich will Theater spielen.

Damals war ich zu feig. So feig, dass ich es nicht einmal meinen Eltern erzählt habe. Damals, als ich ein Kind war, wurde man Verkäuferin im Geschäft des Vaters und hatte keine »Flausen im Kopf.« Aber ich konnte die Englischlehrerin dazu überreden, mich alle paar Monate ein Stück aus dem Lehrbuch inszenieren zu lassen, damit wir Dialoge üben. King Midas, Richard Lionheart und wie sie alle hießen, die Helden, für die ich Texte schrieb, die zu mir passten. Und einmal durfte ich sogar im »echten« Theater am Kornmarkt auftreten. Von jeder Schule war ein Kind dazu ausersehen worden, in Bertolt Brechts »Die Mutter« mitzuspielen, ein Stück, das wir alle nicht verstanden, weil es für uns zu abstrakt war. Ich spielte die Mutter und stolperte bei jeder Probe über den Satz, den ich besorgt an meinen Sohn richten sollte: »Du willst also in die Berge«. Nicht weil ich ihn mir nicht merken konnte, sondern weil ich meine schräg geschlossenen Beine dabei elegant von links nach rechts bewegen sollte. Ich hatte noch nicht gelernt, wie Frauen sich in Gesellschaft bewegen, und trug zum ersten Mal einen engen Rock. Tante Ricki hatte ihn mir zur Aufführung geliehen und das Mieder gleich dazu. Ein kleiner Vorgeschmack, was es bedeutet, erwachsen zu sein. Eingeengt in einer unbequemen Sitzposition, mit einem Korsett, das mir die Luft abschnürte.

Viele Jahre später saß ich in Wien stunden- und tagelang in einem dunklen, leeren Zuschauerraum und sah meinem Geliebten zu, der auf der kleinen Bühne des Kellertheaters probte. Ich habe ihm nie gesagt, dass er meine Liebe hauptsächlich seinem Beruf verdankte. Die Schauspieler waren alle halb verhungert und sehr engagiert. Ich brachte ihnen von meinen Flügen (damals war ich noch Flugbegleiterin) Schokolade mit, die die Gäste auf ihren Tabletts zurückgelassen hatten.

Ich verspreche mir, einen Weg zu finden, damit die Schauspielerin in mir endlich einen Platz bekommt. Nicht irgendwann, wenn die Kinder groß sind. Jetzt!

Inzwischen beginnt im Herzinfarkt-Seminar die Mittagspause. Ich verzichte auf den empfohlenen Spaziergang und werde immer kühner. Zu den Kindheitsträumen kommen jetzt die Wünsche der letzten Jahre:

Ich will reisen.

Ich werde zu Fuß mit Karl durch Nepal wandern, in der

Stille der Wüste Kraft tanken und im lauten New York den Broadway genießen. Und und und ... Wann? Bald. Ich liebe meine Kinder, ich möchte für sie da sein, solange sie mich im Alltag brauchen. Aber sie sind bald erwachsen, die Vision ist nicht mehr so weit weg.
Ich will eine Therapieausbildung machen.
Mein intuitives Wissen durch eine Technik ergänzen, die es mir erlaubt, mich und andere besser zu verstehen. Und eines Tages werde ich Menschen dabei unterstützen können, sich selbst zu heilen.
Die Träume sind auf Papier gebannt, das Stück Leben auf dem weißen Streifen ist nicht mehr bedrohlich kurz, sondern aufregend und bunt.

Frauen in der Kirche

Die katholische Kirche mag Frauen ab 50. Sie haben viel Zeit, weil Sex ab jetzt für eine anständige Kirchengängerin ohnehin nicht mehr wichtig ist. Wer will sich dieser schlüpfrigen Tätigkeit schon aussetzen, wenn der Zweck des Kinder-Kriegens erfüllt ist.
Und weil sie von der anspruchsvollen Berufung, als Priesterinnen zu wirken, ohnehin noch die nächsten 100 Jahre befreit sind, eignen sie sich vorzüglich für die frauenspezifischen Aufgaben, die es in jeder Pfarre in Hülle und Fülle gibt. Blumenteppiche für kirchliche Festtage legen, Frühstück für die Pfarrgemeinde zubereiten, die ohne zusätzlichen Anreiz kaum mehr in den Gottesdienst gelockt werden kann, basteln für den Weihnachtsbazar, dessen Erlös für die Renovierung des Glokkenturms bestimmt ist.
Vor einiger Zeit gab es eine Revolte, die schon befürch-

ten ließ, dass die Kuschelecke für weibliche Gläubige aufgelassen wird und sie sich der harten Fron des Priesteramtes aussetzen müssen.
»Ein zorniger Altbischof sprach aus, was viele in seiner Kirche denken«, titelte das Nachrichtenmagazin am Puls der Zeit. Die Aussprache war so ketzerisch, dass »Rom zürnt« und die »Amtskirche tobt«. Das kann nichts anderes bedeuten, denke ich mir, als dass Frauen den Männern aus gelebter Nächstenliebe endlich gleichgestellt werden, und mache mich an die Lektüre.
Der Bischof aus dem heiligen Land Tirol zeigt wirklich Mut: »Rom hat das Image der Barmherzigkeit verloren und sich das der repräsentativen und harten Herrschaft zugelegt«, schreibt er an seinen bayrischen Kollegen, der das Dokument von der Kanzel verliest.
Wieso verloren? War die Kirche jemals barmherzig? Wie viele weise Frauen wurden als Hexen verbrannt, wie viele Millionen Menschen im Namen Gottes, der damit sicher nichts zu tun hat, ermordet.
Aber gut, das war alles vor der Zeit des Bischofs, und es ist lobenswert, dass er wenigstens jetzt einen liebevollen Umgang mit den Gläubigen fordert.
Und mutig legt sich der scheidende Bischof ins Zeug. Er verdient jeden Respekt dafür. Sein Engagement weist nur einen kleinen Schönheitsfehler auf: Die Frauen hat auch er vergessen. Mit flammenden Worten tritt er für die Aufhebung des Zölibats bei Priestern ein, zitiert Jesus als Zeuge dafür, dass Gott die Unterdrückung dieses heiligen Triebes nicht so gemeint hätte. Aber hat Gott jemals gewünscht, dass Frauen vom Priesteramt ausgeschlossen werden?
Dieser Aspekt ist dem rebellischen Bischof nicht einmal einen Nebensatz wert.

Man kann alles straffen

heißt die Überschrift in der Wochenendbeilage der renommierten Tageszeitung. Nicht ironisch, nicht kritisch, nein, einfach eine Infoseite, auf der aufgelistet wird, was es kostet, wenn man den Kampf gegen den natürlichen Alterungsprozess gewinnen will.
Zum Beispiel hilft gegen »kleinere Falten« besonders gut Kollagen, das man sich in Mund, Stirne und Lippenfalten spritzen lassen kann. Das Ergebnis ist »sehr gut und hält bis zu einem Jahr«. Ein ganzes Jahr lang so tun, als ob man jünger wäre. Als ob das Leben spurlos an einem vorübergezogen sei. Herrlich!
Gleich darunter wird »Botox« angepriesen, um »Zornes-Stirnfalten und Krähenfüße« zu glätten. »Es ist ein Mittel«, schreibt die Redakteurin, »das die Nerven der Brauenmuskel blockiert und rund 6 Monate hält.« Alles ganz normal. Damit Mann nicht sieht, dass Frau nicht nur lieb, sondern auch zornig sein kann, legen wir einfach ein paar Muskeln still. Muss ein merkwürdiges Gefühl sein, wenn man freiwillig mit einem Präparat, das Lähmungserscheinungen hervorruft, die Spuren natürlicher Gefühlsregungen beseitigt. Kostet ungefähr 1000 Mark, geradezu billig gegen eine dauerhafte Straffung der Stirnhaut um ca. 7000 Mark. Von Nebenwirkungen steht nichts geschrieben. Auch nicht bei den großen Eingriffen, die unter Narkose stattfinden müssen, weil das ganze Gesicht gestrafft wird.
Damals, als es passierte, war die Empörung groß. Die Frau eines deutschen Unternehmers wachte nach einem Facelifting nicht mehr aus der Narkose auf. Er ließ sich nach einer Anstandsfrist scheiden, und irgendwann wurden die Geräte auf der Intensivstation abgestellt.

Die neue Frau des Unternehmers – es ist seine Dritte, und 20 Jahre jünger als er – antwortete auf die Frage eines Journalisten, wovor sie sich am meisten fürchte: »Vor dem Älterwerden.«

Germaine Greer zitiert dazu die berühmte englische Autorin Doris Lessing in einem Interview:

»... den Unterschied zwischen dem, was man wirklich ist, dem wahren Ich, und seiner äußeren Erscheinung entdeckt man erst, wenn man ein bisschen älter wird ... Eine ganze Dimension des Lebens entgleitet einem plötzlich, und man spürt, dass das, was man eingesetzt hat, um Aufmerksamkeit zu erregen, das eigene Aussehen war ... Es ist etwas Biologisches. Es ist etwas absolut Unpersönliches. Es ist wirklich eine äußerst heilsame und faszinierende Erfahrung, das alles abzuschütteln. Alt werden ist etwas ungemein Interessantes.«

Das Tabu

In meiner Lieblingsboutique ist Damenkränzchen. Die Besitzerin, ihre Freundin und eine altgediente Kundin, die dies und jenes probiert, haben es sich bei einer Tasse Kaffee so richtig gemütlich gemacht. Ich bin auf der Suche nach einem schwarzen Hut für eine Hochzeit, bei der ein »nackter Kopf« nicht vorgesehen ist. Es gibt keinen, der mir gefällt, also nehme ich ein Weilchen am allgemeinen Tratsch teil, der gemächlich dahinfließt und alle wichtigen Themen des Lebens streift: Wie schmeckt der Fastentee, mit dem die Freundin so toll abgenommen hat. Die Freundin hebt das Kleid, zeigt ihre neue Figur und wird gelobt. Wann schreibe ich endlich einen Bestseller, damit ich öfter bei ihr einkaufen kann, fragt die Boutiquenfrau, und welches der Kostüme soll die

Kundin kaufen. Das, in dem sie besser aussieht, oder das andere, in dem sie sich wohler fühlt.
»Woran arbeiten Sie denn gerade?« erkundigt sich eine der Frauen, als eine kurze Pause entsteht, die gefüllt werden muss. »An einem Buch über die Wechseljahre.« Betretenes Schweigen. Kein Kommentar. Ich will ihnen das Thema schmackhaft machen und nenne begeistert meinen Arbeitstitel: »Es heißt ›In der Hitze der Nacht‹, weil Wallungen ja auch erotisch sein können.« Das Schweigen wird peinlich. Ich bin unerbittlich und will eine Antwort. Wenigstens so etwas wie »Oh, wie schrecklich!« oder »Nein, damit haben wir ja alle nichts zu tun.« Die Boutiquenbesitzerin wendet sich ab, wühlt in einem Regal mit Pullis und hat ausnahmsweise nichts zu sagen, die Freundin geht aufs Klo. Gott sei Dank hat sich die Kundin endlich für ein Kostüm entschieden. Alle sind erleichtert.
Ich gehe und bin frustriert, dass diese Frauen, alle zwischen 45 und 50, ihr eigenes Lebensalter verleugnen. Erst, als ich im Auto sitze, merke ich, dass ich mir meine Verurteilung sparen kann. Sie haben nicht anders reagiert als ich noch vor ein paar Monaten: Wer wegschaut, ist nicht betroffen.
Nächste Station. Ich suche ein Geschenk für das Brautpaar und finde in dem indonesischen Laden, in dem es die edelsten Stoffe der Stadt gibt, wieder drei Frauen in meinem Alter vor. Sie sitzen an einem der schönen, geschnitzten Tische, die zu verkaufen sind, und sehen sich Schmuck an, den eine von ihnen aus Bali mitgebracht hat. Nach einem höflichen Verkaufsgespräch steuere ich diesmal frontal auf mein Thema zu. »Ich möchte mit Ihnen über die Wechseljahre reden, ich sammle für mein Buch Interviews.«

Zerstörter Frieden. »Ich habe keine Probleme damit. Ich bin attraktiver als mit 30 und fühle mich besser denn je«, sagt die Besitzerin des Geschäfts. »Wenn du dich selbst so sehen kannst, finde ich das ja schön, aber dass du keine Probleme hattest, als du im Wechsel warst, ist einfach nicht wahr«, kontert eine der beiden anderen Frauen. »Kannst du dich noch erinnern? Die Reihe deiner Bachblütenfläschchen im Badezimmer war länger als die Breite des Spiegels.« Das Gift spritzt böse und beendet wahrscheinlich eine Freundschaft, die vielleicht nie wirklich eine war. »Ich kann mich nicht erinnern, dass wir beide jemals so intim miteinander waren, dass du beurteilen kannst, wie es mir damals gegangen ist.« Die Dritte greift vermittelnd ein. »Lasst uns doch zugeben, dass es keine einfache Zeit war. Wir mussten uns alle umstellen. Ich jedenfalls hatte seelische Probleme mit dem Älterwerden. Dafür geht es mir jetzt wirklich gut. Ich tue zum ersten Mal in meinem Leben, was ich will.«
Der heikle Augenblick ist vorbei. Ich komme mir vor wie »Tulius Destructivus« in »Asterix und die Gallier« und verlasse schnell das Geschäft.
»Alles, was dir einmal passiert, passiert möglicherweise nie wieder«, sagt der weise Alchimist in meinem gleichnamigen Lieblingsbuch zum Schäfer. »Aber alles, was zweimal passiert, wird sicher auch ein drittes Mal passieren.«
Das dritte Mal findet am Abend statt. Die Architektin, die meinen Wohnungsumbau geplant hat, will ihre geniale Lösung zur Raumvermehrung einem neuen Kunden zeigen und bittet mich um Erlaubnis, mit ihm vorbeizukommen. Ich bin einverstanden, möchte aber, dass sie zu einer Zeit kommt, in der ich nicht arbeite. »Was schreiben Sie denn gerade?« Das Spiel vom Vor-

mittag wiederholt sich. »Ein Buch über die Wechseljahre.« Ein langes Schweigen am Telefon. Ich kenne ihr genaues Alter nicht, aber ich schätze, dass Frau M. nicht weit von 50 entfernt sein kann. Ich schweige auch. Erst als die Stille fast unerträglich wird, sagt meine Beraterin, die ich in unserer Zusammenarbeit so sehr geschätzt habe, die so kompetent, so kreativ, so angenehm und klug ist: »Das ist ein Thema, von dem ich ja noch ziemlich weit weg bin.« »Wie alt sind Sie denn?« »Ich bin 47.« »Ja«, sage ich tröstlich, »als ich 47 war, habe ich diese Zeit, die auf uns alle zukommt, auch noch verleugnet. Wer will schon gerne etwas damit zu tun haben?« Mein Satz bricht den Bann und das Tabu gleichzeitig.
Ein bewegendes Gespräch nimmt seinen Anfang, in dem Frau M. mir erzählt, wie sehr sie in ihrem Beruf alle Symptome von Erschöpfung ignorieren muss, damit sie mit den jüngeren Männern im Büro mithalten kann. »Wissen Sie, von einer Frau wird immer doppelt so viel verlangt.« Wie stark sie belastet ist von ihrer Doppelrolle als Hausfrau und Karrierefrau. Dass Sie niemandem, nicht einmal ihrem Mann, zeigt, dass sie eigentlich nicht mehr so wie früher will und kann, dass sie es satt hat, ihre eigenen Interessen ständig zurückzustellen. »Wer soll das ändern, wenn nicht Sie«, frage ich nach ihrem langen Monolog. »Vielleicht haben Sie Recht, ich habe mich noch zu wenig mit meinem Leben beschäftigt.«

Stationen im Leben

Am Samstag auf der Hochzeit von Michèle und Wolfgang trage ich einen geliehenen Hut. Hedy, die Schwester der Braut, bringt ihn mir mit und freut sich mehr als ich, dass er mir so gut steht. Ich begegne immer mehr Frauen in meinem Alter, mit denen ich mich solidarisch fühle und sie sich mit mir. Die Beschäftigung mit dem Tabu des Älterwerdens bringt eine andere Qualität von Freundschaft mit sich und manchmal einen Frieden, den ich bisher nicht kannte. Aber es war ein langer Weg dorthin.

Wie lange, messe ich an den Gesichtern einiger Frauen, die im Gewühl dieser großen Hochzeit an mir vorüberziehen. Im Kampf um ihre Ehemänner, die sich längst mit anderen vergnügen, die mehr Zeit und keine kleinen Kinder zu versorgen haben, im Kampf um weniger Falten und weniger Gewicht haben sie sich erschöpft und können es auch mit perfekter Schminke nicht verbergen.

Am Sonntag kommt meine Freundin Sophie zum Frühstück. Ich erzähle von der Hochzeit und den unzufriedenen Frauen, die noch nicht einmal 40 sind. »Hast du vergessen, dass wir genauso waren, in diesem Alter? Ich lag an meinem 40. Geburtstag im Krankenhaus, und das einzige Gute an diesem Tag war, dass mein Bett in diesem Saal mit zwölf Frauen am Fenster stand. Am Nachmittag kam mein Ex-Mann, der mich verlassen hatte, mit den scheußlichsten Blumen, die ich je bekommen habe. Und bei dir war's doch auch beschissen, damals.«

Der kleine Satz »Und bei dir war's doch auch beschissen« setzt eine Flut von Bildern frei. Zuerst sehe ich Sophie in meiner Wohnung. Sie ist bei mir untergekrochen wie ein verwundetes Tier und weint in meinen Armen. Verzweifelt und verletzt. Sie ist frisch geschieden, ihr Mann hat sich in seine junge Zahnärztin verliebt. (Von der er längst wieder geschieden ist.) Im nächsten

Bild lebe ich mit meinen beiden kleinen Kindern in Sophies Wohnung. Anna ist drei, Antonio ein halbes Jahr alt. Ich stille ihn, meine Tränen rinnen auf meine nackte Brust. Ich habe gerade in meinem Kummer mein Auto zu Schrott gefahren, mein Ehemann liegt mit einer knackärschigen Blondine im Bett und will sich nicht von ihr trennen. Als er nicht genug beeindruckt ist, dass ich aus der gemeinsamen Wohnung ausgezogen bin, werde ich krank und liege wochenlang mit Fieber im Bett. Abgemagert zum Skelett und noch nicht 40 Jahre alt. Aber der Mann ist wieder da. Zurückgeholt von seinem schlechten Gewissen.

Im nächsten Bild sehe ich mich auf einem Bett in Bonnies Kosmetiksalon. Ich will wieder schön sein für ihn, den ich so mühsam auf Kosten meiner Gesundheit erpresst und von der Blondine weggetrotzt habe. Vergeblich. Nichts klappt. Noch am ehesten das Schauspiel Familie. Das Paar wird darin aufgesogen, keine Nähe, kaum Sex. Ich beklage mich bei meiner Freundin. Sie hört geduldig zu und gibt mir gute Ratschläge. Sie ist seine neue Geliebte, sie kennt sich aus. Später zeigt sie mir stolz ihre neue Uhr: »Die habe ich von meinem Liebsten bekommen.« Ein Jahr später, als ich die Wahrheit erfahre, bekommt der Verrat ein Bild, das nie mehr aus meinem Kopf getilgt wird: Bonny, meine gute Freundin, die sich liebevoll über mich beugt, meine Augenbrauen zupft und mich in Gedanken wahrscheinlich zum Teufel wünscht, damit ich den Weg für sie und ihren Liebsten, der mein Ehemann ist, frei mache.

Ja, Sophie, du hast verdammt Recht. Eine beschissene Zeit! Es gibt keinen Grund, ihr nachzutrauern.

Sex mit Bart

Vera surft leidenschaftlich gern im Internet. Sie sucht und findet dort immer wieder medizinische Köstlichkeiten, die ihr Leben als Sachbuchautorin aufregender machen. Und weil sie eine gute Freundin ist, lässt sie mich daran teilhaben:

»Reife Dame ohne Libido – Sex-Hormon bringt Bewegung ins Bett!

Frust oder Lust im Bett? Das hängt für Frauen nicht nur vom Partner ab: Die Sexualhormone haben auch noch ein gehöriges Wörtchen mitzureden. Progesteron wirkt eher beruhigend, Östrogene sorgen, passend zum Eisprung für einen Libidoschub, und Androgene bringen die holde Weiblichkeit richtig in Fahrt. Was liegt da näher, als bei Lustlosigkeit am Hormonkarussell zu drehen? Zwar sprechen bei jüngeren Sexmuffeln die Nebenwirkungen dagegen – wer will den Spaß schon mit Damenbart und tiefer Stimme bezahlen. Für Frauen jenseits der Menopause kann solch ein Hormonkick die ehelichen Pflichten aber durchaus wieder zur Kür werden lassen. Wie Fachleute die eingerostete ältere Libido heute ölen können ...«

Den Rest der Nachricht aus dem Medical Tribune vom 7. Mai 1999, der »Bildzeitung für Ärzte«, wie sie von Lästermäulern genannt wird, hat mir Vera erspart.

Was für eine herrliche Vision:

Die »holde Weiblichkeit«, weil jenseits von 50 und daher ohnehin nicht mehr hold, bezahlt gerne den Preis, den jüngere Frauen für »den Spaß« nicht zahlen wollen, und stürzt sich nicht mehr im Pflicht-, sondern im Kürprogramm mit Bart und tiefer Stimme auf den Partner, den sie längst nicht mehr begehrt. Und schon ist die »ältere

Libido« nicht mehr »eingerostet«, ohne dass sich der Ehemann anstrengen muss. Wie wunderbar!

Mondpopo

Ich bin erschöpft, schlecht gelaunt, frustriert. Nach einem Besuch in einem deutschen Verlag fahre ich zurück nach Wien. Das Tabu sitzt nicht nur in den Köpfen der Frauen, es findet sich auch in den Hirnen der Verleger. Keiner will mein Buch haben. »Wunderbares Exposé, herrliche Texte, guter Aufbau. Aber gibt es nicht schon genug davon auf dem Markt?«

Zwölf Millionen Frauen in den Wechseljahren, allein in Deutschland! Und da soll nicht noch ein Buch Platz haben? Es gibt Tausende Titel über Schlankheitskuren und die Behebung von Ehezwist. Und es werden jedes Jahr mehr.

Ich bin so entmutigt, dass ich mich nicht einmal bemühe, ein Zugabteil zu finden, in dem eine Frau in meinem Alter sitzt, die ich interviewen könnte. Ich hole mir im Buffetwaggon eine Tafel Schokolade und stopfe sie in mich hinein.

Und dann kommt sie. Ich erkenne sie nicht gleich wieder. Eine große, schmale Frau mit einem kecken Kurzhaarschnitt stürzt auf mich zu und ruft begeistert: »Mondpopo, bist du das?«

Wir waren vor vielen Jahren einmal miteinander Eis laufen, und Dora verspottete mich liebevoll, weil ich vergeblich versuchte, ihre eleganten Figuren nachzufahren und mich mit Hohlkreuz und hinausgestrecktem Hintern krampfhaft um die Kurven quälte, die nie auch nur annähernd dem vorschriftsmäßigen »Mond« ähnlich sahen. Seit damals nannten wir einander »Mondpopo« und

blieben es in den Jahren unserer Freundschaft, die abkühlte, als Dora heiratete und aus meinem Blickfeld verschwand.
Die fünf Stunden Fahrzeit reichen nicht aus für alles, was wir uns nach mehr als 20 Jahren zu erzählen haben.
Dora ist begeistert von meinem Buchprojekt, und ich bitte sie in mein Forscherinnenteam. Ab sofort wird sie ihr Leben unter diesem Aspekt neu beobachten, verspricht sie mir.
Dora hält Wort. Eine Woche später kommt ihr erstes Fax:
»Ich lebe in einer Kosten-Nutzen-Gesellschaft.
Tu mir dies – dann bekommst du das.
Such mir einen Wünschelrutengänger, im Sonderpack mit Feng-Shui, dann nehme ich deinen Sohn mit zur Tennisstunde.
Borg mir dein Auto und die Großeinkaufskarte für den Supermarkt, dann lade ich dich am Wochenende mit deinen zwei Kindern aufs Land ein.
Vertreib mir die Einsamkeit mit deiner fröhlichen Art, und ich koch' dabei dein Lieblingsgericht.
Ich bin umkreist von Nutzkostlern, oder sind sie Kostnutzler. Sie biegen ihre Forderungen in mundgerechte Stückchen und servieren sie so unauffällig in Zellophan verpackt, dass ich sie kaum bemerke.
Wahrscheinlich habe ich selbst zu ihnen gehört.
Eine Hand wäscht die andere. Das schlechte Gewissen ist immer dabei, wenn die Berechenbarkeit zur Berechnung wird.
Ich leiste Widerstand. Ich begehre auf. Es ist genug.
Der Wünschelrutenmann verlangt 50 Schilling pro Quadratmeter. Ich schick' ihn dir. Mein Sohn nimmt die Straßenbahn.

Du kannst mich gerne einladen. Ich werde aber nur kommen, wenn ich Lust dazu habe, und nicht, weil ich froh bin, dass ich nicht kochen muss.
Denn mein Leben ist kostbar geworden. Mein Wert ist in den letzten Tagen um ein Vielfaches gestiegen.
Ich bin dabei, die zellophanverpackten Forderungen der Nutzkostler ins Klo zu spülen.
Wie es dazu kam?
Ich weiß es nicht genau. Aber die Begegnung mit dir, in diesem Zug, hat etwas ausgelöst, was sich schon vor ein paar Monaten abgezeichnet hat.
Das Unterminieren meines 46-jährigen Lügengebäudes fing eigentlich mit dem plötzlichen Tod meines Mannes an. Es gab so vieles, was plötzlich sinnlos war. Das Raffen, das Schaffen, das Bemühen, so zu sein, wie ich dachte, dass die anderen mich wollten. Und dann kam dieser Sommer am Meer. Vielleicht war es das tägliche Berühren des Horizonts. Oder die Isolation inmitten dieses geschäftigen Ferienbetriebs. Isolation, nicht gewählt aus Hochmut und Arroganz, nein, aus dem absoluten Gefühl des Andersseins als diese ferienmachenden Menschen.
Und irgendwann, mit den Augen zwischen Himmel und Meer, kam mir der Gedanke: Nicht nur ein bisschen protestieren, wenn es passt, nicht nur ein bisschen aussteigen, wenn die Stimmung stimmt. Und das alles mit einem sarkastischen Unterton und den richtig gewählten Worten.
Nein, Revolution!
Bisher hat mir der Mut gefehlt. Der Mut, ich selber zu sein, der Mut, mich zu riskieren. Ich habe mich immer aus falsch verstandener Weiblichkeit klein gemacht, jetzt will ich meine Neugierde, mein Interesse, meine Begei-

sterung, mein Wissen, meine Sinnlichkeit und meine Genussfähigkeit entwickeln.«
Das nächste Fax von Dora kommt aus einem Rehabilitationszentrum.
»Ich habe mir endlich meine Hüfte operieren lassen. Ich konnte mich nicht mehr frei bewegen. Was für eine Symbolik!
Hier gibt es eine Kraftkammer. Ich soll meine Muskeln trainieren und wollte sie benützen. Der ärztliche Leiter sagte: ›Das verschreiben wir nur bei Sportunfällen unter 30. Sie sind doch schon fast 50! Außerdem sind Sie die einzige Dame in diesem Alter, die das je wollte.‹
Seit ich in der Kraftkammer trainiere, haben sich mir fast alle Frauen angeschlossen. ›Sie haben die anderen aufgewiegelt‹, sagte der Arzt beleidigt.
Ja, herrlich, sage ich.«

Schwache Frauenherzen

Frauen, schreibt der Universitätsprofessor in seiner populären Kolumne in der Tageszeitung, haben ein schwaches Herz, und sie neigen dazu, daran zu sterben: »Eine soeben veröffentlichte Studie zeigte, dass das Risiko bei Frauen um 70 Prozent höher ist als bei Männern, nach einem Herzinfarkt zu sterben oder eine neuerliche Herzattacke zu erleiden. Außerdem werden Herzerkrankungen bei Frauen im Vergleich zu Männern nicht rechtzeitig diagnostiziert!«
Was der Professor nicht erwähnt: Männer haben ein noch viel schwächeres Herz! Bis zum Klimakterium sorgt die Natur durch gefäßschützende Sexualhormone dafür, dass Frauen ihrer Pflicht – oder ihrem Privileg –,

für die Arterhaltung zu sorgen, möglichst gesund nachkommen können. Erst am Ende ihrer körperlichen Fruchtbarkeit sind die Risiken wieder ungefähr gleich verteilt. Oder eben nicht, weil die Erkrankung beim »schwachen Geschlecht« nicht rechtzeitig behandelt oder erst gar nicht erkannt wird.

Warum das so ist, erfährt man aus der Geschichte nicht.

Eine der möglichen Antworten darauf kommt aus Amerika:

»Frauen mit einem Herzinfarkt bekommen in Spitälern nicht die gleiche aufmerksame Behandlung wie ihre männlichen Leidensgenossen. Das ergab eine Studie der University of California, die anhand von mehr als 80.000 Krankengeschichten erstellt wurde. Die Zahlen sind erschreckend«, berichtet die Zeitung, diesmal allerdings nicht in der Kolumne des Professors. »Bei der Notaufnahme in amerikanischen Krankenhäusern mussten Frauen mit Herzproblemen im Durchschnitt 14 Minuten länger auf adäquate Behandlung warten. Mögliche Ursache für diese Ungleichbehandlung: ›Vielleicht interpretiert das Spitalspersonal die Beschwerden von Frauen anders.‹«

Das ist aber noch nicht alles. Nach dem Infarkt kommt es im Krankenhaus nach einer österreichischen Studie zu dem, was die Innsbrucker Kardiologin Univ.-Doz. Margarete Hochleitner »den Schwund der Frauen auf dem Weg durch die Kardiologie« beschreibt. Obwohl das Infarktrisiko bei Frauen ab der Menopause sogar geringfügig über dem der Männer liegt, entfallen nur 35 Prozent der Spitalsaufnahmen auf Frauen. Auf der Intensivstation ist das Missverhältnis noch krasser, dort findet man nur noch 31 Prozent weibliche Patienten. Aber auch bei der Behandlung selbst wird gespart. Von der Thrombosethe-

rapie mit Medikamenten und einer Bypass-Operation profitieren nur noch ein Viertel.
Ganz düster sieht es dann in den Rehabilitationszentren aus. Dort sind überhaupt nur noch 13 Prozent Frauen vertreten.
Margarete Hochleitner begründet die Tatsache, dass ganz offensichtlich nur männliche Herzinfarktpatienten ernst genommen werden, mit der Übermacht der Männer in der Kardiologie. Da nicht zu vermuten ist, dass sich das sehr schnell ändern wird, empfiehlt sie den Frauen bessere Vorsorge und Aufklärung.

Die Todesanzeige

Magda sitzt mit ihrem Mann beim Frühstück und freut sich. Ein ganzer Berg Briefe liegt vor ihr und wartet darauf, geöffnet zu werden. Es ist schön, dass so viele Menschen daran gedacht haben, dass sie heute 50 wird.
Theo wird ins Büro gehen, wie jeden Tag, das hatte sie sich so gewünscht. Sie wird gemütlich alleine zu Hause bleiben und sich einfach genüsslich aufs Sofa legen und in Ruhe alle Glückwünsche lesen. Magda verdrängt, dass dieser geruhsame Geburtstag am Montag, dem erst am Wochenende das große Fest folgen wird, eigentlich nicht das war, was sie sich erträumt hatte. Insgeheim hatte sie gehofft, dass Theo am Freitag vom Büro nach Hause kommen würde, in der Hand zwei Flugtickets fürs Wochende, und sie entführen würde. Nach London, nach Paris oder sonst wohin. Aber Theo war nicht für Überraschungen gut, so wie der Mann ihrer Freundin Ulrike. Er hatte auch keinerlei Nachahmungstrieb, obwohl Magda ganz auffällig von diesem wunderbaren Geburts-

tagsgeschenk (bei Ulrike war es der 40. gewesen) geschwärmt hatte und Kataloge mit Städteflügen herumliegen ließ.
»Warum, verdammt, warum habe ich es mir nicht einfach gewünscht«, sagt sie laut, als der Mann, der ahnungslos an ihren heimlichen Sehnsüchten vorbeilebt, das Haus verlassen hatte. Schon weniger gut gelaunt reißt sie einen großen Umschlag auf und will sich an einer offensichtlich überdimensionalen Geburtstagskarte freuen.
Ein weißes Blatt mit schwarzem Rand, ein schwarzes Kreuz, daneben das kleine Foto eines Kindes. Mein Gott, wer war gestorben? Sie spürt, wie die Panik heiß in ihrem Magen brennt.
Dann erst sieht sie ihren Namen. In Großbuchstaben und fett gedruckt steht er ganz oben auf der Todesanzeige. Sie setzt ihre Brille auf und schaut auf das kleine Mädchen im Hängekleid mit weißem Kragen, das einen Luftballon in der Hand hält. Sie kennt das Foto genau. Fanny, ihre Schwester, die eigentlich neben ihr steht, war sorgfältig weggeschnitten worden. Sie ist ja auch noch nicht 50 und fällig fürs Grab.
Magda spürt, wie ihr die Tränen kommen und liest:

»In Memoriam an Magda,
die am 7. Dezember 1998 für immer von
der ersten Hälfte des Jahrhunderts gehen wird.
Es war ein langes und schweres,
aber von Freuden erfülltes erstes halbes,
das nun für sie auf ewig vorüber ist.«

Ja, das stimmt, es war kein einfaches Leben gewesen, aber ein reiches an Erfahrung.
Sie liest die ganze Todesanzeige aufmerksam durch, die

launigen Sätze, die auf das große Fest am Samstag hinweisen, bei dem die liebe erste Hälfte verabschiedet wird. Und plötzlich überkommt sie eine unendliche Wut auf sich selbst. Der Gedanke an »ihren großen Tag« erinnert sie an ein Leben, in dem sie erlaubt hat, dass immer die anderen bestimmen. Zuerst ihre Eltern, dann ihr Mann, dann ihre Söhne und jetzt wieder ihr Mann.
»Es stimmt«, sagt sie wieder laut und geht mit großen Schritten im Wohnzimmer auf und ab. »Ich mache eine Trauerfeier. Wie es sich gehört. Am Mittag, in einem Landgasthof, in einer Extrastube mit alten Bauernmöbeln. Das Buffett vom Feinsten, der Tisch wird sich unter Speisen biegen, die ich im Alltag meide, weil sie zu schwer sind und dick machen. Schweinsbraten, Schnitzel, Geselchtes und Knödel, weil die Verwandtschaft an diese Art von Festessen gewöhnt ist.«
Theo hatte es sich nicht nehmen lassen, einen Zitherspieler zu engagieren, allerdings nur bis 15 Uhr, dann muss er zur Weihnachtsfeier der Senioren im Casino.
Und plötzlich kommt Magda alles ganz absurd vor. Wieso waren sie eigentlich auf diesen Mittagstermin gekommen? Sie wollte doch am Abend feiern? Ach ja, weil Tante Marie am Abend nicht mehr gerne aß, weil ihre Schwester aus Deutschland kam und noch in der Nacht zurückfahren wollte. Wahrscheinlich hatte es noch ein paar triftige Gründe gegeben, die nichts mit ihr zu tun hatten. Und weil es nicht Abend war, passte auch die Band nicht, die Magda engagieren wollte. Und weil es nicht Abend war, fand Theo, der nicht gerne tanzte, dass ein Zitherspieler für die älteren Leute passender war. Für welche älteren Leute?
Magda fühlt sich mit einem Schlag wieder ganz lebendig und wirft die Todesanzeige in den Papierkorb. »Wenn ich

schon gestorben bin, dann ganz«, sagt sie zufrieden und schickt der angepassten Frau, die sie noch vor ein paar Minuten gewesen ist, einen liebevollen Abschiedsgruß.
Den Tag verbringt sie am Telefon. Es gibt so viel zu tun! Zuerst braucht sie die Band, die bei Ulrikes Geburtstagsfest gespielt hatte, dann einen großen Saal. Am besten in dem alten Bauerngasthof, in dem das Fest ohnehin stattgefunden hätte. Aber nur wenn sie bereit waren, leicht und gesund zu kochen. Zwei Stunden später ist die Trauerfeier in ein Freudenfest umgewandelt, die Tote auferstanden und mit den Erfahrungen ihres ersten Lebens ausgestattet, ganz schön vital. Der Rest ist einfach, vergnüglich und besteht wieder aus Telefonieren: Ja, ganz recht, das Fest findet am Abend statt. Bitte zieht euch Schuhe an, in denen ihr tanzen könnt, nein, der Zitherspieler kommt nicht, auch nicht zum Essen. Ja, es gibt ein Buffett, vorwiegend vegetarisch, ich esse seit Jahren kein Fleisch mehr.
Theo kann es nicht fassen. Seine süße, kleine Matrone, an die er sich schon so gewöhnt hatte, ist plötzlich so unbequem verwandelt. Was, alles abgesagt, alles umgeändert? Seine schönen Pläne zerstört?
»Werde ich 50 oder du«, sagt Magda zärtlich und küsst ihn mit einer neuen Leidenschaft.

Scharf aufs Leben

Im Fernsehen wurden wir lange nicht älter. Jedenfalls nicht so, wie wir das gerne hätten: lustvoll und vital. Es hat uns jahrelang das verweigert, was für Männer selbstverständlich ist und sie meistens adelt: die Reife.
Noch 1992, berichtet »Die Zeit« aus einer Studie der Medienwissenschaftlerin Monika Weiderer, waren 70 Pro-

zent aller Frauen in Spielfilmen unter 35 Jahren, 70 Prozent der Männer älter als 36. Außerdem besetzten Frauen in den meisten Filmen die »zweite Garnitur«, der aktive, handelnde Teil blieb den Männern vorbehalten. In 627 Sendungen und vollen 320 Programmstunden hatten sie »Positionen der Kompetenz, Verantwortung und Macht« inne und wirkten »kreativ und initiativ«, während ihre weiblichen Mitspielerinnen »untergeordnet und abhängig« waren und sich »angepasst und regeltreu« verhielten.

Damit ist jetzt endlich Schluss: »Eine emanzipierte Gesellschaft schafft sich im Fernsehen neue Heldinnen – Frauen über 50. Das Stereotyp vom trüben Altern ist gebrochen«, freut sich unter dem Titel »Scharf aufs Leben« »Die Zeit«.

Früher wurden Frauen im Klimakterium unsichtbar, die Zeit zwischen 45 und 60 »war vergiftet von einer Aura des Verfalls und des Sichfügens.« Da trugen Frauen in diesem Alter als »Serienmütter« Kittelschürzen aus bedruckter Baumwolle, sorgten selbstlos für das Wohl ihrer Lieben und wurden von ihren Männern mit »Mutti« oder »Mama« angeredet.

Heute zeigen uns Senta Berger, Hannelore Elsner, Iris Berben, Gabi Dohm, Uschi Glas, Thekla Carola Wied, Christiane Hörbiger, Gudrun Landgrebe und viele andere endlich ein neues Frauenbild. Plötzlich gibt es erotische, anziehende, mutige, kluge und äußerst attraktive 50- bis 60-jährige Kommissarinnen, Anwältinnen, Unternehmerinnen, Reporterinnen und Sekretärinnen, die sich nichts gefallen lassen, die selbstbewusst und sinnlich ihr Leben gestalten, in dem es auf jeden Fall einen Mann gibt, und sei es einen, den sie verlassen, um sich einen Liebhaber zu nehmen oder um einfach auf die Schwierigkeiten des Paarlebens freiwillig zu verzichten. »Siegertypen« nennen sie die Fernsehleute, angesiedelt zwischen »jugendlicher Schönheit« und »verständnisvoller Großmutter«, ein neues Rollenfach, das es zu besetzen gibt und dem bisher die Tradition fehlte.

Die Schauspielerinnen aus der 68-er Generation kommen in die Jahre und reagieren – so wie Hannelore Elsner – gelassen auf die Frage, ob sie sich vor dem Älterwerden fürchten: »Nein, und wenn – was würde das ändern? Wer nicht älter werden will, der muss halt früher sterben.« »Keine der Erinnerungen hat sie sich aus dem Gesicht liften lassen«, lobt »Die Zeit« eine der erotischsten Frauen im deutschen Filmgeschäft. »Warum sollte sie die Schrecken einer Schönheitsoperation ertragen? Nur, um ›lächerlichen Vorstellungen dummer Männer hinterherzulaufen?‹ Und als Sinnbild der Verkrüppelung diente ihr schon immer der schaurige Anblick einer in die Jahre gekommenen Bekannten, die stets mit erhobenem Haupt und hochgerecktem Kinn dagesessen habe, damit der Hals keine Falten würfe.«

Wir glauben den Filmfiguren dieser starken Frauen den Aufbruch in ein neues Leben, ob sie nun von Senta Berger, Iris Berben oder anderen dargestellt werden. Wir bewundern sie für ihren Mut im Kampf um Selbstbewusstsein und Würde, wir sehen ihnen begeistert zu, wie sie aufbrechen in eine neue Freiheit.

Noch sind sie im echten Leben in der Minderzahl. Aber der Trend geht aufwärts. »Als Senta Berger jung war, waren Frauen über 40 alte Schachteln«, vergleicht »Die Zeit«. Welch ein Fortschritt. Auch wenn wir noch immer manchmal das Gefühl haben, dass er im Schneckentempo geschieht.

Die Verzweiflung

Am Graben, in der Wiener Innenstadt, sind sie alle, wie jedes Jahr, versammelt. Die Verzweifelten, die in den Wogen des brutalen Weihnachtsunfriedens untergehen und sich dennoch gegen den Kaufzwang nicht wehren können. Die Gierigen, die Päckchen um Päckchen schleppen und nicht genug bekommen können vom Kaufrausch, der jetzt keine Entschuldigung braucht. Die Einsamen, die hoffen, dass sie beim Umtrunk an der Punschhütte – wo unmäßiger Alkoholkonsum zumindest der Renovierung des Stephansdomes dient – noch jemanden finden, mit dem es sich lohnt, einen Baum zu schmücken. Die Unzufriedenen, die sich ein kurzes Glück ertrinken und hoffen, dass morgen alles besser wird.

Anna und ich schlendern an einer Punschbude vorbei, an der die Menschen in ihren dunklen Wintermänteln wie Fledermäuse hängen. Wir haben Zeit, wir schenken einander nur Kleinigkeiten, und die sind längst besorgt. Plötzlich löst sich aus den schemenhaften Gestalten eine einzelne heraus.

»Renate, hallo.«

Wir haben einander 15 Jahre nicht gesehen, so lange ist es her, dass ich mir meinen Traum erfüllt habe, Journalistin und Autorin zu werden, und dafür den sicheren Job als Flugbegleiterin hinter mir ließ.

»Das ist meine Tochter Anna«, stelle ich vor und nicke auch dem Mann zu, in dessen Begleitung sich meine ehemalige Kollegin befindet.

»Ja, ja, die Kinder werden erwachsen und wir älter«, sagt Gabriele deprimiert und mustert die junge Frau an meiner Seite.

»Ist doch gut so, ich mag mein Alter.«
Gabriele zieht ihre Mundwinkel nach unten.
»Ich hasse es, älter zu werden. Ich finde es ekelhaft und demütigend. Und ich sage dir eines: Ich werde alles tun, alles, um es aufzuhalten. Ich lasse mir mein Gesicht, meinen Hintern, ja sogar die Wirbelsäule reparieren, und wenn es mich meine Eigentumswohnung und mein ganzes Vermögen kostet. Und diese Frauen, die sagen, dass es ihnen nichts macht! Die lügen doch alle. Oder sie sind besonders attraktiv. Ich habe eine Freundin, die sieht mit 75 noch besser aus als ich.«
Erschöpft von ihrem Ausbruch nimmt sie einen großen Schluck aus ihrem Punschglas. Der Ehemann schaut betreten. »Und wie ist das für Sie?« frage ich. »Ich finde ihre Haltung unverständlich«, sagt er und zieht ein wenig den Kopf ein, als ob er auf den nächsten Schlag wartet. Er ist ein gut aussehender Mann, und auch an Gabriele kann ich den angeblichen Zerfall, der sie so wütend macht, nicht sehen.
Der Nieselregen tropft von meinen Haaren, er hat mich bisher nicht gestört. Aber plötzlich komme ich mir zerdrückt und ein wenig schäbig vor. Meine Lammfelljacke riecht nach nassem Hund, und ich will nur noch schnell nach Hause.
Am Abend frage ich Karl, ob ich mich in den Jahren, die wir einander kennen, stark verändert habe. »Ja, du bist authentischer geworden und du gefällst mir besser. Früher hast du dich schön gemacht und bist aufgetreten. Glitzernd und glanzvoll. Manchmal wie ein Kunstprodukt, das sich selbst ausstellt. Jetzt bist du, wie du bist.«

Heimat bist du großer Söhne

Die Zeitung widmet ihm eine ganze Seite Text mit drei Fotos, von denen jedes seine Eigenwilligkeit zeigt, die bei gewöhnlichen Menschen, die nicht so erfolgreich sind, gerne als Selbstgefälligkeit bezeichnet wird. »Steile Karriere mit One-Way-Ticket«, ein Mann macht seinen Weg und wird als Architekt in Amerika berühmt.

Wir lesen von den Preisen, die ihm verliehen wurden, von seinen Entwürfen, die Aufsehen erregten, von seinen Gebäuden, die realisiert wurden und zu denen er ein ambivalentes Verhältnis hat: »Wenn man baut, werden so viele pragmatische Kräfte sichtbar, die letztlich den Idealzustand gefährden.« Wir erfahren, dass er seit mehr als 30 Jahren in einem Atelier im East Village lebt und arbeitet: »Ein Loft, mehr Künstleratelier als Büro.«

Die Frau, die ihn damals nach New York begleitete, ist längst aus seiner offiziellen Biographie gelöscht, aus seiner privaten sowieso. Sie hat mit ihm 15 Jahre lang in diesem Loft gelebt, den Haushalt geführt, die Kinder versorgt und nebenbei als Verkäuferin gejobt, weil das Geld knapp war. Als sie längst ausrangiert war aus seinem Leben und versuchte, in Wien wieder Fuß zu fassen, hat sie mir eines Tages von ihrem Alltag über den Dächern von New York, der von außen so romantisch schien, erzählt.

Von den Steckdosen, die ihr Künstlergatte an der Decke anbringen ließ, damit ihre banale Gewöhnlichkeit seine Inspiration nicht stört. Wenn sie bügeln wollte, musste sie auf eine wackelige Leiter steigen und sich den Strom mühsam mit einer Verlängerungsschnur erkämpfen. Die große Spüle war avantgardistisch einfach und viel zu niedrig, und wenn ihr Mann die ganze Nacht seine

Freunde bewirtete, wusch sie mit schmerzendem Rücken am nächsten Tag stundenlang ab.
Die Selbstaufgabe hat ihr nichts genützt.
So wie die gebauten Häuser den Idealzustand seiner Entwürfe störten, so banal erschien dem Künstler wahrscheinlich der Alltag einer Ehe. Als seine Frau aufhörte, ihn uneingeschränkt zu bewundern, als sie nicht mehr bereit war, kritiklos an seinen Lippen zu hängen, war die Zeit mit ihm vorbei.
Heute gehört New York wie eine verblasste Postkarte zur Vergangenheit, die beiden Kinder sind längst erwachsen. Das Leben aus zweiter Hand wurde zur Erfahrung, die sich nie mehr wiederholen wird.
Ist sie ein Opfer? Sicher nicht. So wie wir alle, hat auch sie ihre Wahl getroffen. Ein hartes, aber aufregendes Leben an der Seite eines egozentrischen Künstlers eingetauscht gegen ein sicheres Nest.
Was bleibt, ist ein geglückter Neuanfang. Die Frau, deren Identität der Ruhm ihres Mannes war, hat sich ihren Traum verwirklicht. In einer kleinen Gasse in der Wiener Innenstadt betreibt sie einen Laden, in dem es exklusive Dinge aus der ganzen Welt gibt, die sie selbst einkauft. Was auch bleibt, ist eine kleine Bitterkeit, dass sie, die langjährige treue Gefährtin, aus seiner Biographie verschwunden ist, so, als hätte es dieses Stück gemeinsames Leben nicht gegeben.
PS: Land der Berge, Land am Strome, Land der Äcker, Land der Dome, Land der Hämmer zukunftsreich. Heimat bist du großer Söhne, Volk begnadet für das Schöne …
Wann endlich, sehr geehrter Herr Bundespräsident, werden in der österreichischen Bundeshymne auch die Töchter vorkommen?

Die Modenschau

Die Orangerie im Park von Schloss Schönbrunn ist hell erleuchtet. Von allen Seiten strömen elegant gekleidete Menschen zu dem Event, bei dem Autos und schöne Frauen in teuren Kleidern im Mittelpunkt stehen sollen. Noch immer Symbole der Macht für viele Männer.

Am Eingang empfängt uns eine junge Frau mit einem Körper, der einen lange nicht gespürten Neidreflex in mir auslöst. Für einen Augenblick bin ich überzeugt, dass es sich lohnt, für den Rest meines Lebens nur noch Salatblätter zu essen. Das lila Kleid, das mehr enthüllt als verbirgt, schmiegt sich wie eine zweite Haut an die makellosen Konturen. Undine, die verführerische Nixe, mit ihrem langen, blonden Haar und den nackten Schultern fällt mir ein. Ich starre so auffällig, dass meine Schwester Monika mich am Ärmel zieht und die Schönheit mich ganz persönlich begrüßt, wohl in der Annahme, dass wir uns kennen. »Wir kennen einander nicht, ich starre Sie so an, weil sie so überirdisch gut aussehen in diesem Kleid.«

»Alles nur Lüge«, flüstert mir die Fischfrau verschwörerisch und leicht verzweifelt zu. »Ich trage ein schreckliches Fischbeinkorsett, in dem ich kaum atmen kann.« Der Neid löst sich in Luft auf. Ich bin mit meinem Körper wieder zufrieden und widme mich den Objekten meiner heimlichen Begierde: Frauen in meinem Alter.

Das heißt, ich möchte mich widmen, werde aber zunächst abgelenkt von einem seltsamen Schauspiel. Eingezäunt, damit die Fahrzeuge und die Frauen nicht begrabscht werden können, bieten das Mode- und das Autohaus vom Besten. Lässig gelehnt an ein zitronengelbes Cabrio, enthüllen zwei Models ihre Leiber im Badeanzug. Edel gewandet in ein enges Kostüm, langweilt sich eine Brünette mit Picknickkorb und großem Laderaum für Kind und Hund, die nicht gezeigt werden, weil es die Erotik stört. Und so geht es weiter. Wie Tiere im Zoo werden schöne Frauen hinter einem Holzzaun als Ware ausgestellt.

»Sehen Sie sich diese alten Schnepfen an«, flüstert uns der »junggebliebene« Anwalt, der mir schon bei einer anderen Veranstaltung durch dümmliche Bemerkungen aufgefallen ist, vertraulich zu. Er meint natürlich nicht die Models hinter den Zäunen, sondern eine Gruppe von Damen der Gesellschaft, die sich mit ihren Männern am Buffet anstellen. »Wie sie sich peinlich produzieren in ihren zu kurzen Röcken und den lächerlich zugeschminkten Falten. Glauben Sie, dass eine von denen sich dadurch den Mann erhalten kann? Die schlafen doch trotzdem mit ihren jungen Sekretärinnen.«

Der Anwalt ist fett und hat ein Doppelkinn. Seine Frau sieht unterernährt aus – auf allen Ebenen des Lebens. Noch ist sie vielleicht jung genug, dass er nicht mit der Sekretärin ins Bett gehen muss. Aber wenn sich ihr Fleisch entwertet, führt sicher kein Weg daran vorbei.

Wir wollen nicht mehr auf die Modenschau warten. Der Sekt schmeckt schal, an den frisch gewaschenen Gläsern klebt der Lippenstift.

Wir fahren mit der U-Bahn zum Stephansplatz und mischen uns zufrieden unter die ganz gewöhnlichen Leute, die so aussehen, wie sie sich gerade fühlen. Frisch oder abgekämpft. Jedenfalls echt.

Zu Hause blättere ich vor dem Einschlafen noch in Julia Onkens neuem Buch, »Die Kirschen in Nachbars Garten«, das heute mit der Post gekommen ist.

Es ist schon drei Uhr morgens, als ich auf Seite 170 ankomme:

»Dennoch bemühen sich sowohl Frauen als Männer in zunehmendem Maß, gerade die sexuelle Attraktivität um jeden Preis zu konservieren oder gar in den Vordergrund zu stellen. Dies erzeugt jene abschreckenden Bilder, wo ältere Menschen ... nicht zu ihrem wahren Alter stehen, es verheimlichen, mogeln, peinlich herumschäkern und womöglich noch andere dazu auffordern, ihr Alter zu erraten. Dies ist eine Selbstentwürdigung höchsten Grades, hier wollen Menschen in vergangenen Lebensphasen verharren, verweigern Wachstum, Veränderung und Entwicklung.«

Der Kongress

Ich weiß nicht, was mich erwartet, und schlendere ahnungslos an einem sonnigen Morgen durch den Park auf das Luxushotel zu, in dem der Kongress stattfinden wird. Es fängt damit an, dass die Wände der Empfangshalle mit Frauenbildern gepflastert sind, denen ich nicht ähnlich sehe. Um bei der Wahrheit zu bleiben, ich habe ihnen nie ähnlich gesehen, auch nicht als junges Mädchen. Da sitzen diese Frauen in den Wechseljahren im seidenen Nachthemdchen auf ihren Plakaten, mit Gesichtern wie Doris Day und einem Körper wie Claudia Schiffer. Oder sie hüpfen langbeinig und perfekt schlank, im knappen Bikini, der ihre wunderbaren Brüste mehr enthüllt als verbirgt, über eine Wasserpfütze, die vielleicht das Meer darstellen soll. Ihre vollen, langen Haare wehen im Wind. So frei und schön würde auch ich sein, denn »die Eierstöcke machen keine Pause« – mit einem Hormonpräparat.

Ich spreche eines der jungen Mädchen an, die großzügig

Werbegeschenke verteilen. »Finden Sie es nicht pervers, dass man 50-jährigen Frauen suggeriert, dass sie aussehen werden wie mit 20?« »Wieso«, sagt sie unschuldig und lächelt professionell freundlich, »möchten Sie denn nicht so aussehen?«

Wann fangen wir endlich damit an, das gesellschaftliche Bild mitzubestimmen? Noch akzeptieren wir, dass Arzneimittelerzeuger mit entwürdigenden Plakaten werben, dass Gynäkologen auf ihren Kongressen unsere Gesundheit verwalten: »Solange wir unserem Frauenarzt noch immer aus der Hand fressen, wie kleine, artige Mädchen kritik- und gedankenlos seine Anweisungen befolgen und mit unübersehbarem Glanz in den Augen erzählen, welche Medikamente er uns verschrieben hat, werden wir niemals die uns zustehende halbe Welt zurückfordern können«, schreibt Julia Onken in »Die Kirschen in Nachbars Garten«.

Ich bin schon verärgert, bevor ich den Vortragssaal betrete. Nach mehr als zehn Vorträgen gehe ich am Abend mit der Botschaft weg, dass Frauen ohne Hilfe der Ärzte nicht überleben können, weil die Natur am Ende der körperlichen Fruchtbarkeit eigentlich unseren Tod geplant hat. Entsetzen könnte einen überkommen ob all der ausgetrockneten Teile von der Scheidenschleimhaut bis zu den Augen, die keine Tränenflüssigkeit mehr erzeugen werden. Nicht zu reden vom Witwenbuckel, der uns wahrscheinlich an den Rollstuhl fesseln wird. Krank, kaputt, entsorgt …

Wieso spielt meine Mutter mit 77 immer noch vergnügt Tennis und läuft im Winter Schi, wieso ist meiner Tante Lisa mit 75 kein Berg zu hoch und kein Wasser zu kalt, um darin zu schwimmen? Sie kannten das Allheilmittel, das uns moderne Frauen retten wird, doch gar nicht?

Auf dem Heimweg singe ich laut in Abwandlung eines Schlagers: »Nehmen Sie Hormone, dann gibt's Erlösung, nehmen Sie Hormone, dann geht's Ihnen gut«, und beschließe, irgendwann eine Kabarettnummer zu schreiben.
Am nächsten Tag gibt es ein Sektfrühstück, gesponsert von einer Pharmafirma. Karin, eine Journalistenkollegin mit großem Erzähltalent, ist den Angstmachern für einen Abend auf den Leim gegangen:
»Ich gehe also mit meinem Mann ins Theater«, beginnt sie genüsslich mit der Berichterstattung über ein Kleindrama, das sich inzwischen schon wieder gelegt hat und sich vorzüglich als Anekdote eignet: »Wir stehen vor dem Eingang in der lauen Mailuft und sehen den festlich gekleideten Menschen zu, wie sie ins Dunkel des großen Zeltes hineinströmen.
Ich beobachte die Gesichter der Frauen und ihre Körper und messe und wiege ab, ob sie schon so wie ich mit dem Stigma des Zerfalls leben, ob sie schon diese magische Grenze überschritten haben, die das Leben sinnlos macht.
Auf der Bühne stampfen und wirbeln die Schauspieler und Tänzer. ›Stomp‹ zeigt mir alles, wonach ich mich sehne und was ich nie mehr erreichen werde. Vorbei, vorbei, vorbei. In meinem Kopf dröhnt der Schmerz und signalisiert das Ende der Welt. Ich, eine alte, fette Matrone, die nie mehr tanzen wird, die nie mehr glänzen wird. Plötzlich wachsen aus meinem Rock dicke, hässliche Elefantenknie. Ich beobachte verstohlen Johannes. Mit seinem schönen Gesicht und der Adlernase. Er wird mich verlassen, weil ich zu alt und hässlich bin. Er wird mich nicht mehr begehren.
Ich sage ihm nichts, bin abweisend und will nach der Vorstellung nicht mit ihm essen gehen. Was soll ich ihm

erzählen? Dass ich alt und hässlich bin? Er wird es nicht verstehen, denn beim Frühstück war ich es noch nicht. Also schweige ich, also streiten wir, also bin ich noch unglücklicher. Nachdem wir uns gegenseitig ausführlich angebrüllt haben, fangen wir plötzlich an zu lachen. Damit ist der Spuk wieder vorbei, aber vorher habe ich mich kurz gefühlt, als wäre ich aus der Schiene gesprungen. Und das alles wegen dieses idiotischen Wechseljahrkongresses ...«

Kongress die zweite, ein Jahr später.
Ja, stimmt, ich habe mir versprochen, dass ich nie mehr hingehe, dass ich mich nicht mehr terrorisieren lasse von diesem Gerede über morsche Knochen und Hinfälligkeit. Aber diesmal soll alles anders werden. Es gibt ein eigenes Frauenforum mit einer Podiumsdiskussion, zu der ich als Referentin geladen bin. Um das Ende der Geschichte vorwegzunehmen: Die Kongressleitung hat sich wenig um die Anliegen der Frauen gekümmert. Die Ankündigungen wurden nie verschickt, die Plakate nicht aufgehängt, die Diskussion ans Ende der Veranstaltung gedrängt – also kaum noch TeilnehmerInnen da.
Was bis dahin geschah, war wie schon einmal erlebt. Die Frauen, die keine Beschwerden haben, wurden als »asymptomatische Menopausale« bezeichnet, gerade dass nicht behauptet wurde, sie seien »nicht normal«. Die interessanten Vorträge, zum Beispiel über das sexuelle Erleben der Frauen, fanden zu einer Uhrzeit statt, zu der der normale Kongressteilnehmer noch schläft oder bestenfalls beim Frühstück sitzt. Unverschämte Sätze wie: »Die Frauen, die heute 50 sind und keine Hormone nehmen, müssen wissen, dass sie spätestens mit 80 der Gesellschaft zur Last fallen werden«, waren an der Ta-

gesordnung. Woher wissen das die Ärzte? Und ist es besser, ein Jahrzehnt früher an Brustkrebs zu sterben?
Nach der Podiumsdiskussion fällt einer der Hormonspezialisten empört über mich her: »Wie können Sie behaupten, dass Frauen für Frauen in den Wechseljahren die besseren Beraterinnen sind? Warum soll ich das nicht genauso gut können, nur weil ich ein Mann bin?«
»Nicht weil Sie ein Mann sind, sondern weil Sie uns einseitig informieren«, sage ich milde und lasse ihn stehen.

Glücklich durch Hormone

Die Frau sitzt glücklich lachend inmitten von bunten Pillenkapseln am Boden, den Mund weit geöffnet, damit die Hormone, die sie spielerisch in die Luft wirft, ihr Ziel treffen.
Sie ist nicht allein. Neben ihr, weit über ihr, steht mit verschränkten Armen ganz in Weiß der Arzt, dem sie vertraut. Er schaut nicht auf seine Patientin. Sein strahlender Blick richtet sich auf uns, die Leserinnen und Leser.
Arzt und Patientin, ein hierarchisches Bild, dargestellt von einem Wochenmagazin am Puls der Zeit. Er in Herrschaftspose, sie fröhlich zu seinen Füßen.
Die Frau ist kein Model, sie ist echt. Der Mann ist wirklich ein Arzt.
Vor ein paar Tagen, bei einer Podiumsdiskussion, saß sie rechts und er links von mir, und wir diskutierten über Nutzen und Gefahren von Hormonen.
Ich mochte die attraktive Schaupielerin sofort. Sie argumentierte klug, persönlich und auf sich selbst bezogen. Es gab keine ideologischen Sticheleien, ihre buddhistische Grundhaltung bestimmte die liebevolle Art, mit der

sie sprach. Sie und ich wussten, dass ihre Zufriedenheit nicht nur von Hormonen kommt. Sie denkt gesund, sie isst gesund, sie bewegt sich täglich. Und außerdem, weil es ihr gut tut, nimmt sie auch noch Hormone. Eine persönliche Entscheidung. Akzeptiert.

Aber warum gibt sich diese kluge, sympathische Frau für dieses Foto her? Die kleine, süße Frau zu Füßen des großen Doktors: »Ich weiß, was für dich gut ist, und ich entscheide für dich«, ist die Botschaft.

Szenenwechsel

Einen halben Tag Urlaub im Büro war es ihr wert gewesen, zu erfahren was die Zeit, in die sie hineinwuchs, für sie bringen sollte.

Jetzt ist es später Abend, und als sie sich im Speisewagen zu mir setzt und ein Glas Wein bestellt, steht ihr die Erregung ins Gesicht geschrieben.

»Ich bin völlig verunsichert«, platzt sie heraus. »Ich habe Fotos von Frauen mit einem ›Hexenbuckel‹ gesehen, und manche sind sogar daran gestorben. Jetzt muss ich wohl endlich vorbeugend etwas gegen den Knochenschwund tun.«

Sie sind wieder einmal am Werk gewesen, die Werbetrommler aus der Pharmaindustrie. Haben einen Vortrag gesponsert, bei dem den Zuhörerinnen bange wurde. Ihre Helfer waren Ärzte und die attraktive Dame inmitten der bunten Pillen, die von einer großen Plakatwand lächelte und suggerierte, dass ihre Schönheit von künstlichen Hormonen kommt. Niemand sagt den Frauen, die in ihren Büros, am Fließband und im Supermarkt ihren Dienst tun, dass die Plakatfrau wahrscheinlich ganz anders lebt. Dass sie sich vermutlich ausschläft, dann ein Stündchen meditiert, anschließend im Fitness-Studio trainiert und abends mit Gurkenscheiben auf dem

Gesicht früh schlafen geht. Alterslose Schönheit braucht Zeit und hat einen hohen Preis.
Aus der Botschaft, die meine Tischnachbarin vermittelt bekam, geht dieser Preis, der zu bezahlen ist, nicht hervor. »Seht her, ihr Frauen im ganzen Land, wenn ihr unsere Hormone schluckt, dann werdet ihr so sein wie sie«, hat sie heute Nachmittag verstanden. Und wenn nicht, dann ist euer Schicksal besiegelt. »Als alte Hexen mit brüchigen Knochen müsst ihr vielleicht sogar daran sterben. Die Strafe kommt nicht gleich, aber bald.«
Die Frau, die mir gegenübersitzt, hat ab heute Angst und vertraut ihrem Arzt nicht mehr. Er hat ihr empfohlen, ihr natürliches Älterwerden nicht mit Medikamenten zu stören, und sie auf die Nebenwirkungen aufmerksam gemacht. »Hormone sollten den Frauen vorbehalten bleiben, die ernste gesundheitliche Probleme haben«, hat er gesagt. Jetzt ist er unglaubwürdig. Denn der Professor, der gesprochen hat, ist etwas Besseres als ein Landarzt.

Schicksale

Wie eine Jägerin auf der Pirsch fahre ich Straßenbahn und U-Bahn, immer auf der Suche nach neuen Bildern und Begegnungen. Heute ist ein guter Tag.
Die beiden Frauen steigen in die Linie Nr. 21 in Richtung Innenstadt und setzen sich direkt vor mich hin. Sie waren offenbar gemeinsam beim Friseur und tragen das, was ich früher verächtlich eine »Altdamenfrisur« nannte: Einen ordentlichen Kurzhaarschnitt mit leichter Dauerwelle, für besondere Gelegenheiten frisch auf Lockenwickler gedreht. Erster Impuls: Mein Gott, so möchte ich nie aussehen. Zweiter Impuls: Scham. Wie oft habe ich Men-

schen gedankenlos abgewertet, wie sehr ist in mir dieses Bild der »älteren hässlichen Frau« verankert. Nun, da ich bald 50 werde, kommt langsam die Reue und auch die Erkenntnis, wie anmaßend ich von anderen verlange, dass sie meinen Geschmack und mein Empfinden für Mode teilen. Weiß ich, was diese Frauen von meiner Art, mich zu kleiden und mich im Leben zu bewegen, halten?
»Jetzt musst du etwas tun, jetzt kannst du es nicht mehr ignorieren«, sagt die eine zur anderen und meint offenbar die Behandlung einer inzwischen chronisch oder gefährlich gewordenen Erkrankung. »Ja, du hast Recht, jetzt gibt es keine Ausrede mehr. Ich habe mein ganzes Leben lang alles ignoriert, jetzt muss ich mich endlich um mich und meine Gesundheit kümmern.« Sie umklammert entschlossen ihre Handtasche und nickt bekräftigend. Was hat diese Frau wohl alles mitgemacht, wie hat sie sich ihr verhärmtes, abgearbeitetes Gesicht erworben?
Haltestelle Schwedenplatz. Ich steige aus und kaufe mir am Kiosk eine Zeitung. Während ich nach Kleingeld suche, legt eine Frau neben mir ihre Münzen auf den Tisch.
Evelyn. Wir haben uns 30 Jahre nicht gesehen, damals hat sie meinen Freund Alfons geheiratet, einen begabten Trinker mit einem Zigeunerherz, der seinen Weltschmerz jedes Wochenende im Alkohol ertränkte. Damals hatte einer aus der Clique ein verfallenes Haus auf dem Land, und wenn Alfons auf der Gitarre spielte und nach vielen Vierteln Wein verzweifelt schrie, »da Eita muass außer« (der Eiter muss heraus), nahmen wir es als pittoresken Beitrag zu einer fröhlichen Nacht und verstanden nichts von seiner Not. Vor ein paar Jahren hat er sich in seiner Werkstatt erhängt. Ich habe es nur durch Zufall erfahren. Unsere Freundesrunde gab es längst nicht mehr.

Ich habe oft an Evelyn und ihre drei Kinder gedacht und mir vorgenommen, nach ihr zu sehen. Aber wie so viele gute Vorsätze, ist auch dieser in meinem geschäftigen Alltag untergegangen.

»Evelyn, wie schön, dich zu sehen, es tut mir Leid, dass ich mich nicht bei dir gemeldet habe, der Tod von Alfons muss schrecklich für dich gewesen sein.«

»Du, nein, für mich war er eine Erleichterung.«

Der kleine Satz macht sich groß und verbraucht in seiner Ungeheuerlichkeit den ganzen Raum zwischen uns, so dass es eng wird in meiner Brust. Sie merkt, dass die trockene Antwort mich schockiert, und sagt freundlich: »Weißt du, ich bin eine andere geworden. Ich habe aufgehört, aus Höflichkeit zu lügen. Ich wage es endlich, ehrlich zu sein, so zu sein, wie ich wirklich bin. Ich sage, was ich denke, und ich tue, was ich für richtig halte. Die Wahrheit ist, dass er mich und die Kinder bedroht hat, dass ich mich nach unserer Trennung aus Angst kaum aus dem Haus getraut habe. Es war furchtbar. Jetzt bin ich 53 und habe es zum ersten Mal nach vielen Jahren wirklich gut.«

Vielleicht muss man mehr als 50 werden, damit man sich getrauen kann, den Tod eines Menschen als Erleichterung zu empfinden. Wir trinken miteinander Kaffee, ich sehe in Evelyns gutes, ehrliches Gesicht. Die Offenheit zwischen uns tut gut. Damals waren wir jung und haben die wirklich wichtigen Dinge voreinander verborgen. Damals mussten wir unbedingt fröhlich sein, koste es, was es wolle. »Ich habe nicht viel Geld«, sagt meine Freundin aus alten Tagen zum Abschied. »Aber ich leiste es mir, echt zu sein, und das macht mich reich.«

Unter fremder Flagge segeln

Am Zeitungskiosk springt mir eine Überschrift ins Auge: »Mrs. Blair will lieber Cherie Booth sein.« Ich freue mich, dass sie ihren Mädchennamen behalten will, obwohl sie die Frau des englischen Premierministers ist, und kaufe die Zeitung.

Wieder zu Hause, die Beine hochgelegt, neben mir eine Tasse Kaffee, hole ich das Bild zurück, wie es früher war. Kaffee gab's nur im Stehen, Beine hochlegen lohnte sich nicht, weil sofort eines der Kinder da war oder mich mit lautem Geschrei, das Böses verhieß, zum Schauplatz des Ereignisses zwang. Recherchen zwischen Tür und Angel, Telefonieren nur mit Unterbrechungen, ständig ein schlechtes Gewissen, immer abgehetzt.

Heute herrscht tiefer Frieden. Die Kinder gehen nach der Schule längst ihre eigenen Wege. Skateboarden, Rollerbladen, Rudern, Theaterspielen, Fußball und anderes. Am Abend kommen sie zufrieden wieder und freuen sich, dass der Kühlschrank gefüllt ist. Wie sehr habe ich mich damals, als sie klein waren, danach gesehnt, in Ruhe eine Zeitung zu lesen. Jetzt, da es selbverständlich ist, habe ich fast schon vergessen, was für eine Wohltat das Älterwerden der Kinder und damit mein eigenes Älterwerden ist. Jedenfalls an manchen Tagen.

Cherie Booth, alias Cherie Blair, möchte also ihre eigene Biographie »retten« und nicht nur als Frau eines Staatsmannes in die Geschichte eingehen. »Die 42-jährige Anwältin, die fast eine halbe Million Mark im Jahr verdient, deshalb als Karrieristin zu bezeichnen, wäre ungerecht«, schreibt ein Mann im Frauenmagazin.

Nein, das wäre nicht ungerecht. Warum soll sie keine Karrierefrau sein? Ungerecht ist nur, dass eine Frau sich dafür entschuldigen muss. Und wenn sie schon so ehrgeizig ist, dass ihr Macht und Geld etwas bedeuten, dann wird argwöhnisch beobachtet, ob sie trotzdem eine gute Mutter und Ehefrau ist. Wurde jemals ein Politiker gefragt, als er sein Amt antrat, wie er seine minderjährigen Kinder zu versorgen gedenkt? Aber in Europa sind ohnehin nicht einmal zehn Prozent der politischen Posten von Frauen besetzt, also muss man sich wenig Sorgen um vernachlässigte Politikerkinder machen. Jedenfalls nicht, was deren Mütter betrifft.

Cherie Booth, du wirst es noch schwer haben. Die Müttervereine werden deinen Erziehungsstil kritisieren, die Moderedakteurinnen deine Garderobe zerpflücken, den konservativen Frauen wirst du zu revolutionär sein und den emanzipierten zu wenig fortschrittlich. Sie werden nach einer kleinen Schonfrist alles, was du tust, kritisch durchleuchten, und du wirst nie den Bonus haben, den ein Mann automatisch hat. Wer wird sich über die Krawatte oder das Sakko von Tony Blair aufregen, wer ihm vorwerfen, dass seine Kinder ihn zu wenig sehen? Und nicht einmal er selbst scheint eine Ahnung zu haben, wie viel Arbeit seine Frau wirklich leistet, um die Mutter, die Ehefrau, die Firstlady und die Karrierefrau unter einen Hut zu bringen. »Bei ihr geht irgendwie alles wie von selbst«, zitiert ihn der Verfasser der Geschichte und erlaubt sich eine scharfsinnige Analyse, warum sie es schafft, mit der Vielfachbelastung erfolgreich umzugehen: »Nicht nur weil sie bisher fast jede Herausforderung bewältigt hat, sondern weil ihr die Dinge bisher mehr oder weniger in den Schoß gefallen sind.«

Mann, bist du ahnungslos!

Frauen, die versuchen, multifunktionell durchs Leben zu gehen, fällt gar nichts in den Schoß. Sie müssen sich ihr

Glück – so sie denn glücklich sind – ganz schön hart erarbeiten.
Und werden in jedem Fall dafür kritisiert. Oft am härtesten von anderen Frauen.
Warum können wir nicht einfach solidarisch sein und Cherie Booth unterstützen. Warum spielen wir freiwillig mit in dem Spiel »Jede Frau muss doppelt so viel leisten wie ein Mann, damit sie so gut sein kann wie er«?
Die Frau des englischen Premierministers hat ihren Mädchennamen behalten. Gut so.
Für mich ist es zu spät. Ich habe als junges Mädchen mein »Hofmann« hergegeben, ohne darüber nachzudenken. Jetzt bin ich längst Daimler. Für mich ist es der Name, mit dem ich alleine meine Kinder groß gezogen habe, mir einen Ruf als Autorin erarbeitet habe, mich selbst gefunden habe. Der sich rund und schön an mich schmiegt. »Du nimmst trotzdem die Geschichte des Mannes, von dem du ihn bekommen hast, mit«, sagt meine Freundin Sophie. »Und diese Geschichte ist nicht leicht.«
Und plötzlich bin ich traurig.
Ich habe damals den Namen, mit dem ich geboren wurde, halbherzig behalten. Hinter einem Bindestrich. Aber dann war der Doppelname dem Verleger als Autorenname zu lang, den Menschen, die mit mir sprachen, zu mühsam, und eines Tages war er verschwunden.
Heute ist er mir fremd. Ich kann nicht mehr zurück. Und wenn ich mein Daimler hergebe? Dann fühle ich mich schutzlos, gehäutet. 20 Jahre sind eine lange Zeit. Daimler im Glück, Daimler im Leid, Daimler erfolgreich, Daimler in der Krise. Alles ich. Aber es ist der Name des Vaters meiner beiden Kinder, mit dem ich als Frau nicht mehr verbunden bin.

Mütter, erzählt euren Töchtern, was es bedeutet, unter »fremder Flagge zu segeln«, wie Julia Onken es nennt. Frauen, behaltet euren Namen, wenn ihr heiratet. Es war mir noch nie so bewusst wie jetzt, dass jedes Mal, wenn ein neuer Mann kommt, bei den meisten von uns ein Stück wichtige Identität einfach verloren geht. Und das in einer Zeit, in der jede dritte Ehe scheitert.

Der alte Mann und das junge Mädchen

Ich treffe Helmut am Stephansplatz. Er schiebt sein Rad unbeirrt durch Touristen, unter die sich als Mozart verkleidete Studenten mischen, die ihnen Konzertkarten verkaufen. Helmut ist seinem Rad treu geblieben. Es ist noch immer der alte Drahtesel, mit dem er in den Donauauen gegen die Zerstörung der Natur gekämpft und an Demos gegen Atomkraftwerke teilgenommen hat. Das einzige, was er ausgetauscht hat, ist Marlene, die Gefährtin der wilden 68-er Jahre. Eine Liebe, die nie zu enden schien. Seine neue Frau ist 25 Jahre jünger als er, und jedes Mal, wenn wir uns zufällig über den Weg laufen, beklagt er sich, wie schwierig sie ist, wie wenig sie ihn versteht, wie falsch sie den Sohn erzieht, dass sie zu viel fernsieht und nicht mit ihm über Politik spricht.

»Was, du schreibst ein Buch über die Wechseljahre? Naja, vielleicht kommen ja auch Männer ins Klimakterium, dann müsste ich auch bald dran sein.« Er fährt sich durch sein graues Stoppelhaar und lacht kokett. »Helmut, du bist schon drin. Und du hast einen hohen Preis gezahlt, damit du dich jung fühlen kannst.« Die Worte fallen aus meinem Mund, und bevor ich sie auffangen und zurückstopfen kann, habe ich die Wahrheit gesagt. Eine Wahrheit, von der ich bis zu diesem Augenblick nichts wusste. Ich habe die Männer immer darum beneidet, dass auf ihnen kein Ablaufdatum steht. Dass sie gelobt und bewundert werden, wenn sie ihre »alten« Ehefrauen gegen junge, knackige Geschöpfe austauschen. Dass sie in jeder Phase ihres Lebens begehrt und beachtet werden. Aber habe ich jemals daran gedacht, was es kostet? Wie anstrengend es sein muss, ständig dem wahren Alter davonlaufen zu müssen, wie hart der Zwang ist, jugendlich und fit zu sein?

Männer dürfen älter werden, aber sie müssen so tun, als ob sich nichts geändert hätte. Sie müssen weiter Jäger sein, dürfen nicht langsamer werden, nicht müde. Sie dürfen ihre andere, die weibliche, die zärtliche Seite nicht leben, die es auch in ihnen gibt. Der Druck, den eine viel jüngere Frau auf sie ausübt, macht sie ein Leben lang zu Gejagten, die oft Väter werden in einer Zeit, in der sie sich zurücklehnen könnten, um ihren Enkeln beim Spielen zuzusehen.

Natürlich gibt es Ausnahmen. Geld und Ruhm machen erotisch. Der übergewichtige Fernsehboss muss nicht schön sein, damit ihn seine fast 30 Jahre jüngere Geliebte anbetet. Picasso und Charly Chaplin mussten nicht jugendlich und fit sein. Sie waren geniale Künstler und hatten genug Geld. Das genügt auch.

Frauen haben kein Anrecht auf einen wesentlich jüngeren Mann. Weder im wahren Leben noch in der Literatur. Nehmen wir Rosamunde Pilcher. Einmal, nur ein einziges Mal, kam in einem ihrer Bücher die Liebe einer älteren Frau zu einem jungen Mann vor. Der junge Mann war umwerfend schön, herzensgut – und geistig behindert. Denn wer könnte sich schon in eine ältere Dame verlieben, wenn nicht einer, der nicht alle Tassen im Schrank hat?

Umgekehrt hat die Autorin keine Probleme. Die Heldin ist jung, schön, unschuldig und sucht ihren leiblichen Vater. Der griesgrämige, aber attraktive Typ, den sie in einem romantischen Fischerdorf vorfindet, ist zwar nicht ihr Vater, aber er könnte es sein, mit seinen tiefen Furchen, die der Suff und die Unzufriedenheit in sein Gesicht gegraben haben. Manchmal, wenn der einsame Wolf Abwechslung sucht, geht er mit einer gleichaltrigen Frau ins Bett. Aber mit dem jungen Mädchen, das wie ein Geschenk in sein Leben kommt, kann sie es natürlich nicht aufnehmen.

Und obwohl es absurd ist, wünsche ich mir, dass der alte Mann und das Unschuldslamm endlich zusammenfinden, dass diese Liebe, von der schon jede Leserin und jeder Leser weiß, dass sie unumgänglich ist, endlich ein Happy End findet.

Aber Rosamundes Romane hören ja Gott sei Dank vor dem wirklichen Ende auf. Wir erfahren nicht mehr, dass sich der müde Wolf irgendwann mit seiner Kindfrau langweilt, dass das junge Mädchen in einer Fischerhütte am Strand allein mit ihrem Baby sitzt, während er wie eh und je auf ein paar Whisky in den Ort fährt und vielleicht doch wieder mit der attraktiven, aber schon leicht verbrauchten Gleichaltrigen schläft, die ihn versteht und die im Bett so herrlich erfahren ist.

Wir fragen uns nicht, was die schöne Heldin in dem gottverlassenen Nest tun wird, wenn er 70 ist, vom vielen Saufen noch zerknitterter als jetzt und sie erst 40? Ohne Beruf, die Karriere in London versäumt?

Aber wozu gibt es Märchen. Und außerdem: Was zählt, ist der Augenblick.

Die künstliche Geilheit

Wer sagt's denn! Endlich gibt es ein Mittel gegen die Lustlosigkeit, die Frauen in den Wechseljahren angeblich wie eine Krankheit überfällt. Endlich werden sie gierig und geil über ihre Ehemänner herfallen, ihnen wieder zeigen, dass sie die Größten sind. Mühelos werden Paare, ohne sich anzustrengen, füreinander wieder neu und attraktiv sein, denn »Viagra«, die Potenzpille, an der schon einige Männer gestorben sind, wird es nun auch für Frauen geben.

Zwölf Italienerinnen – alle lustlos und im Klimakterium – haben sich laut Medienberichterstattung erbötig gemacht, das Wundermittel zu testen.

Weg vom Gefühl, hin zur Mechanik. Das neue Mittel wird die Forschungen der Gynäkologen durcheinander bringen. War bis jetzt klar, dass die trockene Scheide in den Wechseljahren ein Zeichen des körperlichen Zerfalls ist, könnte sich nun herausstellen, dass die Frauen einfach zu wenig erregt waren nach 20–30 Jahren langweiligem Alltagssex. Dass sie, um erregt zu werden, andere Reize brauchen als den nachlässigen Routinegriff von nebenan, der längst nicht mehr wirklich ihnen, sondern einer nicht personenbezogenen Geilheit gilt.

Julia ist 30, die Tochter meiner Freundin Sophie und erschütternd ehrlich, wenn es darum geht, ihre Gefühle auszudrücken. Ich habe sie schon als Baby im Arm gehalten und sammle in meinem Archiv ihre Gedichte, die sie mir aus Amerika schickt und die ihre jeweiligen Lebensphasen kennzeichnen. Nach ihrem zehnten Hochzeitstag hat sie mir wieder einmal einen Text vermacht:

Du streichelst meine Brust.
Ich denke an den anderen.

Ich spreize meine Beine,
weil ich nicht Nein sagen kann.

Du holst das Öl, weil ich nicht nass werde.

Ich spanne meine Muskeln an
und erkämpfe mir meinen Orgasmus.

Beim Frühstück denke ich mir,
dass ich dich nie verlassen werde.

Keiner weiß besser als du, wie ich mein Ei mag.

Das ist fünf Jahre her, Angelika ist noch immer verheiratet. Der Schritt in die Freiheit macht ihr Angst. Sie hat zwei Kinder und ein großes Bedürfnis nach Sicherheit. Mit 50 wird ihr vielleicht nicht einmal mehr die Gleitcreme etwas nützen – falls sie es so lange durchhält zu lügen. Dann wird sie zu jenen Frauen gehören, die in der Hormonambulanz bei »typischen Wechseljahrbeschwerden« die Rubrik »trockene Scheide« ankreuzen und damit die Statistik verfälschen.

Der Kinderwunsch

Es war ein schönes Gefühl, und gleichzeitig bedrohlich. Das Zittern, vielleicht doch schwanger zu sein, der Gedanke daran, ein Baby im Arm zu halten, das seine wunderbaren, bernsteinfarbenen Augen hätte. Mit dem Mann, mit dem ich alt werden möchte, mich so zu verschmelzen, dass ein neuer Mensch entsteht. Dann der Schock, was es im Alltag bedeutet. Noch einmal jahrelang hinter einem Kleinkind herlaufen, das keine Sekunde unbewacht bleiben kann, schlaflose Nächte mit jedem neuen Zahn, Volksschule, Elternsprechtage, Gymnasium, Daumen drücken bei der Matura und ich dann fast 70? Nein danke. Und dennoch, diese Sehnsucht, noch einmal Leben in mir zu tragen, kam immer wieder, zuletzt an diesem Sommertag im Waldviertel, einem Stück Land, das so weit weg von aller Hektik liegt, dass alles möglich scheint.

Wir liegen im Gras, im Schatten der Burg, die wir besichtigt haben.

»Ich habe meine Menstruation nicht bekommen«, sage ich und kuschle mich zärtlich an Karl.

»Wie lange ist sie überfällig?«

»Vierzehn Tage.«

Das Gefühl von Gefahr und Zusammengehörigkeit lässt uns noch näher zusammenrücken. Ein kurzes Glück beim Gedanken an dieses Wesen, das uns noch mehr verbinden wird. Wir werden nie mehr streiten, nie mehr zweifeln, nie mehr polemisch sein!

Schon auf der Fahrt nach Wien zurück kommt die Ernüchterung. Was wird aus unserem Liebesleben, aus unserer beruflichen Entwicklung? Aus seiner, aus meiner? Was aus den Reisen, den Plänen, den Visionen?

Am Abend kommt meine Freundin Sophie zu Besuch.

»Ist dir klar, dass du versuchst, mit deinem Kinderwunsch dem Älterwerden zu entgehen? Dass deine Sehnsucht, noch einmal fruchtbar zu sein, einen hohen Preis hat?«

Als meine Regel endlich verspätet kommt, bin ich erleichtert und gleichzeitig enttäuscht.

Es dauert noch eine Weile, bis ich bereit bin, die Rolle der fruchtbaren Frau aufzugeben, bis die Sehnsucht, ein

Baby im Arm zu halten, und sei sie noch so unvernünftig und absurd, der Freude über die neue Freiheit Platz macht.
Maria, mit der mich eine alte Freundschaft verbindet, hilft mir dabei. Sie ist mit 45 Oma geworden und kommt strahlend vor Glück mit ihrer neugeborenen Enkeltochter Lea vorbei. »Weißt du, wie schön das ist? Ein Kind zu genießen, für das ich keine Verantwortung trage? Das ich am Abend zu seiner Mutter zurückbringen kann?«
»Ich freue mich darauf, Großmutter zu werden«, sage ich beim Abendessen zu Karl, und er ist einverstanden damit.

Die Hitzewallung

Als sie zu mir kam, war ich schon mit ihr befreundet. Ich könnte fast sagen, ich habe auf sie gewartet. So viele Frauen haben mir von ihr erzählt, im Guten und im Schlechten. Manche haben unter ihr gelitten, wenige haben sie genossen, andere sie einfach akzeptiert.
Es war in einer dieser Nächte, in der ich nicht schlafen konnte. Die Gedanken zogen in Mäandern durch meinen Kopf und hinterließen eine Unruhe, die meinen ganzen Körper erfasste. Und plötzlich überflutete mich eine Hitze, die sich ganz anders anfühlte, als ich sie mir nach den Erzählungen vorgestellt habe. Sie war nicht unangenehm, eher überraschend, wie ein Überfall. Und noch bevor ich sie wirklich erfassen konnte, war sie auch schon wieder vorbei.
Und dann erlebte ich etwas, wonach ich mich seither sehne und was nie mehr eingetreten ist: Der Schweiß, der mit Hochdruck aus allen meinen Poren gepresst wurde,

senkte sich wie kühler Morgentau auf meine heiße Haut. Ich lag einfach still da und genoss dieses Gefühl von friedlicher Kühle. Darf eine Hitzewallung so genussvoll sein? Wäre sie, wenn unsere Umgebung uns dafür loben würde, ein Ausdruck unseres Körpers, an dem wir Gefallen finden könnten?
Ich mache einen Fehler. Ich erzähle Sylvia, die meine Bankgeschäfte regelt, von meinen angenehmen Gefühlen und schlage vor, dass wir Frauen beschließen, unseren Schweißausbrüchen eine andere Bedeutung zu geben. Sie als belebende Reinigung zu verstehen.
»Bist du verrückt!« Sie sagt es nicht, sie schreit es, obwohl sie sonst die Ruhe in Person ist.
»Ich hasse Schwitzen. Wenn ich jogge, achte ich darauf, dass mir ja nicht der Schweiß ausbricht. Und beim Mittagessen beim Italiener warte ich schon mit Schrecken auf den Augenblick, in dem sich auf der Glatze von Kollegen Behrens Schweißperlen sammeln, sobald er seine Suppe löffelt.
Und dann das mir. Es fing an, als ich 49 war. Ich hatte alles. Ein glückliches Familienleben, ausreichend Sex, einen interessanten Beruf. Und plötzlich beginnt dieses ekelhafte Schwitzen. Es war so stark, dass ich mich viermal am Tag umziehen musste. Mein Arzt sagte mir, dass das in dieser Heftigkeit selten vorkommt. Aber was soll das für ein Trost sein? Ich wollte keine Hormone. Ich dachte mir, das stehst du auch so durch. Aber du weißt, wie das in der Bank ist. Plötzlich war ich in ständiger Panik, dass genau dann eine Hitzewallung kommt, wenn ich mit einem Kunden einen Kreditvertrag bespreche. Es war ein einziger Horror. Ich habe mich so geschämt wie noch nie in meinem Leben.
Auch zu Hause. Beim Frühstück fing es meistens schon

an. Ich nahm einen Schluck Kaffee, und schon brach mir der Schweiß aus. Ich saß mit knallrotem Kopf da und wäre am liebsten im Erdboden versunken. Fritz war total verständnisvoll. Er wollte sogar mit mir schlafen, obwohl ich ständig klebrig im Bett lag. Er rieb mich mitten in der Nacht mit Handtüchern trocken und küsste mir den Schweiß vom Gesicht. Aber weil ich mich selbst so widerwärtig fand, war nicht einmal das ein Trost.
Irgendwann auf einer Weihnachtsfeier saß mir die Frau des Vorsitzenden der Bank gegenüber. Sie sah, wie mir mitten im Hauptgang plötzlich das Wasser in Bächen ins Dekolleté lief, und kam nach dem Dessert zu mir rüber. ›Frau Schneider‹, sagte sie, ›wir können uns so etwas nicht leisten‹. Alleine, wie sie das ›wir‹ betonte, trieb mir die Schamröte ins Gesicht. Dann drückte sie mir einen Zettel mit dem Namen eines Hormonpräparates in die Hand und empfahl mir, meinen Gynäkologen aufzusuchen.
Seither nehme ich Hormone und habe Probleme damit, weil ich davon zunehme. Aber alles ist besser als dieses verdammte Schwitzen. Mein Sohn macht mir Vorwürfe. Er ist Umweltschützer und regt sich darüber auf, dass ich die Natur verschmutze mit meinen Hormonen. Aber was versteht der schon davon. Die Hitzewallungen sind wirklich eine Plage. Untersteh dich, etwas Positives darüber zu schreiben.«

Frau sein ein Leben lang

Ich bin eine Frau. Punkt. Oder doch nicht? Muss ich etwas tun, damit ich Frau bleiben darf? Wird mir mein Frausein aberkannt, wenn ich mich nicht an die Spielregeln halte?

Die da lauten: Forever young, schön und erotisch durch »Body-und-Skin-Remodelling«.
Der Preis? Medikamente für immer. Hormone als Allheilmittel, denn: »Fehlt das Östrogen, explodieren die Beschwerden der Frauen unweigerlich. Das Alter klopft an die Tür, und wer dieses Klopfen überhört, wer also die Symptome des Hormonmangels negiert, durchwandert diesen Lebensabschnitt zumeist sehr verzagt«, schreibt der Professor und verspricht uns in seinem Buch »Frau sein ein Leben lang«, dass wir weiter Frauen sein dürfen, wenn wir seinen Rat befolgen.
Doch nicht nur das. Bald schon können wir unseren Körper austricksen und ihm vormachen, dass wir lebenslang schwanger sind, zu unserem eigenen Wohl natürlich, denn: »Ihre Haut war in dieser Zeit wunderschön, die Haare dicht und seidig und die Stimmung extrem positiv.« Klingt richtig gut, endlich werde ich diese glückliche Schönheitskönigin, nach der ich mich immer gesehnt habe.
Die moderne Medizin hat »mittlerweile ein Lebensmodell gesichtet, bei dem das körperliche Abbauprogramm weitgehend ausgeschaltet ist ... Dieses Modell ist die Schwangerschaft. Durch sie wird eine schwangerschaftsähnliche Situation simuliert, die der Frau – auch ohne heranreifendes Kind – privilegierte Gesundheitszustände bietet.« Leider, bedauert der Professor, der sich mit der »destruktiven Sichtweise«, dass Altern ein normaler Prozess ist, nicht abfinden will, ist die Medizin noch nicht ganz so weit, Frauen in den Wechseljahren in eine künstliche Dauer-Schwangerschaft zu versetzen. Aber hoffentlich ist es bald so weit, denn: »Der Frau soll erhöhte Flexibilität, höhere Vitalität und langandauernde Schönheit zuteil werden ...«

Wunderbar. Endlich wird es ein Mittel geben, das uns erlaubt, unseren gesellschaftlichen Wert als ewig junge Frauen zu erhalten. Was für eine beruhigende Zukunftsvision! Wir werden alle friedlich vor uns hinbrüten, ganz entspannt im Hier und Jetzt. Mit prallen Brüsten auf ein Baby warten, das nie kommt. Künstlich jung, künstlich schwanger, künstlich geil, werden wir – und mit uns unsere Männer – so glücklich sein wie nie zuvor!

Julia Onkens Begeisterung hält sich in Grenzen. Sie meint in ihrem Buch »Feuerzeichenfrau«:

»Diese Artikel – seit neuestem nun auch Bücher – vermitteln den Eindruck, der Mensch, sorry, die Frau bestünde aus nichts weiter als aus Knochen, Muskeln, Haut und Bindegewebe und der Lebenssinn ergäbe sich ausschließlich aus deren Wartung, Konservierung und Erhaltung von Leistung und Fassade. Einiges davon mutet wie ein Lehrgang für Occasionsautoverkäufer an, wie man am besten sich selbst und den Käufer betrügt, Jahrgang und gefahrene Kilometer herunterspielt, verdeckt oder gar manipuliert.«

Hineingesprungen

Als ich mich bei einer anderen Frau mittleren Alters beklagte, dass es keine Romane über Frauen mittleren Alters gebe, erwiderte sie ohne Zögern: »Der Grund dafür ist, dass uns nichts passiert.« Wie ist es möglich, fragte ich mich, uns bricht das Herz, unser Leben überschlägt sich, an jeder Ecke lauert die ganze Bandbreite von Angst und Schmerz, und sie sagt, »es passiert nichts«? Wenn man glaubt, dass Frauen mittleren Alters nichts passiert, dann deshalb, weil die Frauen nicht über das sprechen, was ihnen zustößt.

Germaine Greer

»Kennst du die Geschichte von den Affen, die ihre Kartoffeln waschen«, fragt Sophie und legt ihre Beine dekorativ auf meinen Schreibtisch, an dem ich sitze. »Nein, kenne ich nicht«, sage ich abwehrend, weil ich weiß, was jetzt kommt. Sophie heißt die »Weise«, und meistens ist sie das auch. Aber wenn sie in diesem Ton anfängt, dann fürchte ich schon, dass eine ihrer unangenehmen, aber ehrlichen Analysen kommt, egal, ob ich sie bestellt habe oder nicht.

»Es war einmal ein Affenstamm auf einer Insel, dem ein Forschungsteam, das die Intelligenz der Tiere testete, beibrachte, die Kartoffeln zu waschen, bevor sie sie aßen. Und nach einiger Zeit wuschen alle Affen auf der ganzen Insel ihre Kartoffeln, obwohl sie zueinander keinen Kontakt hatten. Aber das war noch nicht alles. Es zeigte sich, dass immer mehr Affen desselben Stammes, die in anderen Erdteilen lebten, ebenfalls anfingen, ihre Kartoffeln zu waschen, obwohl sie keine Ahnung von den Gewohnheiten ihrer Artgenossen hatten.«

»Und was hat das mit mir zu tun?« frage ich gereizt.

»Man nennt es morphogenetische Felder, das heißt, dass sich innerhalb einer Gruppe gleichartiger Wesen Energie nur durch die Schwingungsfrequenz über die ganze Welt verbreiten kann. Und du hast dich durch deine intensiven Recherchen allen Gefühlen geöffnet, die das Thema Wechseljahre mit sich bringt. Auch den negativen Aspekten. Der Abwertung, der Verachtung, der Angst der Frauen, die sich Sorgen machen, als ›Dame ohne Unterleib‹ zu enden. Und jetzt wirst du von diesen Gefühlen eingeholt.

Wo ist übrigens dein Trikotanzug, in dem du immer arbeitest?«

Sophie schaut missbilligend auf das anthrazitfarbene

Kleid aus dickem Strick, das meinen Körper verbirgt. »Ich habe ihn auf den Müll geworfen, weil ich finde, dass ich in meinem Alter so etwas nicht mehr tragen kann.« Sophie nimmt ihre Füße vom Schreibtisch und ist jetzt ernsthaft besorgt: »Du hast dieses wichtigste Requisit deines Wohlbefindens einfach vernichtet? Mein Gott, es muss dir wirklich schlecht gehen! Weißt du noch, wie oft ich schon die Nähte ausgebessert habe, weil du behauptet hast, dass du ohne diesen weichen Stretch auf deiner Haut nicht denken kannst? Weißt du, wie viele Stunden ich mit dir durch Boutiquen gelatscht bin, um etwas Ähnliches zu finden, damit wir dieses ausgewaschene Ding endlich entsorgen können?«

Sophie ist meine beste Freundin und wollte schon als Kind Schauspielerin werden. Stattdessen wurde sie Stewardess, so wie ich damals auch, weil uns unsere wahren Träume zu groß erschienen. Wir haben Tausende von Kaffees serviert, kurz vor der Landung hektisch abgegessene Tabletts in fahrbare Schränke zurückgestopft, Sitztaschen von Schokoladeresten und gebrauchten Taschentüchern gereinigt und zwischendurch hungrige Piloten bedient. Unserer eigentlichen Aufgabe, Passagieren im Notfall das Leben zu retten, mussten wir Gott sei Dank nie nachkommen.

Irgendwann lernte Sophie in Salzburg einen Mann mit Lodenmantel kennen und wurde vorübergehend eine glückliche Hausfrau, die am Samstag im Dirndl auf den Markt ging und dort mit ihrem Gatten und den anderen Mitgliedern der besseren Gesellschaft an einem bestimmten Wurststand eine bestimmte Sorte Wurst aß. Damals haben wir uns aus den Augen verloren, weil sie mit ihrer Familienidylle zu beschäftigt war. Als sie nach Wien zurückkam, hatte sie zwei kleine Kinder, aber keinen Mann

mehr. Er war inzwischen Primarius an einem Krankenhaus und fand, dass eine jüngere Frau, die nicht von der Babypflege erschöpft war, besser zu ihm passte. Und weil auch ich zwei kleine Kinder und keinen Mann hatte, wurden wir wieder zu Verbündeten.
Eine Zeit lang haben wir nicht nur unser Leid, sondern auch unsere Wohnung geteilt. Zwei Frauen mit wenig Geld, viel Verantwortung und Beziehungswunden. Ich kenne Sophie nicht nur als gelassene, erfolgreiche, selbstständige Frau. Ich war da, als sie nach ihrer Scheidung zutiefst deprimiert an ihrem Wert zweifelte, und habe ihren Mut bewundert, beruflich und privat wieder neu anzufangen.
Sophie ist inzwischen aufgestanden und geht wie eine gereizte Löwin in meinem Büro auf und ab. »Du musst etwas tun, dieses Buch tut dir nicht gut. Ich weiß schon, dass du in deine Themen eintauchst, verschwindest und irgendwann wieder auftauchst. Aber diesmal gehst du zu weit. Wo ist deine Lebensfreude, deine Vitalität, deine Erotik geblieben? Hast du sie an der Kasse abgegeben, als du dir ein Ticket für den Horrorfilm ›Wie werde ich eine frustrierte Wechseljährige‹ gekauft hast?«
Während sie auf und ab tigert und dabei ihre ganze bewegliche Üppigkeit mitfedert, schiebt sich ein Bild aus unserer Vergangenheit vor die Gegenwart. Sophie und ich beim wöchentlichen Abwiegen. Damals, als wir jung waren, gab es bei den meisten Fluglinien noch kein Recht auf persönlichen Stil. Wir mussten uns die Fingernägel lackieren und eine bestimmte Frisur tragen, die sich »Banane« nannte und bei der die Haare am Hinterkopf kunstvoll zusammengerollt wurden. Die Figur hatte einer Norm zu entsprechen, die sich nicht an weiblichen Rundungen orientierte. Wer das nicht schaffte, musste auf die Waage.

Frau B. saß an ihrem Schreibtisch, schrieb Sophies Gewicht in eine Tabelle und war wieder einmal unzufrieden. »Sie haben noch immer nichts abgenommen«, nörgelte sie und wetzte mit ihrem schlecht gepolsterten Hintern, der dafür den Idealmaßen entsprach, auf dem Sessel hin und her. Sophie hörte ihr provokativ geduldig zu, dann beugte sie sich vor, stützte sich mit den Ellbogen auf dem Schreibtisch unserer Chefin ab, schob ihren üppigen Busen mit dem appetitlichen Dekolleté direkt vor Frau B.s Augen und flötete: »Ja, das stimmt, aber meine Männer, meine Männer lieben mich so.«
Schon damals habe ich sie um ihr sicheres Körpergefühl beneidet. Sie wollte nie anders sein. Sie hatte nicht, so wie ich, ständig das Gefühl, dass ihr Körper nicht gut genug, nicht schlank genug sei. Sie fühlte sich nicht so wie ich und viele andere Frauen abgeschnitten von ihrem wahren Gefühl für Appetit. Sie wusste, wann sie Hunger hatte, sie wusste, wann sie satt war.
»Gut, dass du wieder da bist, Sophie«, sage ich und fühle mich gleich besser. Wir haben einander mehr als drei Monate nicht gesehen, weil sie in Florida bei ihrer Tochter war. Es ist so wohltuend, ehrlich zu sein, sich nicht hinter einer Fassade verstecken zu müssen. Früher habe ich mich in solchen Phasen in meine Wohnung zurückgezogen und gewartet, bis die »Sonntagsfrau« wieder bereit war, mit ihrem strahlenden Lächeln die Welt zu erobern. Und das ging meistens schnell. Nur nicht der Trauer nachgeben, nur nicht schwach und bedürftig sein. Damals habe ich nicht verstanden, dass jedes echte Gefühl ein Geschenk ist, dass ich jedes Mal, wenn ich ehrlich sage, wie es mir geht, meinem Gegenüber die Chance gebe, ebenfalls sein wahres Gesicht zu zeigen.
Während Sophie für uns Kaffee kocht, taucht ein Bild

auf, das im Archiv meines Lebens bis jetzt verschollen war:
Der Mann gefällt mir. Er ist braun gebrannt, trägt sein blondes Haar halblang und reist mit Mutter und Tochter. Bali ist noch eine Insel, auf der sich die Touristen freundlich grüßen und einander in den wenigen Lokalen immer wieder begegnen. Ich weiß nie, zu wem der Mann gehört. Einmal flirtet er mit der älteren, dann mit der jüngeren Frau. Und damit die Spannung in diesen drei Wochen nicht nachlässt, endlich mit mir. Wir schwimmen in der Nacht nackt im Meer, er küsst mich, zeigt mir mit seinen Händen, dass er mich begehrt und entschwindet schnell wieder in dem Bungalow, den sie zu dritt bewohnen.
Am nächsten Tag bin ich eingeladen. »Du musst diese Pilze probiert haben, es sind natürliche Drogen, nichts Gefährliches.« Wir verabreden uns in einem Lokal, in dem sie »magic mushrooms« in einem Omelett servieren. Er kommt mit Mutter und Tochter. Ich bin enttäuscht.
Die Nacht ist lau, der Einheimische, der auf uns »aufpassen« wird, damit nichts passiert, führt uns ans Meer. Es liegt still da und schimmert in allen Farben des Kaleidoskops. Meine erhöhte Wahrnehmungsfähigkeit tut fast weh. Ich spüre jede Faser meines Körpers, jedes Sandkorn und jedes meiner Gefühle in einer Intensität, die mich erschreckt.
Der Mann legt sich mit den beiden Frauen im Arm in den Sand. Ich gehöre nicht dazu. Und plötzlich überflutet mich eine mir unbekannte Traurigkeit. Ich fühle mich isoliert, von der Welt abgeschnitten.
Ich habe nie geweint. Ich konnte gar nicht weinen. Ich war das tapfere kleine Mädchen, das immer lacht, damit es Anerkennung findet. Ich wurde die starke, selbstständige Frau, die nichts erschüttern kann.

Es ist, als ob ich Jahre der versäumten Tränen nachzuholen hätte. Unser Führer setzt sich zu mir in den Sand. Er kann meine Sprache nicht verstehen, aber er weiß, worum es geht, und legt tröstend seine Hand auf meinen Arm.
Als es Morgen wird, wandern wir zurück ins Dorf. Der Mann mit den zwei Frauen interessiert mich nicht mehr. Das Spiel, das er spielt, tut weh. Ich muss nicht daran teilnehmen.
Ich bin 25 Jahre alt und noch nicht bereit, aus diesem Erlebnis zu lernen. Die Große, Starke bahnt sich weiter ihren Weg und drängt die Kleine, Traurige in eine Ecke. Sie hat nichts mit mir zu tun. So bin ich nicht, und so will ich auch nicht sein. Und jetzt – mit fast 50 – bin ich an einem Punkt in meinem Leben angelangt, wo die andere ihr Recht verlangt. Ich kann sie nicht mehr verstecken, ich kann und will nicht mehr tapfer sein.
Sophie bringt mir eine Tasse Kaffee und ein Taschentuch. »Was ist passiert seit deiner Hochzeit im Juli, du warst so strahlend und glücklich?« fragt sie nach einer Weile.
»Ich weiß es nicht genau. Aber es ist, als ob mir der Boden unter den Füßen weggezogen würde. Und außerdem fühle ich mich alt und hässlich.« Sie seufzt verständnisvoll. Meine Freundin ist drei Jahre älter als ich und hat ihre Krise schon hinter sich. »Weißt du noch, wie das damals bei mir war? Ich bin auf deinem Sofa gesessen und habe gejammert, dass ich eine fette Matrone am Ende meiner erfüllten Tage bin. Ich sage ja nicht, dass es einfach ist. Aber erinnerst du dich an den Satz, den du von einem dieser Altersforscher ständig zitiert hast, als du an der ›Verschwiegenen Lust‹ gearbeitet hast? ›Das Gefühl, alt zu sein, kann zwischen dem 16. und dem 70. Lebensjahr immer wieder auftreten.‹«

»Und du, fühlst du dich jetzt nie alt«? frage ich.
»Doch natürlich, aber ich weiß schon, dass es immer wieder vorbeigeht. Ich kann mich noch genau an das Gefühl erinnern, als mir zum ersten Mal bewusst wurde, dass die Autos nicht mehr sofort anhalten, wenn ich vor einem Fußgängerübergang warte. Es war an einem sonnigen Herbsttag, ich hatte die roten Pumps an, mit denen ich mich besonders gut fühle, und schlenderte im Vollbesitz meiner weiblichen Erotik die Straße entlang. Vorne an der Kreuzung hatten sie den Gehsteig aufgerissen, und Rohre lagen im Weg herum. Ich lächelte und stieg drüber, und keiner von den Typen, die die Kanalisation reparierten, hob auch nur den Kopf, keiner der Autofahrer nahm sich die Mühe, für mich auf die Bremse zu treten. An diesem Tag wurde mir bewusst, dass ich unmerklich eine imaginäre Linie übertreten hatte, die mich unsichtbar machte. Jedenfalls auf den ersten Blick.«
Sie erzählt es so vergnügt wie eine Anekdote, über die man lachen kann. Ich bin getröstet. Jedenfalls für den Augenblick.
Am Nachmittag sitze ich wieder am Computer. Eigentlich ist das meine beste Arbeitszeit. Aber heute, wie an allen anderen Tagen der letzten Wochen, ist der Bildschirm mein Feind, dem ich nichts entlocken kann. Die Wörter erscheinen plump auf der weißen, großen Fläche und formen sich zu Sätzen auf Schulaufsatzniveau. Lustlos ein kleiner Absatz – delete. Löschen. Alles für den Müll.
Jetzt lege ich die Beine auf meinen Schreibtisch, mitten auf das Chaos, das ich brauche, um kreativ zu sein. Wo habe ich in meinem Leben eine falsche Abzweigung genommen, die mich dorthin gebracht hat, wo ich jetzt bin? Oder war es keine falsche Abzweigung, sondern der rich-

tige Weg zu einem notwendigen inneren Prozess, der sich jetzt, wo mir bewusst wird, dass ich schon ein halbes Jahrhundert gelebt habe, seinen Raum nimmt?
Mein Leben lang habe ich immer alles mutig in die Hand genommen, Veränderungen durchgesetzt, wo sie mir notwendig erschienen, und rasch gehandelt. Nicht umsonst nannten mich meine Freunde »schnelle Welle«. Und jetzt sitze ich da und bin hilflos meinen Gefühlen ausgeliefert.
Am Anfang sah alles so gut und kontrollierbar aus. Ich würde dieses Buch schreiben wie alle anderen vorher auch. Mich eine Zeit lang in die Untiefen des menopausalen Leids begeben und dann – wie ein Phönix aus der Asche – einen fuliminanten zweiten Teil hinlegen, in dem ich den Beweis antrete, dass es herrlich ist, älter zu werden: »Lust auf 50« eben.
Und ich glaubte daran. Es war ein gutes Jahr. Manchmal haben mich meine Recherchen in den Sog der Entwertung gerissen, aber nicht so, dass ich nicht spätestens am nächsten Tag wieder auftauchen konnte. Als ich zwischendurch den Auftrag annahm, in fünf Monaten ein Buch über Diana und Sisi zu schreiben, war das die größte berufliche Herausforderung meines Lebens. Keine Spur von Mangel an Leistungsfähigkeit, Vergesslichkeit, depressiver Stimmung oder anderen Beschwerden. Ich war so leistungsfähig wie noch nie. Meine ganze Erfahrung und Reife als Autorin kam mir zugute. Gelassen, professionell, diszipliniert. Nie mehr würde ich an mir zweifeln, nie mehr meine Qualität als Schreiberin in Frage stellen.
Und jetzt ist mir »alles aus dem Ruder gelaufen«, wie Katrin, meine norddeutsche Freundin, immer zu sagen pflegt, wenn sie eine Situation nicht mehr im Griff hat.

Soll ich meinem Verleger sagen, dass ich den Vorschuss zurückzahle, weil ich dem Thema »Lust auf 50« nicht gewachsen bin? Soll ich den Titel in »Frust mit 50« ändern und einfach jammern?
Aber wer soll mich verstehen? Meine Kinder sind »wohlgeraten« und fast erwachsen, ich bin frisch verheiratet und habe einen interessanten Beruf. Was will ich noch?
Ich weiß es nicht und esse ein großes Käsebrot. Trost durch Essen. Schon als Kind halte ich auf allen Fotos etwas Essbares in der Hand, und auf dem Schwarzweiss-Bild, auf dem ich mit einem Veilchensträußchen in die Kamera winke, entpuppten sich die vermeintlichen Blumen nach Jahren auf einer Vergrößerung als »Fleischlaberl«. Ich weiß, dass mein Frustanfall noch mehr Frust zur Folge hat, aber im Augenblick ist mir auch das egal. Ich lese den Zettel, den ich auf den Kühlschrank geklebt habe: »Faste, wenn du keinen Hunger hast, faste, wenn du keine Zeit zum Essen hast, faste, wenn du überfordert und müde bist.« Er hält mich nicht zurück, mir noch eine Tafel Schokolade zu holen.
»Ich kann dieses Buch nicht zu Ende schreiben, ich erlebe nichts, was ich erzählen kann«, sage ich am Abend zu Karl und hoffe, dass er nicht schockiert ist, weil er mich von nun an wahrscheinlich ernähren muss. »Du hast nichts erlebt? Und was ist mit deinen Ängsten, deinen Zweifeln, deiner Suche nach einer neuen Vision, deinen schlaflosen Nächten? Wenn jemand genug erlebt hat in den letzten Monaten, dann doch du! Wieso erzählst du nicht einfach, wie es dir geht. Glaubst du, alle anderen Frauen finden ihr Älterwerden in einer jugendorientierten Gesellschaft immer lustig? Denkst du, nur du musst dich damit auseinander setzen?«

Der Gedanke, dass ich einfach erzähle, wie beschissen es mir geht, erleichtert mich.
»Waschmaschine mit Schleudergang« nenne ich von nun an diesen Zustand, der mich so beschäftigt, dass ich nicht mehr funktionieren kann. Ich erwache am Morgen mit einem Druck auf der Brust, als ob alle Ängste der Welt beschlossen hätten, sich genau auf meinem Solarplexus auszuruhen. Sie sind aus dem Nichts aufgetaucht und halten mich gefangen. Ich bemühe mich verzweifelt, aus dem Nebel aufzutauchen, aber es glückt mir nicht. In der Nacht kann ich nicht schlafen, und manchmal breitet sich die Angst über meinen ganzen Körper aus und legt sich schwer auf mich. Angst wovor?
Bringen mich die Sterne, weil Pluto in meinem 12. Haus steht, so durcheinander? »Kein Stein bleibt auf dem anderen, Transformation total ist angesagt«, hat meine Freundin Claudia, die Astrologin, mir prophezeit. Bin ich in den Wechseljahren und erfahre einen Umbruch, der mich aus der Bahn wirft? Was immer es ist, ich bin mitten drin. Und werde tausendfach für meine Arroganz bestraft. Das Bild von damals kommt immer wieder in der Nacht, wenn ich wachliege:
Ein sonniger Nachmittag an einem Biertisch. Die Veranstaltung ist zu Ende, ich habe in Linz für eine große Organisation einen Vortrag über die »Unsichtbaren Mitspieler« in unserem Leben gehalten. »Und was schreiben Sie als Nächstes«, fragt die engagierte Stadträtin, die neben mir sitzt. »Ein Buch zum Thema Wechseljahre.« Schon sind wir mittendrin im Thema, und ich, noch nicht betroffen, rede klug daher. »Was raten Sie denn den Frauen, die in der Nacht nicht schlafen können?« Damals, als ich noch nicht wusste, wie es ist, wenn man verzweifelt auf den Morgen wartet, habe ich

großspurig den Rat gegeben, »doch etwas Schönes zu lesen.«
Die Stadträtin, gewöhnt, an alle sozialen Schichten zu denken, meint: »Sind Sie sicher, dass das für eine Frau, die den ganzen Tag an der Kassa in einem Supermarkt sitzt, ein guter Rat ist?«
Damals habe ich meinen Standpunkt verteidigt. Heute kann ich ihr nur Recht geben:
Verdammt, ich will nichts Schönes lesen, ich will endlich wieder eine ganze Nacht durchschlafen. Ich will mit den Gedanken, die sich mir quälend aufdrängen, nichts zu tun haben. Wer bin ich wirklich? Was will ich noch von diesem Leben? Was habe ich bisher erreicht? Nach der vierten Nacht bin ich mürbe und nehme ein leichtes, pflanzliches Schlafmittel. Ich spüre, wie es sich in meinem Magen bequem macht, schlafen kann ich trotzdem nicht.
Ich sitze wie in einem Kinofilm meiner eigenen Geschichte und trage eine dunkle Brille, damit mir nicht irrtümlich ein froher Gedanke kommt, wenn ich die Vergangenheit betrachte oder an die Zukunft denke. Selbst meiner Zeitungsfrau, bei der ich mir die tägliche Morgenlektüre hole, fällt meine trübselige Stimmung auf. »Geht's Ihnen nicht gut«? fragt sie besorgt. »Nein«, sage ich, »mir geht mein Beruf auf die Nerven, ich mag mein nächstes Buch nicht schreiben.« Ich denke mir, dass das eine einfache Erklärung ist, auch wenn es nichts über mein globales Unglück sagt. Sie sieht mich an, als hätte ich die Straßenbahnlinie 5 verschluckt, die vor ihrer Türe vorbeifährt. »Aber Sie haben es doch so gut! Sie können aufstehen, wann sie wollen, dann joggen Sie mit Ihrem Hund durch den Park, und dann erst sitzen Sie in Ihrem Büro! Was soll ich sagen. Ich arbeite seit 20 Jahren von

morgens bis abends in meiner Tabaktrafik und muss um vier Uhr aufstehen.«

Ich bin beschämt. Sie hat Recht, ich bin eine verwöhnte, unzufriedene, priviligierte Frau. Kurzfristig gelingt es mir, meine Situation durch ihre Augen zu sehen. Aber nur kurz. Dann überkommt mich wieder dieses hilflose Gefühl, dass ich mein Leben verändern muss, ohne zu wissen, wie.

»Du musst Geduld haben«, sagt Sophie, als wir uns das nächste Mal sehen. »Du kommst aus einer Familie, in der ›Tun‹ das Wichtigste war. Vielleicht geht es jetzt um ›Sein‹, und um das Vertrauen, dass sich die Dinge richtig entwickeln.«

Es stimmt, das Schlimmste an meinem Zustand ist, dass ich die Kontrolle über mein Leben verloren habe. Nichts funktioniert mehr so, wie ich es möchte. Dabei hatte ich immer alles so gut im Griff. Mit 17 von zu Hause abgehauen, weil es zu eng war, einiges ausprobiert, vieles geglückt. Von Paris nach London, von London nach Wien, Flugbegleiterin, Journalistin, Buchautorin, zwei Kinder alleine großgezogen, mit 49 wieder geheiratet …

Jede Nacht ist eine neue Fahrt in die Hölle. Gefühle steigen in mir hoch, die ich nicht kenne. Diese verzweifelte Unsicherheit, diese Angst, vor dem Nichts zu stehen, was haben sie mit mir, der Erwachsenen, zu tun?

Karl leidet mit mir. Es gibt Tage, an denen ich durch eine kurze, ungeduldige Bemerkung von ihm plötzlich aus meinem Ich geschleudert werde und zum kleinen Mädchen mutiere, das nutzlos und wertlos immer wieder neue Fehler macht. Manchmal dauert es Stunden, bis ich aus diesem schrecklichen Zustand wieder aussteigen kann, manchmal auch mehr als einen Tag. Ich bin nicht in der Lage, frei und unbeeinflusst Entscheidungen für mich zu treffen, und wenn ich es doch tue, weiß ich schon kurze Zeit später nicht mehr, ob sie richtig waren.

Aber habe ich jemals frei für mich entschieden? Durch meine Krise bemerke ich erst, wie oft ich gewartet habe, was für die anderen richtig und wichtig war. Für die Männer, mit denen ich lebte, und später für die Kinder.

Ich will mir selbst entkommen, wenigstens eine kleine Pause machen und die Waschmaschine anhalten. Wir fahren weg, nach München. Wegfahren ist immer gut. Interessante Menschen, ein schönes Hotel, eine Fortbildung, die uns beide interessiert.

Die Krise fährt mit. Ich bin so in mir gefangen, dass ich wenig sage, Karl kämpft gegen einen Schneesturm und eine glatte Fahrbahn und schweigt ebenfalls. Ich fühle mich einsam neben ihm.

Der Therapeut ist Amerikaner und kommt einmal im Jahr nach Europa, um seine »lösungsorientierte Kurztherapie« zu lehren. Die Klientin, deren Sitzung wir zur Demonstration erleben, erzählt, dass sie jedes Mal, wenn sie sich in eine Beziehung begibt, ein Stück Selbst verliert. Steve de Shazer fragt, wie sich das ausdrückt, und während sie antwortet, sehe ich viele Frauen im Raum mit dem Kopf nicken: »Ich lache weniger laut in Gesellschaft, ich vertrete meine Meinung nicht mehr konsequent, ich fühle mich, sobald er mich kritisiert, ›nicht richtig‹. Ich gebe Dinge auf, die für mich wichtig waren, und versuche mich anzupassen.«

Und plötzlich merke ich – das tue ich auch, obwohl Karl es nicht von mir verlangt. Meine Ehe hat dieses kleine Mädchen, das sich so sehr bemüht, das Richtige zu tun und zu gefallen, wieder zum Vorschein gebracht.

Die ständige Schlaflosigkeit gibt mir Zeit, mein Leben zu überdenken. In ein paar Monaten bin ich 50, mit etwas

Glück liegt noch mehr als ein Drittel meines Lebens vor mir. Mit einer Wucht, die mich erschreckt, merke ich, dass ich meinen Beruf in Frage stelle. Mein Leben mit den vielen Wörtern ist mir zu einsam. Ich möchte hinaus, ich möchte in einem Team arbeiten, ich möchte mich nicht mehr mit meinen Sätzen streiten und mit mir selbst um meine Ideen kämpfen. Aber wie?
Meine Unzufriedenheit breitet sich wie ein Flächenbrand aus und erfasst alles. Meine Beziehung zu Karl, meine Beziehung zu den Kindern.
In den Morgenstunden, wenn ich aus Erschöpfung endlich in einen unruhigen Schlaf falle, träume ich. Von einer riesigen Schutthalde mit alten Schrott-Teilen, unter denen ich begraben liege, von Aufgaben, die ich nicht bewältigen kann, weil ich sie nicht kenne, von einem Labyrinth, in dem ich gefangen bin und aus dem ich nicht mehr nach Hause finde.
Nimm endlich ein Schlafmittel, damit dieser Kreislauf durchbrochen wird, sagen die einen, das ist der Hormonmangel, lass dir ein Depot spritzen, raten die anderen. Vielleicht hast du eine unbewältigte Vergangenheit, geh in Therapie ... Nein, all das will ich nicht. Ich spüre, dass etwas Wichtiges in mir geschieht. Es ist, als ob ich in den tiefsten Schichten meines Unterbewusstseins spazieren gehe und darauf warten muss, bis ich wieder an die Oberfläche komme.
Am Donauufer begegnet mir an einem meiner hoffnungslosen Tage Mona. Sie ist Fotografin, und wir sehen uns immer nur im Sommer, wenn sie für zwei Monate bei ihrer Mutter an der Donau wohnt. Im Winter lebt sie in Hamburg und kommt selten vorbei. Sie sieht mich an und weiß sofort, dass ich in Schwierigkeiten bin. »Was ist los mit dir?« fragt sie und nimmt meinen Arm. »Nein,

erzähl du zuerst«, bitte ich sie, ich habe es satt, an mein Drama zu denken, und noch mehr, darüber zu reden.
»Die Zeit«, sagt Mona, und ich weiß genau, wovon sie spricht, »ist vorbei. Und jetzt, wo alles durchgestanden ist, bin ich froh, dass es sie gab. Kein Stein ist auf dem anderen geblieben, kein Gedanke, den ich je über mich hatte, wer ich bin und was ich will, ist noch derselbe. Und weißt du, wem ich das verdanke? Meiner Schlaflosigkeit. Wenn du nicht mehr schlafen kannst, hört sich alles auf. Dann triffst du keine Menschen mehr, die dir egal sind, weil du sie nicht erträgst. Dann hast du keinen Sex mehr, nur weil du zu feig bist, Nein zu sagen. Dann wird alles pur. Der Schlafmangel erfordert eine Achtsamkeit, die mit nichts vergleichbar ist. Du spürst das Leben so hautlos nah, dass alles, was geschieht, den Filter verliert, den wir vor unseren Blick legen, weil ein bisschen weniger genau Schauen einfach angenehmer ist.«
Mona erzählt über sich wie über eine andere, die sie inzwischen hinter sich gelassen hat. Sie spricht von einer zerknitterten, ängstlichen Frau, die dachte, dass ihr Leben nun, da sie 50 wird, zu Ende ist. Ich fühle mich ihr nahe wie nie zuvor und denke an die schönen Stunden, die wir im Sommer am Wasser verbracht haben. Vergnügt, aber ein bisschen unverbindlich.
»Und was ist passiert, dass du wieder herausgefunden hast, aus deiner Krise?« »Zunächst einmal waren da meine guten Freunde, aber es war auch ein Buch, das du mir im Herbst zum Geburtstag geschenkt hast. Ich habe es beiseite gelegt, aber dann, als ich nicht mehr weiter wusste, fand ich es in meinem Bücherschrank. ›Opening the doors within‹ (Herzenstüren öffen) von Eileen Caddy. Ich fing an, jeden Abend ein kleines Stück darin zu lesen, und als ich damit fertig war, kaufte ich ihre fas-

zinierende Biographie. Es geschah ganz langsam. Aber nach einiger Zeit bemerkte ich, dass sich meine Sicht auf das Leben verändert. Es schien mir plötzlich so unnötig, meine ganze Energie auf den Widerstand, älter zu werden, zu verschwenden. Und damit fing meine Heilung an.«

Es ist November, und in mir reift der Gedanke, dass es endlich Zeit wird, aus meinem Drama auszusteigen und meine Träume zu erfüllen. Einer davon ist Findhorn, das spirituelle Zentrum in Schottland, in dem Eileen Caddy, die Mitbegründerin, noch immer lebt.

Sophie verbringt das Weihnachtsfest in Amerika bei ihrer Tochter. Ich fahre sie zum Flughafen, und wie jedes Mal schwelgen wir in unserer Vergangenheit. »Weißt du noch«, sagt sie, »wie wir damals direkt von einem Faschingsfest um fünf Uhr in der Früh aus dem Bereitschaftsdienst geholt wurden?« Ich weiß es noch genau. Ich kam mit schwarzen, zerrissenen Netzstrümpfen zehn Minuten vor dem Abflug an Bord gehetzt, weil ich mir in der Eile mein »Seeräuber-Jenny-Kostüm« vom Leib gerissen, aber nicht mehr an die Strümpfe gedacht hatte. »Warum gehen wir eigentlich nie mehr auf einen Faschingsball?« frage ich Sophie sehnsüchtig und vermisse plötzlich diese wilde Zeit. »Weil wir uns nicht mehr ansaufen wollen, weil es uns keinen Spaß mehr macht, begrabscht zu werden, weil wir nicht auf der Suche nach einem One-Night-Stand sind, weil wir aufgehört haben, künstlich fröhlich zu sein.« Ihre Worte kommen wie aus der Pistole geschossen, so, als hätte sie sich gerade heute Nacht intensiv mit diesem Thema auseinander gesetzt. »Ich will aber tanzen, und ich will mich verkleiden!« jammere ich wie ein bockiges Kind, dem man sein Spielzeug weggenommen hat. »Ja, das will ich auch«, sagt sie.

»Aber wir müssen andere Formen finden, Reni. Die alten Formen sind vorbei, und das Neue muss sich erst gestalten. Warum veranstalten wir nicht selbst ein Fest? Wir können uns verkleiden, wir können tanzen, aber in einem Rahmen, den wir uns selbst wählen.« Ich mag es, dass Sophie mich – so wie meine Geschwister – immer noch Reni nennt, obwohl ich längst erwachsen bin und meinen Kindernamen abgelegt habe. Es klingt so vertraut in meinen Ohren.

Wahrscheinlich hat sie Recht. Das neue Leben, das ich mir wünsche, in dem meine Lebendigkeit mehr Platz haben soll, braucht einen anderen Rahmen.

Am Flughafen begegnet uns eine Besatzung der heimischen Airline. Junge Mädchen, die unsere Töchter sein könnten. Nein, ich will nicht mehr zurück. Ich möchte nicht mehr um fünf Uhr morgens aufstehen, mit der Kaffeetasse in der Spezialvorrichtung meines uralten 2CV noch im Dunkeln zum Check-in hetzen, zwölf Stunden an einem Stück lächeln und mich dann in ein Hotelbett legen oder erschöpft nach Hause fahren.

Ich denke an Karl, der mir gestern auf meine erneute Jammerarie, wie schwierig mein Leben ist, wie sehr mir mein Beruf auf die Nerven geht, wie wenig ich mich selbst verwirkliche, ganz simpel geantwortet hat: »Ich verstehe, dass du Dinge verändern willst, aber glaubst du nicht, dass dir ein Stück Dankbarkeit für das fehlt, wie es jetzt ist?« Wie Recht er hat. Ich will ein »neues« Leben, aber zuerst muss ich anerkennen, dass mein altes auch gut ist. Ich schäme mich für meine pubertären Anfälle und höre nebenbei Sophie zu, die mir, ohne einen Namen zu nennen, eine Geschichte aus ihrer gestrigen Therapiestunde erzählt.

Am Abend sehe ich im Fernsehen wieder einmal »Schlaf-

los in Seattle« und ärgere mich über den Satz: »Es ist wahrscheinlicher, von einem Terroristen getötet zu werden, als mit über 40 noch zu heiraten.«
Das neue Jahr hat angefangen, Karl arbeitet für zehn Tage in München, und ich nütze die Zeit, um meinem Zustand mit Literatur zu Leibe zu rücken: »Das chinesische Piktogramm für *Krise* ist die perfekte Darstellung dessen, was wir unter spirituellen Krisen verstehen. Sie setzt sich aus zwei Grundzeichen oder Radikalen zusammen, von denen eines ›Gefahr‹ und das andere ›Chance‹ bedeutet«, schreiben Stanislav und Christina Grof in »Spirituelle Krisen«. »Somit ist der Durchgang durch einen solchen Zustand zwar oft schwierig und erschreckend, aber zugleich liegt darin häufig ein enorm großes heilendes und evolutionäres Potential. Wenn man sie richtig versteht und als schwierige Phasen in einem natürlichen Entwicklungsprozess behandelt, können spirituelle Krisen zur spontanen Heilung von verschiedenen emotionalen und psychosomatischen Störungen, zu positiven Persönlichkeitsveränderungen ... führen, was manche ›höheres Bewusstsein‹ nennen.«
Das klingt zumindest, als ob es irgendwann wieder gute Zeiten geben könnte, vielleicht sogar bessere als je zuvor. Die nähere Beschreibung dieser Krisen ein paar Seiten später kommt mir so vertraut vor, dass ich mich mit dem Gedanken anfreunde, mein Unglück als notwendigen Entwicklungsschritt zu verstehen: »Aber es kann vorkommen, dass dieser ›gewöhnliche Mensch‹ von einem plötzlichen oder allmählichen Wandel in seinem inneren Leben überrascht und aufgerüttelt wird. Das kann nach einer Reihe von Enttäuschungen passieren oder oft auch nach einem emotionalen Schock, wie dem Verlust eines geliebten Verwandten oder sehr engen Freundes. Aber

manchmal tritt es ohne jeden sichtbaren Grund auf, mitten in dem vollen Genuss von Gesundheit und Wohlstand.« Ja, bei mir ist das so. Niemand starb, niemand hat mich verlassen, es gab keinen Schock und kein Leid. »Die Veränderung setzt oft mit einem wachsenden Gefühl der Unzufriedenheit ein, des ›Mangels‹, nicht jedoch eines Mangels an etwas Materiellem und klar Definiertem; es ist etwas Unbestimmtes, schwer Fassbares, das er nicht beschreiben kann. Hinzu kommt allmählich das Gefühl, dass das gewöhnliche Leben unwirklich und leer ist. Persönliche Angelegenheiten, die früher so viel Aufmerksamkeit und Interesse beansprucht haben, ... verlieren Bedeutung und Wert. Neue Probleme tauchen auf. Der Mensch beginnt, sich nach dem Ursprung und dem Sinn des Lebens zu fragen, nach den Ursachen vieler Dinge, die er früher für selbstverständlich gegeben ansah.« Ich fühle mich bestätigt, ich bin doch nicht verrückt geworden. Also keine Schlaftabletten und Hormone. »Wenn jemand diesen Punkt erreicht hat«, lese ich weiter, »geschieht es leicht, dass er seinen Zustand falsch versteht und interpretiert. Viele, die die Bedeutung dieser neuen Bewusstseinsebene nicht begreifen, betrachten sie als abnorme Phantasien und Launen. Aufgeschreckt von der Vorstellung, es handele sich dabei um einen Mangel an geistigem Gleichgewicht, versuchen sie diesen Zustand auf die verschiedensten Weisen zu bekämpfen ...«

Nein, ich kämpfe nicht mehr. Ich akzeptiere meine Verwirrung und richte mich in dem Gefühl ein, dass ich vielleicht noch eine Weile im Dunkeln tappen muss, bis ich wieder Licht sehen kann.

Ich kann immer noch nicht schlafen, aber ich rede nicht mehr ständig davon. Ich kann auch nicht schreiben, aber es irritiert mich nicht mehr so stark. Ich bin gezwungen, von Minute zu Minute, von Tag zu Tag zu leben. Und es gibt auch etwas in mir, das sich darüber freut. Ich habe plötzlich viel Zeit und gelange zu neuen, erstaunlichen Erkenntnissen, was mir wichtig und was mir unwichtig ist. Am wenigsten interessiert mich der »Gesellschaftsteil«, das Auftreten und Glänzen als Autorin. Ich möchte gerne ich selber sein, von meiner Familie und meinen Freunden unterstützt und geliebt, auch wenn ich nicht fröhlich und unterhaltsam bin.

Sophie ist immer noch in Florida bei ihrer Tochter und schreibt mir einen begeisterten Brief:

»Liebe Reni,

eigentlich sollte ich Dir zuerst übers Wetter schreiben und wie es meiner Tochter geht. Aber es hat sich etwas ereignet, was so wichtig ist, dass es an den Anfang gehört: Ich habe nach dreijähriger Abstinenz wieder mit einem Mann geschlafen, und es war herrlich. Du weißt ja, dass ich mit zunehmendem Alter immer anspruchsvoller werde und mir diese kurzen Abenteuer ohne tiefe Verbindung nichts mehr bedeuten. Aber diesmal war es anders. Wir haben uns bei Freunden kennen gelernt, als ich das letzte Mal hier war. Damals gab es schon so ein Prickeln, eine Anziehung. Aber es war am Abend vor meiner Abreise, und ich wollte keine Komplikationen. Und jetzt, als wir uns wieder sahen, haben wir einander umarmt, und es war klar, dass wir sofort miteinander ins Bett fallen, sobald die Gäste gegangen sind, die er eingeladen hatte.

Und das mir, wo ich doch schon beschlossen hatte, dass ich keinen Mann mehr will. Wenn ich mich an diese Nacht erinnere, bin ich noch immer ganz glücklich.

Reni, ich kann nicht mehr verstehen, warum mir Sex nicht mehr wichtig war. Ich wusste schon fast nicht

mehr, wie es sich anfühlt, wenn alles in mir explodiert. Ich habe dich nicht beneidet, dass du mit Karl ein so intensives Liebesleben hast. Ich dachte mir, das ist Deins und mein Weg ist ein anderer. Aber heute weiß ich, dass ich diesen Teil von mir wegrationalisiert habe ...«
Sophie und ich waren immer offen zueinander. Aber es kommt nur alle paar Jahre vor, dass sie mir einen Brief schreibt. Und wenn, dann sind es immer Zeitdokumente wichtiger Ereignisse in ihrem Leben. Ich hole die Mappe heraus, in der ich alles sammle, was mir wertvoll ist, und suche ihre letzte Post aus Salzburg heraus:
»Liebe Reni,
Christian hat mich verlassen. In einer Zeit, in der ich dachte, dass wir dort angekommen sind, wo wirkliche Entwicklung stattfinden kann, wo die Kinder aus dem Gröbsten heraußen sind, fühle ich mich der Chance beraubt, die Erkenntnisse zu leben, die wir uns in den Jahren unseres Zusammenseins mühsam erarbeitet haben: Die Ernte bleibt auf dem Feld.
Ich stehe am Feldrand, noch immer unter Schock, und habe das Gefühl, auseinander gebrochen zu sein. Ich suche meine Bestandteile zusammen und komme nach Wien, Reni.
Ich fange ein neues Leben an, und diesmal will ich alles: Ruhe, Frieden, Geborgenheit, Respekt, Akzeptanz, Gemeinsamkeit, Freude, Leichtigkeit, Spaß, Genuss, Geduld, Offenheit – eben Liebe. Alle diese grundsätzlichen Bedürfnisse sollen Platz haben. Das ist mein Traum. Mein alter Traum von einer schönen Familie liegt vor mir wie der Inhalt eines Sparschweins, das neun Jahre gefüttert und jetzt zerschlagen wurde.«
Der Brief rührt mich und erinnert mich daran, dass ich mit Karl fast alles gefunden habe, wonach Sophie sich

sehnt, dass es noch etwas anderes gibt als meine persönliche Krise.

Mit diesem Gedanken und dem Schnee, der die ganze Stadt für ein paar Stunden in ein Märchenland verwandelt, kommt neuer Schwung in mein Leben, trägt mich ein Stück aus meinem Drama heraus und bringt mich dorthin, wo es sicheres Land gibt: zu den Daten und Fakten.

Daten, Fakten, Kommentare

In unserer Kultur ist die Tendenz, das Klimakterium als Krankheit zu betrachten, so stark ausgeprägt, dass unser Denken in beträchtlichem Ausmaß von dieser Vorstellung beeinflusst ist. … Solange wir die Menopause als »Versagen der Ovarien«, »Ausfall der Fortpflanzungsfunktion« oder »Östrogenmangelkrankheit« bezeichnen, verbinden wir negative Gefühle und Erwartungen damit. Wenn wir sie jedoch als eine hormonelle Umstellung wie die Pubertät sehen, stellt sie sich ganz anders dar. … Das menopausale Ovar versagt weder, noch ist es nutzlos. … In der Mitte des Lebens tut es genau das, was viele Menschen tun – es übernimmt neue Aufgaben. … Der hormonelle Tanz endet nicht; die Kapelle stimmt nur ein anderes Stück an.

Dr. Susan Love

DIE BEGRIFFE

Man nennt sie Wechseljahre oder Klimakterium, die Zeit, in der die körperliche Fruchtbarkeit von Frauen zu Ende geht. Im europäischen Durchschnitt findet dieser natürliche Veränderungsprozess statistisch gesehen rund um das 51. Lebensjahr statt (plus/minus 3 Jahre). Genau genommen handelt es sich aber nicht um einen kurzen Zeitraum, der wie ein Paukenschlag Ihr Leben verändert, sondern um einen langen Umstellungsprozess über viele Jahre, der in einer kurzen Phase oft von körperlichen Beschwerden begleitet ist.
Um diesen langen Zeitraum zu definieren, der je nach Sichtweise der ExpertInnen bis zu 15 oder 25 Jahre dauern kann, verwenden ÄrztInnen häufig zusätzlich die Begriffe Prämenopause, Perimenopause und Postmenopause.

Die Prämenopause

beginnt zwischen dem 40. und 45. Lebensjahr und ist der Zeitraum, in dem die natürliche Hormonproduktion allmählich abnimmt, die Menstruation aber meistens noch regelmäßig ist. Viele Frauen spüren in dieser Phase noch gar keine Veränderungen, manche erfahren durch Hormonschwankungen Beschwerden, wie z. B. Reizbarkeit, Spannung der Brüste, vermehrte Wassereinlagerungen, Haarausfall usw. Diese Zeit endet, wenn der Zyklus unregelmäßig wird.

Die Perimenopause

ist das eigentliche Klimakterium und bezeichnet den Zeitraum »rund um die Menopause«, also ungefähr zwei Jahre vor und nach der letzten Monatsblutung. Die Prämenopause und die Postmenopause überschneiden sich daher teilweise mit der Perimenopause. Sie beginnt mit dem Auftreten unregelmäßiger, häufig kürzerer Zyklen. Der Körper bildet weniger Östrogene, dadurch kann es vorübergehend zu Beschwerden kommen, wie zum Beispiel Hitzewallungen, Schweißausbrüchen, Schlafstörungen und Gliederschmerzen. Alle diese Symptome sind normal und kein Grund zur Beunruhigung. Im Gegensatz zur Behauptung vieler Ärzte, dass die Frauen ab jetzt an einem Hormonmangel leiden, betonen ExpertInnen immer wieder, dass es sich lediglich um eine Hormonumstellung handelt, in der der Körper die Produktion von Hormonen verringert, die er nicht mehr zur Fortpflanzung braucht. Die Perimenopause endet ungefährt zwei Jahre nach der letzten spontanen Blutung.

Die Menopause
ist der Zeitpunkt der allerletzten Regelblutung und daher nur rückwirkend feststellbar, nämlich dann, wenn die Menstruation länger als ein Jahr ausgeblieben ist. Dennoch wird von manchen Ärzten der Begriff »Menopause« für den gesamten Zeitraum der Wechseljahre verwendet.

Die Postmenopause
beginnt ein bis zwei Jahre nach der Menopause und umfasst einen Zeitraum von ca. 15 Jahren. Die jetzt stattfindenden Veränderungen, wie trockenere Schleimhäute, weniger elastisches Gewebe, Scheidentrockenheit usw. zählen zum normalen Alterungsprozess.

Die vorzeitige Menopause
oder »Klimakterium praecox« bezeichnet den Eintritt der

Menopause vor dem 40. Lebensjahr. Als »frühzeitige Menopausale« werden Frauen oft von Ärzten bezeichnet, die zwischen dem 40. und 49. Lebensjahr ihre letzte Menstruation haben. Lassen Sie sich nicht einreden, dass das »nicht normal« ist. So wie manche jungen Mädchen schon mit neun Jahren menstruieren, so können Sie schon in jüngeren Jahren Ihre Menopause hinter sich haben. Es kann bedeuten, dass sich Ihr Risiko für Osteoporose möglicherweise erhöht.

WAS GESCHIEHT IM KÖRPER?

Bei der Geburt enthalten die Eierstöcke bereits die Anlagen für einen fast unerschöpflichen Vorrat von 300.000–400.000 Eizellen, von denen allerdings nur ein Bruchteil heranreift. Sie werden bis zur Pubertät »aufbewahrt«, dann beginnt der Monatszyklus – und mit ihm die Geschlechtsreife. Und so wie im Klimakterium schwankt der Hormonspiegel auch in dieser Zeit stark, bis er sich eingependelt hat. Die wichtigsten an diesem Prozess beteiligten Hormone sind das follikelstimulierende Hormon (FSH), das gelbkörperfördernde-luteinisierende Hormon (LH), die in der Hypophyse, der Hirnanhangdrüse, erzeugt werden, sowie Östrogen und Progesteron, die von den Eierstöcken gebildet werden.
In den nächsten Jahrzehnten spielt sich jeden Monat dasselbe ab: Die Hirnanhangdrüse erteilt über das follikelstimulierende Hormon (FSH) den Eierstöcken den Befehl, Östrogen zu produzieren und ein Ei reifen zu lassen. Wenn ausreichend Östrogen vorhanden ist, stoppt die Hirnanhangdrüse ihren Befehl, der FSH-Spiegel sinkt. Unter dem Einfluss des luteinisierenden Hormons (LH)

platzt das Eibläschen, das reife Ei macht sich auf den Weg in die inzwischen ebenfalls durch Östrogen gut mit Schleimhaut gepolsterte Gebärmutter. Die gelbe Narbe, die am Eierstock entsteht, wenn das Eibläschen platzt, produziert nun Gelbkörperhormone (Progesteron). Beide, Östrogen und Progesteron, bleiben für ca. 12 Tage konstant und sinken dann plötzlich ab. Es kommt zu einer Hormonentzugsblutung – der Menstruation.

Im Klimakterium kann es Jahre dauern, bis dieser gut eingespielte Tanz der Hormone zum Stillstand kommt. Die Hirnanhangdrüse versucht weiterhin, die Ovarien zur Produktion reifer Eizellen zu bringen, indem sie verstärkt das follikelstimulierende Hormon (FSH) erzeugt. Die Eierstöcke sind aber nicht mehr in der Lage, so große Mengen Gelbkörperhormon und Östrogen zu erzeugen, dass ein Ei reifen kann. Die Eierstöcke produzieren aber auch kleine Mengen von männlichen Hormonen, so genannte Androgene. Das wichtigste davon ist Testosteron. Durch das Absinken der weiblichen Hormone gewinnen die männlichen Hormone anteilmäßig an Bedeutung.

Diese sehr vereinfachte Darstellung der Vorgänge zeigt, dass sich im Körper eine in langen Jahren erprobte Zusammenarbeit verändert. Kein Wunder, dass er manchmal mit Beschwerden auf diese Umstellung reagiert.

DIE WECHSELJAHRE SIND KEINE KRANKHEIT,

auch wenn Frauen durch die Beratung mancher Ärzte und die Werbung der Pharmakonzerne zu diesem Eindruck gelangen können. Tatsächlich sind sie ein Lebensabschnitt, der sich unter umgekehrten Vorzeichen wiederholt, schreibt die amerikanische Ärztin Dr. Susan

Love, Inhaberin eines Lehrstuhls für Frauengesundheit und Direktorin des Zentrums für Brusterkrankungen in Los Angeles: »Erinnern Sie sich noch an Ihre Pubertät? An einem Tag waren Sie himmelhoch jauchzend, am nächsten zu Tode betrübt. In Ihrem Gesicht blühten die Pickel. Sie schliefen den halben Tag lang. Ihr Gehirn schien nicht mehr wie gewohnt zu funktionieren. Sie wussten nicht, was mit Ihrem Körper los war. In der Perimenopause passiert das alles noch einmal. Viele Frauen machen eine Zeit durch, in der sie unter Symptomen leiden – Hitzewallungen, Stimmungsschwankungen, Unkonzentriertheit, Schlaflosigkeit und vor allem unter der Unkalkulierbarkeit. ... Die Pubertät haben Sie hinter sich. Sie war vielleicht kein Zuckerschlecken, aber Sie haben sie überstanden. Und zwar ohne die Lebenserfahrung ..., über die Sie heute verfügen.«

Die Ähnlichkeit der beiden Lebensphasen, die durch eine starke Hormonumstellung geprägt werden, zeigt sich auch in der Reaktion der Werbung: »Verbirg deine Pickel, verbirg die Periode, verbirg dein graues Haar«, bringt Dr. Susan Love die Praktiken der Verkaufsstrategen auf den Punkt, die uns suggerieren, dass wir uns für etwas Natürliches schämen sollen, dazu gehören auch Hitzewallungen. Welche Frau hat schon den Mut, sich an ihrem Arbeitsplatz oder in Gesellschaft mit einem Fächer selbstbewusst Luft zuzufächeln? Und obwohl die Einstellung der »Red Hot Mamas« (ein Ausdruck, der aus Amerika kommt), ihre Hitze als etwas Lustvolles zu empfinden, Zustimmung findet, versuchen viele Frauen immer noch, diese »Peinlichkeit« zu verbergen oder zu unterdrücken. Das Tabu verhindert meistens offene Gespräche über Beschwerden.

Was oft fehlt, wenn Menopauseexperten Frauen beraten,

ist die Anleitung, wie sie ihre eigenen Ressourcen entdecken können. Fast jede Frau hat die Möglichkeit, durch Eigenverantwortung und Veränderungen ihres Lebensstils Beschwerden zu lindern und mögliche Risiken zu senken. Mit gesunder Ernährung und Sport ist allerdings wenig Geld zu verdienen.
Eines ist sicher: »Die massive Beeinflussung durch die Pharmaindustrie, die Medien, aber teilweise auch durch die Ärzte, machen es den Frauen nicht leicht, sich frei für oder gegen eine Behandlung mit Medikamenten zu entscheiden«, meint der Wiener Gynäkologe Dr. Michael Adam.

DIE BESCHWERDEN,

die der Menopause zugeordnet werden, und deren Häufigkeit wurden in einer Studie des Instituts für Medizinische Psychologie der Freien Universität Berlin von Dr. Beate Schultz-Zehden untersucht. Das Ergebnis zeigt, dass mehr als ein Drittel der befragten Frauen überhaupt keine und ein Drittel nur eine leichte Beeinträchtigung ihres Wohlbefindens angaben. Im Klartext: Zwei Drittel aller Frauen verbringen ihre Wechseljahre ohne nennenswerte Einschränkung der Lebensqualität. Nur ein Drittel leidet an mittelstarken bis sehr starken Symptomen.

Hitzewallungen

67 Prozent der Frauen hatten überhaupt keine bis leichte Hitzewallungen (37 % keine, 30 % leichte).
25 Prozent litten an mittelstarken, 8 Prozent an sehr starken Hitzewallungen.

Schlafstörungen
56 Prozent der Frauen hatten keine oder leichte Schlafstörungen (30 % keine, 26 % leichte).
25 Prozent litten an mittelstarken, 20 Prozent an sehr starken Schlafstörungen.

Depressive Verstimmungen
60 Prozent der Frauen hatten keine oder leichte depressive Verstimmungen (36 % keine, 24 % leichte).
26 Prozent litten an mittelstarken, 15 Prozent an sehr starken depressiven Verstimmungen.

Reizbarkeit, Ängstlichkeit
58 Prozent der Frauen fühlten sich nur leicht oder gar nicht reizbar oder ängstlich (29 % gar nicht, 29 % leicht).
29 Prozent waren mittelstark, 12 Prozent sehr reizbar oder ängstlich.

Leistungs- und Gedächtnisminderung
63 Prozent der Frauen konnten keine oder nur eine leichte Verminderung feststellen (23 % keine, 40 % leichte).
27 Prozent stellten eine mittelstarke und 10 Prozent eine sehr starke Leistungs- und Gedächtnisminderung fest.

Abnahme der Sexualität
60 Prozent der Frauen stellte keine oder nur eine leichte Abnahme der Sexualität fest (40 % keine, 20 % leichte).
20 Prozent gaben eine mittelstarke, 21 Prozent eine sehr starke Abnahme der Sexualität an. (Wobei nicht erhoben wurde, ob es sich um ein Desinteresse am langjährigen Partner oder um eine Erscheinung der Wechseljahre handelt, Anmerkung der Autorin.)

Trockenheit der Scheide
75 Prozent der Frauen hatten keine oder nur leichte Probleme durch eine trockene Scheide (61 % keine, 14 % leichte).
17 Prozent litten mittelstark, 9 % sehr stark unter einer trockenen Scheide.

Gelenks- und Muskelbeschwerden
60 Prozent der Frauen hatten keine oder nur leichte Gelenks- und Muskelschmerzen (29 % keine, 22 % leichte).
28 Prozent der Frauen litten an mittelstarken, 22 Prozent an sehr starken Gelenks- und Muskelschmerzen.

Herzbeschwerden
84 Prozent der Frauen hatten keine oder nur leichte Herzbeschwerden (49 % keine, 35 % leichte).
13 Prozent litten an mittelstarken, 3 Prozent an sehr starken Herzbeschwerden.

Harnwegsbeschwerden
84 Prozent der Frauen hatten keine oder nur leichte Harnwegsbeschwerden (63 % keine, 21 % leichte).
13 Prozent litten an mittelstarken, 4 Prozent an sehr starken Harnwegsbeschwerden.

Neben diesen häufigen Beschwerden gibt es eine Vielzahl von wesentlich selteneren Symptomen, die von Frauen in den Wechseljahren bei Umfragen genannt wurden. Damit Sie sehen, wie verschieden jeder Organismus reagiert, hier eine Aufzählung: Rückenschmerzen, Frösteln, Verdauungsstörungen, schmerzhafte Blähungen, Kopfschmerzen, Auftreten langer, feiner Gesichtshaare, plötzliche Pulsbeschleunigung, Herzklopfen, Aufwachen mit wunden Fersen, sich lichtende Kopf- und Achselbehaarung, plötzliche Atemnot, häufiges Urinieren, Harnverlust beim Husten oder Niesen, kribbelnde oder juckende Hände, Benommenheit, Schwindel, Gewichtszunahme, plötzliche, unangemessene Wutanfälle, Überempfindlichkeit gegen Berührungen durch andere, unerklärliche Panikattacken, beunruhigende Gedächtnisausfälle usw.

Differenzierung

Viele der Beschwerden, die in der Medizin den Wechseljahren und damit meistens dem so genannten »Hormonmangel« zugeschrieben werden, sind oft normale Erscheinungen des Älterwerdens, das zeigt auch eine Arbeit des englischen Arztes Dr. Bungay.

Der Mediziner verschickte in England Fragebögen mit einer Anzahl von Symptomen an 1120 Frauen und 500 Männer. Was er verschwieg: Es handelte sich um klassische Beschwerden, die den Wechseljahren zugeordnet werden. Zu seinem Erstaunen stellte sich heraus, dass mit Ausnahme von vaginaler Trockenheit die Männer genauso häufig und zum Teil noch stärker betroffen waren.

Das männliche Klimakterium wurde in all den Jahren von der Medizin ignoriert. Erst seit kurzem wird auf wissenschaftlichen Kongressen anerkannt, dass auch Männer Probleme haben, wenn sie älter werden. Es ist allerdings jetzt schon abzusehen, dass es auch hier um Geschäfte geht und die Pharmaindustrie versuchen wird, den »neuen Mann« flächendeckend mit Hormonen zu versorgen.

Was unbestritten ist: Auch Männer müssen, wenn sie

älter werden, mit ihren Kräften haushalten und fühlen sich weniger leistungsfähig. Auch Männer verlieren die Lust am Sex mit einer Frau, mit der sie seit 20 oder 30 Jahren das Bett teilen, speziell, wenn sie ihr nichts mehr zu sagen haben. Eine Erektionsstörung kann ebenso wie eine trockene Scheide auch der Unwillen des Körpers sein, bei einer unbefriedigenden Vereinigung mitzuspielen. Auch Männer leiden an depressiven Verstimmungen, wenn ihnen der Lebenssinn abhanden kommt.

Depressive Verstimmungen gehören entgegen allen Behauptungen nicht zu den typischen Wechseljahrsbeschwerden. Sie sind eine natürliche Reaktion auf Lebensumstände, die belasten, und können in jedem Alter auftreten. »Groß angelegte Studien mit insgesamt 13.000 Frauen ... fanden in der Perimenopause keine Zunahme psychischer Symptome«, schreibt Dr. Love. Und Annette Bopp erhob für die Stiftung Warentest: »Der Prozentsatz depressiver Frauen liegt in allen Altersgruppen relativ konstant bei 10 Prozent. Allerdings kann es sein, dass Frauen, die schon früher unter Depressionen gelitten haben, in den Wechseljahren wieder daran erkranken. Insgesamt scheint sich das seelische Befinden gesunder Frauen ... in den Wechseljahren nicht einschneidend zu verändern.«

DAS SOZIALE UMFELD

der Frauen spielt eine große Rolle in der Akzeptanz dieses Lebensabschnittes. Die Hälfte der von Dr. Schultz-Zehden befragten Frauen fühlten sich im Klimakterium gesellschaftlich abgewertet und gaben an,

»aufs Abstellgleis geschoben«, »benachteiligt«, »nicht mehr gefragt« oder bereits »den Alten zugeordnet« zu werden.
Hinter diesem Gefühl der sozialen Abwertung liegen meistens kränkende Erfahrungen, wie zum Beispiel mangelnde Aufmerksamkeit des Partners, der Verlust der Aufgabe als Mutter, das Ende der beruflichen Entwicklungsmöglichkeit usw.
In der Berliner Studie wurden von Dr. Beate Schultz-Zehden im Wesentlichen vier Konzepte, wie Frauen mit ihrem Klimakterium umgehen, vorgestellt. »Auffällig war, dass Frauen mit höherer Ausbildung und höherem Einkommen sich häufiger gesundheitlich gut fühlten als Frauen mit niedrigerem Bildungsabschluss und geringerem Haushaltseinkommen«, schreibt die Wissenschaftlerin, die sich anschließend in einer gesamtdeutschen Studie mit der Thematik auseinander setzte. »Neuere Erkenntnisse geben uns darüber Auskunft, dass der Weggang der Kinder (im Gegensatz zu früheren Meinungen, Anm. d. Autorin) jedoch auch eine entlastende Komponente haben kann. Vermutlich treten diese positiven, entlastenden Momente in den Vordergrund, weil immer mehr Mütter berufstätig und so oft jahrelang einer Doppelbelastung ausgesetzt sind, die mit dem Fortgang der Kinder aufgehoben wird. Die dabei neu entstehenden Freiheiten und Möglichkeiten können sowohl individuell als auch gesellschaftlich genützt werden.«

Die selbstbewusste Frau
wird auch »die Problemlose« genannt und stellt mit mehr als einem Drittel den Typus mit dem größten Anteil. Diese Frauen zeigen sich als relativ gesund,

haben ein hohes Selbstwertgefühl, fühlen sich attraktiv und akzeptieren ihren Körper so, wie er ist. Sie sehen meistens keinen Anlass zur Neuorientierung, weil sich ihre Lebensqualität wenig verändert. Den einzelnen Körperempfindungen schenken sie so gut wie keine Beachtung, sie klagen kaum über Wechseljahrsbeschwerden.

Frauen, deren Körpergefühl von starker Unsicherheit geprägt ist,
bilden die zweitgrößte Gruppe, nämlich ein knappes Drittel. Dieser Typus erlebt einen Wandel im Lebensgefühl und sieht in den Wechseljahren eine Herausforderung zur Neuorientierung, aber auch eine Bedrohung. Diese Frauen setzen sich kritisch und bewusst mit ihren Problemen auseinander. »Es könnte sein«, schreibt Dr. Schultz-Zehden, »dass es sich um eine Gruppe von Frauen handelt, deren Selbstbild eine grundsätzliche Unsicherheit schon vor Beginn des Klimakteriums geprägt hat. Eine bereits vorhandene Körperunsicherheit könnte sich weiter verstärkt haben.« Diese Gruppe gibt durchschnittlich nur leicht ausgeprägte oder mittelstarke Wechseljahrsbeschwerden an.

Frauen mit traditionell weiblichem Rollenverhalten
leiden vor allem an psychischen Wechseljahrsbeschwerden und werden in der Studie als wütend und aggressiv über den vermeintlichen Verlust ihrer Weiblichkeit beschrieben. Sie erleben eine starke Abnahme ihrer Sexualität und fühlen sich in ihrer weiblichen Identität gekränkt, obwohl die eigene Einschätzung ihrer Attraktivität eher durchschnittlich ausfällt. In der Studie werden sie, gemeinsam mit dem vierten Typus, »die Leidenden«

genannt. Demnach scheint sich ein traditionelles Rollenverhalten, bei dem Frauen auf so genannte »feminine Werte« fixiert sind, ungünstig auf das Wohlbefinden im Klimakterium auszuwirken. Vom »Empty-Nest-Syndrom« sind insbesondere Hausfrauen betroffen, die ihre Identität vorwiegend aus ihrer Mutterrolle beziehen und sich, wenn die Kinder erwachsen sind, nicht mehr gebraucht fühlen.

Frauen mit negativem Körperbild
gehören der vierten Gruppe an und empfinden ihren Körper als Last. Auch sie zählen zu den »Leidenden«, haben ein niedriges Selbstwertgefühl und empfinden sich als wenig attraktiv. Gemeinsam mit dem oben genannten Typus der traditionell orientierten Frau stellen sie etwa ein Drittel der befragten Frauen. Es fällt auf, dass sich in dieser Gruppe am häufigsten Frauen mit einem niedrigen Bildungsstand befinden. Der Anteil der geschiedenen und allein lebenden Frauen ist unter ihnen besonders hoch. Offensichtlich werden vorhandene Defizite in der Lebensqualität durch das Klimakterium noch verstärkt. Sie fühlen sich in ihrer Weiblichkeit eingeschränkt, sind sexuell weniger interessiert als vorher und leiden an allgemeinen Verlustgefühlen. Sie sind emotional labil, neigen zu starker Nervosität, Aggressivität und zu Depressivität und weisen die höchsten Werte für Körpersensibilität auf. Es ist zu vermuten, dass diese Frauen auch vor Beginn des Klimakteriums keine besonders positive Einstellung zu ihrem Körper hatten. Meist sind ihre persönlichen Ressourcen weitgehend erschöpft, und sie können schwierige Lebenssituationen und neue Herausforderungen nicht mehr erfolgreich bewältigen.

Resümee

Insgesamt revidiert die Berliner Studie das Bild von der »kranken Frau« im Klimakterium. »Wenden wir uns dem Teil zu, der sich mit den Wechseljahrsbeschwerden befasst hat, so kann festgestellt werden, dass der relativ größte Anteil der Frauen sich nahezu beschwerdefrei zeigte. Bisher fand die beschwerdefreie Gruppe in der Literatur wenig Berücksichtigung, da es sich im Zusammenhang mit Fragen zum Klimakterium häufig um Studien an Patientinnen handelte. Diese Nichtbeachtung von Selektionseffekten führte zu einer Ausblendung dieser gesunden Gruppe in der Fachwelt.«

Dr. Schultz-Zehden warnt allerdings davor, sich mit diesen Daten ein zu positives Bild von Frauen in den Wechseljahren zu machen, weil das Gesamterleben der Frauen sehr von ihrer Akzeptanz des Älterwerdens abhängt: »Der Körper klagt jetzt mehr Selbstaufmerksamkeit ein. ... Gleichzeitig bedeutet das, dass die Frauen jetzt stärker mit ihren Grenzen konfrontiert werden und damit mit sich selbst. ... Sie müssen lernen, sich besser abzugrenzen und mit den eigenen nachlassenden Kräften zu haushalten. Die körperlichen Grenzen eröffnen aber auch neue Wege.«

WECHSELJAHRE IM KULTURVERGLEICH

Ob Frauen an Beschwerden leiden oder die Veränderung ihres Körpers als problematisch wahrnehmen, hängt unter anderem auch von ihrer kulturellen Zugehörigkeit und dem Wert ab, den sie in dieser Lebensphase in ihrer Gesellschaft haben.

Eine Studie an Maya-Frauen ergab, dass sie zwar in derselben hormonellen Situation wie Europäerinnen und Amerikanerinnen sind, aber nicht unter klimakterischen Beschwerden leiden. Der Schluss liegt nahe, dass die unterschiedlichen sozialen Bedingungen dafür verantwortlich sind: »Für eine Frau in der Maya-Gesellschaft ist die Menopause ein eher positives Ereignis. Die älterwerdende Frau ist dort hoch angesehen«, schreibt Dr. Beate Schultz-Zehden. »Interessanterweise gibt es Berichte von Maya-Frauen, die in Städten unter westlichen Bedingungen leben, die eine Reihe der uns bekannten Wechseljahrsbeschwerden ... entwickelten.«

Aber auch andere Untersuchungen ergaben, dass die Aufwertung des sozialen Status im höheren Alter offenbar die Befindlichkeit der Frauen beeinflusst. So konnten zum Beispiel bei Inderinnen der Rajput-Kaste, die während ihrer gebärfähigen Jahre in strikter Abgeschiedenheit leben müssen, keine unangenehmen Beschwerden festgestellt werden. Wenn sie die Menopause erreichen, dann fallen viele Einschränkungen weg, sie dürfen sich wieder frei im Dorf bewegen und an Aktivitäten der Männer teilnehmen, die ihnen bisher verwehrt waren. Auch bei Bäuerinnen in Äthiopien und bei Bantu-Frauen in Südafrika wurden kaum Symptome festgestellt: »In diesen Kulturen erfährt die Frau in diesem Lebensabschnitt eine gesellschaftliche Aufwertung durch mehr Freiheiten und einen gehobeneren sozialen Status«, schreibt Dr. Schultz-Zehden.

Die bessere gesellschaftliche Akzeptanz des Älterwerdens scheint – neben einer Ernährung mit Soja, das natürliches Östrogen enthält – auch bei Japanerinnen dafür verantwortlich zu sein, dass sie ebenfalls keine Beschwerden entwickeln, die für die Menopause typisch sind. In Japan gab es lange nicht einmal ein Wort für den Begriff

»Wechseljahre«, und nur 12 Prozent der Frauen – in Deutschland sind es fast 50 Prozent – litten in einer Umfrage an Hitzewallungen. »Dort spielt die Menopause eine eher untergeordnete Rolle«, so die Wissenschaftlerin, »und wird als ein Baustein im Gesamtprozess des Alterns verstanden.«

DIE VEREINNAHMUNG DER WECHSELJAHRE DURCH DIE MEDIZIN

»Alles schon mal da gewesen«, schreibt Dr. Love im »Hormonbuch« und wirft den Ärzten die Vereinnahmung der Frauen vor. Früher galt die Geburt als etwas Natürliches. Die Frauen brachten ihre Kinder zu Hause zur Welt, die Hebamme unterstützte sie dabei. Dann, als die Ärzte die Geburt zur gefährlichen Krankheit erklärten, galt es als »sicherer«, der Geburtsmaschinerie einen weit höheren Stellenwert einzuräumen als dem Wohlbefinden der Frauen. Und plötzlich lagen sie, die früher in der Hocke gebaren und die Schwerkraft nützten, wie Maikäfer hilflos auf dem Rücken und ließen sich die Geburt weitgehend abnehmen. Ein Vorgang, der nach einigen Jahren den Widerstand der Frauen hervorrief und zu einem neuen Verständnis in der Geburtshilfe führte.

»Die Medizin hat sogar versucht, sich der Pubertät zu bemächtigen«, so Dr. Love. »Viele von uns haben während der Pubertät empfängnisverhütende Mittel eingenommen, um den Zyklus zu ›regulieren‹ – doch der Zyklus soll in dieser Lebensphase gar nicht regelmäßig sein. Und jetzt, wo die ersten Frauen der Baby-Boom-Generation die 50 erreichen, bläst die Medizin wie auf ein Stichwort zum Sturm auf das Klimakterium.«

Zuerst bemächtigte sich die »Menopausenindustrie« in den 60-er Jahren der Frauen, deren »Geist« geheilt werden musste, und verschrieb in Massen Psychopharmaka als Allheilmittel gegen depressive Verstimmungen. »Mothers little helpers«, wie die Rolling Stones die »Happypills« besangen, sollten unglücklichen Frauen, die an ihrem Wert zweifelten und ihren Lebenssinn verloren hatten, die Realität vernebeln. »Zwar hörte man bald wieder auf, Hausfrauen im großen Umfang Tranquilizer zu verschreiben«, so Dr. Love, »doch im öffentlichen Bewusstsein hatte sich unmerklich ein Wandel vollzogen. Das Klimakterium galt jetzt als behandlungsbedürftige Krankheit.«

Der nächste Schritt war logisch und führte vom kranken Geist zum hinfälligen Körper. »Die Frauen waren nicht verrückt, sie kränkelten nur«, schreibt die Ärztin ironisch. »Sie litten einfach an der ›Östrogenmangelkrankheit‹. ... Frauen in der Mitte des Lebens wurden daher als Kranke definiert, bei denen ein Organsystem versagte – und diese Vorstellung beherrscht das medizinische Denken immer noch.« Kein Wunder, dass die gynäkologischen Fachbücher vom »Ausfall der Fortpflanzungsfunktion« und von »ovarieller Insuffizienz« sprechen.

Damals, als die Pharmakonzerne für »das Produkt Hormon« nach einem größeren Markt suchten, unterstützte sie der englische Gynäkologe Dr. Robert Wilson überzeugend: »Sein Buch ›Feminine Forever‹ (1966), das sich an Laien wandte«, so Dr. Love, »wurde jahrelang als das Buch gepriesen, das Frauen die Chance eröffnete, sich von vertrockneten Überbleibseln ihrer verlorenen Jugend in lebenssprühende, fröhliche, immer währende 20-jährige zu verwandeln.« Traumatisiert von seiner eigenen Mutter, die sich aus seiner Sicht in den Wechsel-

jahren vom willigen »Motor der ganzen Familie« zur Tyrannin entwickelte und mit ihren Wutanfällen alle in Angst und Schrecken versetzte, glaubte er von nun an fanatisch an die Hormontherapie: »Er sah in den postmenopausalen Frauen mit ›Östrogenmangel‹ die Quelle nahezu aller gesellschaftlichen Missstände«, so Dr. Love. »Bei der Lektüre dieses Buches fragt man sich, warum Wilson davor zurückschreckte, ihnen auch den Untergang der Titanic, den Zweiten Weltkrieg und den Untergang des Römischen Reiches anzulasten.«
Mehr als 30 Jahre später erscheint in Österreich ein Buch, das wohl kaum zufällig einen ganz ähnlichen Titel wie Wilsons Hormonbibel trägt: »Frau sein ein Leben lang«. Ein Journalist und ein »Hormonpapst« nähern sich dem Thema allerdings wesentlich raffinierter, indem sie die Frauen als »wahre Helden der Weltgeschichte« loben. Natürlich ist das Heldentum vorwiegend auf die Fähigkeit, Kinder zu gebären, begrenzt. Ansonsten bleibt die Botschaft – wenn auch besser verpackt – unverändert: Ohne Hormone seid ihr nichts.
Dr. Love hat für die Panikmache der »Menopausenspezialisten« nichts übrig: »Es ist schändlich und gefährlich, ein natürliches Stadium im Leben einer Frau mit Krankheit gleichzusetzen. ... Beharrt man auf der Ansicht, dass die Menopause eine Krankheit sei, dann ergeben sich daraus mehrere Konsequenzen. Auf praktischer Ebene folgt daraus die Notwendigkeit einer Medikation: Krankheiten werden behandelt. Auf einer tieferen Ebene definiert sie ältere Frauen als abweichend vom Normalen. Frauen vor der Menopause sind normal, Frauen nach der Menopause nicht.«
Dr. Love sieht aber auch die Gynäkologen von der Pharmaindustrie manipuliert: »Ärzte sind genauso anfällig für

Werbung wie alle anderen Menschen, insbesondere, wenn sie glauben, dass ihre Patientinnen durch ein bestimmtes Mittel jünger, glücklicher und gesünder werden. ... Darüber hinaus greifen sie, wenn sie ihren Wissensstand aktualisieren wollen, nicht immer auf die neuesten Studien zurück. Vielmehr wenden sie sich häufig an die Vertreter der Pharmafirmen oder besuchen medizinische Tagungen, die von diesen Firmen finanziert werden.«

Aber so ganz entlässt die amerikanische Lehrstuhlinhaberin für Frauengesundheit die Ärzte doch nicht aus der Verantwortung. Die Tatsache, dass ein natürlicher Vorgang pathologisiert wird, bedeutet letztendlich ein gutes Geschäft: »Wenn Sie keine Kinder mehr bekommen können, müssen Sie den Frauenarzt kaum noch aufsuchen – sofern Sie keine Hormone einnehmen. In diesem Fall jedoch müssen Sie sich nicht nur alle drei Monate ein neues Rezept holen, es sind bei Frauen unter Hormontherapie viele weitere profitable gynäkologische Untersuchungen erforderlich.« Zum Beispiel alle sechs Monate Gewebeuntersuchungen der Gebärmutterschleimhaut mit Ultraschall.

Doch auch die Journalisten tragen zur einseitigen Information bei: »Die Medien verwechseln häufig Nachrichten mit Werbung und stellen Behauptungen über ein neues Produkt als erwiesene Tatsachen dar«, meint Dr. Love und nennt auch gleich ein Beispiel: »Erst im Dezember 1995 pries der Reader's Digest Premarin (ein Hormonpräparat) auf der Titelseite als ›die Pille, die Frauen jung hält‹. Inzwischen steht auf dem Waschzettel von Premarin: ›Sie haben vielleicht gehört, dass Ihre Haut glatt und zart bleibt und dass Sie sich lange jung fühlen, wenn Sie nach der Menopause langfristig (über

Jahre) Östrogene einnehmen. Es gibt keinen Beweis dafür, dass das stimmt, und eine derartige Behandlung kann schwere Risiken mit sich bringen. ‹«

Doch letztendlich haben auch hier die Arzneimittelkonzerne mit ihren beträchtlichen Werbebudgets die Hände im Spiel: »Wenn eine neue Studie veröffentlicht wird, die die Gefahrlosigkeit der Hormontherapie in Zweifel zu ziehen droht, dann verteilen die Pharmafirmen eine Mitteilung an die Medien, in der sie Experten anbieten, die zu den methodischen Fehlern der Studie Stellung nehmen. ... Erscheint dagegen eine Studie, die eine positive Wirkung der Hormontherapie belegt, sorgen die Pharmaunternehmen dafür, dass sie in den Medien großes Echo findet: Sie verteilen Nachdrucke der Studie an die Ärzte und die Medien und bieten den Autoren der Studie an, sie für Vorträge auf nationalen Medizinerkongressen und Pressekonferenzen zu bezahlen. Weniger günstige Studien verbreiten sie selten. Dies bedeutet, dass Ärzte und Medien einseitige Informationen erhalten.«

DIE INFORMIERTE FRAU

Das Dilemma, in dem sich die Frauen befinden, ist evident. Zu viele verschiedene Interessengruppen kämpfen um einen großen Markt. Die korrekte Information der Betroffenen kommt dabei oft zu kurz. Damit Sie sich, falls Sie an Beschwerden leiden, besser für oder gegen eine Behandlung mit Medikamenten entscheiden können, hier ein paar Fakten:

Egal, was Ihnen Ihr Arzt, die Pharmafirma oder ein Zeitungsartikel als »gesichertes Wissen« anbieten: zum jetzigen Zeitpunkt gibt es für die meisten der behaupteten

Wirkungen von Hormonen auf Frauen in den Wechseljahren noch keine groß angelegten prospektiven, randomisierten, kontrollierten Studien, also Studien, die allen wissenschaftlichen Kriterien standhalten.
Wenn Sie sich informieren wollen, wie so eine Studie aufgebaut sein muss, dann brauchen Sie jetzt einen Augenblick Zeit:

- Prospektiv bedeutet, dass eine Gruppe von Teilnehmern ausgesucht wird, die über einen bestimmten Zeitraum hinweg beobachtet wird. Im Gegensatz zur retrospektiven Studie, bei der die Vergangenheit, also die Vorgeschichte von Menschen analysiert wird, ist die vorausschauende Studie aussagekräftiger, weil sie nicht vom Erinnerungsvermögen der Studienteilnehmer abhängt. Prospektive Studien werden oft vermieden, weil sie aufwändiger sind und die Ergebnisse erst in ein paar Jahren vorliegen. Als Beispiel: Eine retrospektive Studie untersucht Frauen, die über einen bestimmten Zeitraum Hormone eingenommen haben, und stellt fest, wie viele davon an Brustkrebs erkrankt sind. Eine prospektive Studie gibt einer Gruppe von Frauen Hormone und begleitet sie über Jahre, um dann festzustellen, wie viele an Brustkrebs erkranken.
- Randomisiert bedeutet, dass in der zu beobachtenden Gruppe nach dem Zufallsprinzip – meistens mittels Computer – entschieden wird, wer ein Medikament zur Einnahme bekommt und wer ein Placebo (Pille ohne Wirkstoff). Es wäre für das Ergebnis zum Beispiel nicht sinnvoll, wenn jene Frauen, die häufiger zum Arzt gehen, eine Hormontherapie bekommen, und die andere Gruppe, die sich seltener beraten lässt, ein Placebo, weil die erste Gruppe gesundheitsbewusster lebt. Wenn weder Forscher noch Erforschte erfah-

ren, wer welche Tablette erhält, besteht keine Gefahr, eine der Gruppen anders zu behandeln als die andere, um die Ergebnisse zu beeinflussen. Man nennt diese Methode einen Doppelblindversuch.

- Kontrolliert heißt, dass es immer zwei Gruppen geben muss, die miteinander vergleichbar sind. Das heißt, dass zum Beispiel eine Gruppe von Frauen mit denselben Voraussetzungen Hormone bekommt, die andere Gruppe ein Placebo.

Europäische und amerikanische Hormonkritiker beschweren sich darüber, dass die Ergebnisse von Studien, die nicht nach den oben genannten Kriterien durchgeführt werden, schon dadurch verfälscht werden, weil Frauen, die bereit sind, eine Hormontherapie über einen längeren Zeitraum durchzuführen, sich in wichtigen Merkmalen von anderen Frauen unterscheiden, so z. B. durch einen höheren Sozialstatus, höheres Einkommen, höhere Schulbildung, gesundheitsbewussteres Leben, häufigere Arztbesuche und mehr sportliche Betätigung. All diese Vorteile führen dazu, dass die untersuchten Frauen von vornherein eine bessere Ausgangsposition haben und grundsätzlich gesünder sind.

Die erste prospektive, randomisierte, kontrollierte Doppelblindstudie über die Auswirkungen der Hormontherapie bei Frauen auf Herzerkrankungen, Brustkrebs und Osteoporose, die vor mehreren Jahren in den USA begonnen wurde, wird im Jahr 2008 wahrscheinlich die langersehnten Daten über Risiken und Nutzen von Hormonen liefern.

Zwischenergebnisse sind schon früher zu erwarten. Solange die »Womens' Health Initiative«-Studie noch nicht vorliegt, gilt die Analyse von 51 verschiedenen Studien zum Thema Brustkrebs, deren Ergebnisse zusammengefasst und 1995 der Öffentlichkeit vorgestellt wurden, als »state of art«, also als letzter Stand der Wissenschaft. Diese so genannte »Metastudie« zeigt, dass nach der Einnahme von Hormonen über einen Zeitraum von mehr als fünf Jahren das Brustkrebsrisiko signifikant ansteigt. Ausgewertet wurde dabei unter anderem eine Untersuchung an 122.000 US-Krankenschwestern.

Zusätzlich gilt als gesichertes Wissen, dass die Gefahr, an Brustkrebs zu erkranken, bei Frauen, die gleichzeitig Alkohol trinken, wesentlich höher ist.

Doch nicht nur die Schädlichkeit der Hormontherapie wird inzwischen diskutiert, auch ihre Sinnhaftigkeit als Langzeittherapie zur Verhinderung von Osteoporose und Herzinfarkt wird von Kritikern in Frage gestellt.

Ein Düsseldorfer Internistenteam (Prof. Mühlhauser, Prof. Berger, Prof. Kimmerle), das alle größeren internationalen Studien auswertete, kam zum Schluss, dass es für die behauptete Verringerung von koronaren Herzerkrankungen nach einer Langzeittherapie mit Hormonen keinen wissenschaftlichen Beweis gibt. Für die Sekundärprophylaxe, also zur Vorbeugung weiterer Herz-Kreislauf-Erkrankungen, nachdem bereits einmal ein Herzinfarkt aufgetreten ist, gilt nach einer neuen, randomisierten, kontrollierten Studie (HERS) mittlerweile als gesichertes Wissen, dass Hormone sogar schädlich sind.

Auch die Verordnung von Östrogen als Vorbeugung gegen Osteoporose kann das Forscherteam nicht uneingeschränkt gelten lassen. Während es unbestritten ist, dass Östrogene den Knochen schützen, solange man sie einnimmt, beginnt die Schwierigkeit dort, wo sie vorbeugend gegen ein späteres Risiko verordnet werden, weil die Hormone, um ihre Wirkung zu erhalten, ein Leben lang eingenommen werden müssten: »So zeigte sich in der Framingham-Studie bei über 75 Jahre alten Frauen, dass, selbst wenn 10 Jahre oder länger Östrogene eingenommen, danach aber abgesetzt wurden, die aktuelle Knochendichte nicht höher war als bei Frauen, die nie Östrogene eingenommen hatten.«

Selbst die Illusion, durch die Glückspille »scharf und schön« zu werden, wird den Frauen von den Düsseldorfer Hormongegnern genommen, wie der »Spiegel« in einer kritischen Geschichte anmerkt. Nach der Auswertung aller Fakten stellen sie lapidar fest: »Die positiven Wirkungen einer Langzeittherapie mit Sexualhormonen auf Haut und Gelenke sind angesichts der spärlichen Datenlage übertrieben ... langfristig sind klinisch relevante Wirkungen unbewiesen.« Am Ende, wenn unterm Strich zusammengezählt wird, rechnet sich Östrogen auch nicht als Lebenselixier, denn »die Lebenserwartung verlängert sich nicht oder nur wenig«, ziehen die Internisten der Heinrich-Heine-Universität im »arznei-telegramm« ein Resümee.

DER RISIKOFAKTOR

Wenn Frauen Ärzte aufsuchen, dann bekommen sie oft das Wort »Risikofaktor« zu hören, ein Begriff, der Angst macht und häufig falsch verwendet wird.

Man versteht darunter Umstände, die die Wahrscheinlichkeit erhöhen, an einem bestimmten Leiden zu erkranken. Das heißt noch lange nicht, dass Sie tatsächlich krank werden müssen, auch nicht, dass sie schneller krank werden als andere. Mit anderen Worten, wenn Sie zum Beispiel einen Risikofaktor für Osteoporose haben, dann kann es sein, dass sie ab dem 75. Lebensjahr wahrscheinlich ein größeres Risiko als andere Frauen haben werden, einen Knochenbruch zu erleiden. Ob Sie tatsächlich Probleme bekommen, kann niemand vorhersagen.

HORMONE – FLUCH ODER SEGEN?

Diese Frage wird sich jede Frau stellen, wenn sie die kontroversielle Diskussion mitverfolgt. Doch so einfach ist sie nicht zu beantworten: »Hormone sind zur Behandlung von Wechseljahrsbeschwerden, die die Lebensqualität einschränken oder die Gesundheit bedrohen, nützlich und haben, so wie fast alle Medikamente, ihre Meriten«, meint der Wiener Gynäkologe Dr. Michael Adam. Wogegen sich Kritiker zunehmend aussprechen, ist die Tendenz, sie im »Gießkannenprinzip« über alle Frauen auszuschütten und wie Bonbons zu verteilen, solange die Wissenschaft noch weit davon entfernt ist, ihre Ungefährlichkeit nachweisen zu können. Und außerdem: Wer nimmt schon freiwillig eine Kopfschmerztablette, noch ehe er an Kopfschmerzen leidet?
Doch es gibt noch andere Gefahren. Studien belegen, dass Frauen Hormone nur über einen kurzen Zeitraum einnehmen, wenn sie den Eindruck haben, dass es sich dabei nicht um ein auf sie persönlich abgestimmtes Konzept, sondern um eine allgemeine Empfehlung handelt. Die inflationäre Verwendung ist ihnen suspekt. Das bedeutet aber auch, dass Patientinnen, die Hormone wirklich benötigen, sie ebenfalls absetzen. Der Notwendigkeit, einen Großteil der Frauen mit Hormonen zu versorgen, weil sie krank seien, widerspricht auch die Berliner Wechseljahrsstudie von Dr. Beate Schultz-

Zehden ganz entschieden. Zwei Drittel der Frauen haben keine oder nur leichte Beschwerden.
Die Verunsicherung der Frauen ist durch die widersprüchlichen Standpunkte der Experten perfekt. Kein Wunder. Sie lesen in der Zeitung über Osteoporose, über ein erhöhtes Risiko für Herzerkrankungen, Sie besuchen einen Vortrag und werden durch Dias alter Frauen mit einem »Hexenbuckel« erschreckt. Gesponsert werden solche Veranstaltungen fast immer von Pharmafirmen. Auf der anderen Seite werden Sie mit Studienergebnissen konfrontiert, die ein erhöhtes Krebsrisiko nach einer mehr als fünf Jahre andauernden Hormontherapie nachweisen. Und wenn Sie Pech haben, nimmt sich Ihr Gynäkologe nicht die Zeit, sich mit Ihren Bedürfnissen auseinander zu setzen.
Die Ambivalenz, mit der Frauen der »Krankheit« Wechseljahre begegnen, drückt sich auch in Zahlen aus. »Nur 30 Prozent aller Frauen, die Hormonsubstitute verschrieben bekommen, lösen die Rezepte auch ein«, schreibt Dr. Love. »Sie werfen sie nicht weg; sie entscheiden sich nicht klar gegen die Hormontherapie; sie schieben nur einfach das Problem auf die lange Bank oder beschließen irgendwann, sich besser zu informieren.« Aber selbst von den Frauen, die anfänglich willig sind, sich einer Hormontherapie zu unterziehen, setzen die Hälfte innerhalb eines Jahres die Tabletten wieder ab. Kein Wunder, dass auf jedem Menopausenkongress die Ärzte die schlechte »compliance«, also die mangelnde Therapietreue ihrer Patientinnen, beklagen.
Letztendlich gibt es für oder gegen die Entscheidung, Hormone einzunehmen, beim heutigen Wissensstand nur eine Autorität: die Frau selbst.
Nur Sie können abwägen und für sich entscheiden, ob

eine Hormontherapie wichtig und richtig für Sie ist. Wenn Sie eine Behandlung in Erwägung ziehen, sollten Sie als Entscheidungshilfe einen so genannten »Hormonstatus« machen lassen. Die Aufgabe des Arztes ist es, Sie umfassend und korrekt zu informieren und dann Ihre Entscheidung zu respektieren. Die Schwierigkeiten, die dabei auftreten können, beschreibt Dr. Love in ihrem Hormonbuch: »Ärzte sind genauso anfällig für Selbsttäuschungen wie wir alle: Sie schenken eher den Studienergebnissen Glauben, die ihre eigenen Vorurteile bestätigen, und begegnen anderen Befunden mit Vorbehalten. Außerdem ist ihre Informationsquelle in vielen Fällen der Pharmahersteller – was zur Folge hat, dass die Ärzte meist pro Hormontherapie eingestellt sind.«
Doch auch fanatische Hormongegner stehen nicht im Dienst der Frauen, meint Dr. Adam: »Jede Tendenz, die Hormonfrage zu einer Religion zu machen, sowohl in der einen als auch in der anderen Richtung, geht an den Bedürfnissen der Frauen vorbei. Denn hier geht es oft nicht mehr darum, was individuell für die Patientin richtig wäre, sondern um einen Glaubenskrieg, in dem die Betroffenen die Verliererinnen sind«, plädiert er für das richtige Augenmaß.

Was Sie über Hormone noch wissen sollten

Es gibt natürliche und synthetische Hormone, deren Wirkung unterschiedlich ist, lassen Sie sich beraten. Auch bei der Anwendungsform haben sie die Wahl zwischen Tabletten, Pflaster, Salben, Cremes, Gels, Scheidenzäpfchen und einem Kristall-Depot im Körper, das Östrogene abgibt.
Wenn von einer »Östrogentherapie in den Wechseljahren« gesprochen wird, ist – von Ausnahmen abgesehen –

immer eine Behandlung mit beiden Hormonen, Östrogen und Gestagen, gemeint. Diese Maßnahme ist notwendig, weil sich durch die Östrogenzufuhr die Gebärmutterschleimhaut weiterhin aufbaut und dadurch die Gefahr für Gebärmutterschleimhautkrebs (Endrometriumkarzinom) ansteigt. Das wird durch Kombinationspräparate weitgehend verhindert, unter anderem auch, weil die Schleimhaut regelmäßig abblutet. Im Lauf der Zeit werden die Blutungen wahrscheinlich schwächer und bleiben auch immer wieder weg.

Frauen, deren Gebärmutter entfernt wurde, brauchen meistens kein Gestagen einzunehmen. Der Gestagenzusatz kann auch entfallen, wenn Sie estriolhaltige Präparate einnehmen, weil sie nur lokal wirken und nicht den gesamten Stoffwechsel beeinflussen.

In jedem Fall sollten alle Frauen, die Hormone einnehmen, in Abständen von sechs Monaten die Dicke ihrer Gebärmutterschleimhaut mit Ultraschall kontrollieren lassen.

Die verschiedenen Hormone

• *Estradiol*

ist das wichtigste Östrogen, das die Eierstöcke selber bilden. Die Tabletten, die angeboten werden, enthalten entweder Estradiol oder Estradiolvalerat, die sich in ihrer Wirkung nicht unterscheiden. Es gibt verschiedene Konzentrationen – schwächer und stärker. Estradiolhältige Präparate müssen an zehn bis zwölf Tagen pro Zyklus mit Gestagen kombiniert werden.

• *Estriol*

kommt ebenfalls im weiblichen Körper vor. Es wirkt schwächer als Estradiol und konjugierte Östrogene und wird vor allem lokal als Scheidenzäpfchen oder Creme bei Harnverlust und Trockenheit der Scheide angewandt. Estriolhaltige Präparate haben so gut wie keine Nebenwirkungen. Leichte Schmierblutungen geben einen Hinweis darauf, dass die Dosis zu hoch ist. Estriol muss nicht mit Gestagen kombiniert werden, weil es nur lokal wirkt. Allerdings eignet es sich auch nicht zur Vorbeugung gegen Osteoporose.

- *Konjugierte Östrogene*

sind ein Gemisch aus Substanzen, die bei der Frau nicht vorkommen – obwohl der Zusatz »natürlich«, den viele Pharmafirmen gebrauchen, etwas anderes suggeriert. Sie wirken ähnlich wie das Estradiol, das die Eierstöcke selbst produzieren, werden allerdings langsamer abgebaut.

- *Phytoöstrogene*

sind östrogenartige Mittel, die in Pflanzen vorkommen. Da sie die Vorteile von »echten« Östrogenen, aber nicht deren Nachteile haben, werden sie in Zukunft möglicherweise die klassische Hormontherapie verdrängen. Zu ihnen gehören zum Beispiel die so genannten »Bioflavonoide«, die aus Pflanzen gewonnen werden. Häufig werden sie gemeinsam mit Vitamin C eingenommen.

Die Hormonforschung befindet sich allerdings in einem ständigen Wandel, was heute noch Gültigkeit hat, ist morgen schon veraltet. Neue Produkte und so genannte »Designeröstrogene« kommen auf den Markt, informieren Sie sich.

Die Therapiekonzepte

Man unterscheidet zwischen zwei verschiedenen Arten der Verwendung von Hormonen, die jeweils andere Konsequenzen haben. Das eine ist die *Primärprävention.*

Das bedeutet, dass gegen eine Krankheit vorgebeugt wird, die Sie möglicherweise bekommen, aber vielleicht auch nicht. Es ist also ein Versuch, den eventuellen Ausbruch einer Krankheit zu verhindern. Das ist der Grundgedanke zur Idee, allen Frauen als Vorbeugung gegen Osteoporose Hormone verordnen zu wollen. Das Risiko dabei ist, dass Sie, um etwas vorzubeugen, was vielleicht gar nicht eintritt, über 20 oder 30 Jahre lang ein Medikament einnehmen, dessen Ungefährlichkeit noch nicht hinreichend bewiesen ist.

Sekundärprävention bedeutet, dass Frauen behandelt werden, die bereits erkrankt sind, um ein erneutes Ausbrechen der Krankheit zu verhindern. Wer also zum Beispiel an starker Osteoporose leidet und bereits einen Wirbelbruch erlitten hat, dem wird wahrscheinlich zur Verhütung weiterer Schäden ein Hormonpräparat oder ein anderes knochenstärkendes Medikament (z. B. Bisphosphonat) verschrieben.

Wenn Sie sich also zu einer Hormontherapie entschließen, dann ist es wichtig, zwischen zwei grundsätzlich verschiedenen Möglichkeiten zu unterscheiden. Die eine ist die kurzfristige Einnahme von Hormonen zur Linderung von akuten Beschwerden wie Hitzewallungen oder Schlaflosigkeit. Die andere ist die vorbeugende Einnahme von Hormonen, um mögliche Erkrankungen zu vermeiden. Diese beiden Ziele haben sehr unterschiedliche Konsequenzen. Während bei einer vorübergehenden Therapie das Medikament nach Verschwinden der Symptome abgesetzt wird, bedeutet die zweite Variante, dass Sie sich für eine jahrzehntelange Einnahme entscheiden.

können Sie auf drei Ebenen erlangen: durch Veränderung Ihres Lebensstils, durch alternative Heilmethoden, durch Medikamente oder medizinische Eingriffe. Bevor Sie in Erwägung ziehen, drastische Maßnahmen zu ergreifen, lohnt sich der Versuch, Ihre Lebensgewohnheiten zu verändern. Da Ärzte in unserem Kulturkreis dazu ausgebildet werden, Krankheiten zu heilen, und nicht, ihnen vorzubeugen, ist die Beratung oft mangelhaft. Am besten, Sie finden selbst heraus, was Ihnen gut tut.
Doch Vorsicht: »Wenn Sie Ihren Lebensstil verändern wollen, müssen Sie sich erreichbare Ziele setzen und ein praktikables Vorgehen zur Erreichung dieser Ziele planen«, empfiehlt Dr. Michael Adam. »Eine Gewohnheit oder gleich mehrere zu ändern ist schwieriger, als jeden Morgen eine Pille zu schlucken. Wenn Sie täglich zwei Päckchen Zigaretten rauchen, jeden Abend ein Schweinsschnitzel essen und es mit zwei Vierteln Wein hinunterspülen, keinerlei Sport betreiben und die Vorstellung zu meditieren eher fremdartig auf sie wirkt, werden Sie sich wohl kaum innerhalb der nächsten zwei Wochen in eine salatessende, abstinente, nichtrauchende, meditierende Sportlerin verwandeln.«

Tipps:

• Bevor Sie Ihr Programm beginnen, melden Sie sich bei Ihrem Hausarzt zu einem Gesundheitscheck an und finden Sie heraus, wie es um Sie steht.

• Machen Sie eine Liste der Lebensveränderungen, die Ihnen sinnvoll oder notwenig erscheinen.

• Finden Sie heraus, was für ein Typ Sie sind, und bauen Sie danach Ihr Programm auf: A – Ich fange mit dem

Leichtesten an, das erhöht die Chance, dass ich durchhalte. B – Ich fange mit dem Wichtigsten an, das gibt mir das Gefühl, für meinen Körper etwas zu tun. C – Ich verändere radikal gleich alles. Für alle Typen gilt: Finden Sie zusätzlich heraus, ob es Ihnen leichter fällt, etwas wegzulassen (z. B. Zigaretten und Alkohol) oder etwas Zusätzliches zu tun (z. B. Sport zu betreiben).

• Wählen Sie also aus, was Sie machen möchten, und nehmen Sie sich vor, sich einen Monat lang daran zu halten.

• Verurteilen Sie sich nicht, wenn es nicht gleich klappt, schlechte Laune schädigt die Gesundheit.

• Wenn Sie unter konkreten Beschwerden leiden, gehen Sie zum Arzt, informieren Sie sich möglichst umfassend über verschiedene Heilmethoden und probieren Sie aus, was Ihnen gut tut. Ihr Körper ist der beste Ratgeber:

Hitzewallungen

sind unberechenbar. Sie treten oft im ungünstigsten Augenblick auf. Dennoch gibt es vielleicht ein Muster, das Sie wieder erkennen können. Beobachten Sie sich: Haben Sie gerade Kaffee, Tee oder Alkohol getrunken, scharf gewürzte Speisen gegessen, als es passierte, oder haben Sie sich in Stress gebracht und sich heftig geärgert? Vielleicht finden Sie den Auslöser. Vielleicht gibt es auch einen Weg, den Hitzeschub möglichst gut »über sich ergehen zu lassen«. Prüfen Sie, ob es wirklich so unangenehm ist, eine »heiße Frau« zu sein, oder ob die gesellschaftliche Abwertung Sie beeinflusst. Manche Frauen können Wallungen auch genießen.

Wie lange eine Hitzewallung dauert und ob Sie zwei Monate oder drei Jahre mit dem Thema beschäftigt sind, dafür gibt es keine Regel. Jede Frau reagiert auf das Klimakterium anders, alles ist »normal«. Sie können eine »fliegende Hitze« in der Woche, aber ebenso zehn am Tag erleben, sie kann zwei Sekunden aber auch fünf Minuten andauern.

Tipps:

- Kleiden Sie sich im »Zwiebelstil«, tragen Sie mehrere Schichten übereinander, damit Sie etwas ausziehen können, wenn Ihnen heiß wird.
- Bevorzugen Sie Naturfasern und nehmen Sie zu wichtigen Gelegenheiten eine Reservebluse oder ein Kleid mit.
- Kaufen Sie sich Fächer in passenden Farben zu Ihrer Kleidung, wenn Sie mögen.
- Wenn Sie eine so heftige Hitzewallung erleben, dass Ihnen das Wasser in Bächen am Körper herunterläuft, sind die oben genannten Ratschläge fast eine Provokation. Bei diesem »Naturereignis« hilft weder »Zwiebellook« noch Fächeln.
- Versuchen Sie es mit körperlicher Bewegung. Viele Frauen berichten, dass sie ihre Wechseljahre im wahrsten Sinn des Wortes »durchlaufen« hätten. Aber auch Training in der Kraftkammer, Turnen, Schwimmen, Radfahren, Tennisspielen, Wandern, Skaten und alle anderen Sportarten sind nützlich.
- Härten Sie Ihren Körper durch Wechselduschen, Bürstenmassagen und Sauna ab. Alles, was die Durchblutung fördert, tut ihm wohl.
- Ernähren Sie sich gesund und vermeiden Sie Speisen und Getränke, die Sie in Wallungen bringen (scharf gewürztes Essen und Kaffee zum Beispiel). Versuchen Sie es mit Sojaprodukten, sie enthalten so genannte »Phytoöstrogene«, die wirken, ohne zu schaden.
- Probieren Sie Heilkräuter aus, am besten unter fach-

kundiger Anleitung. Das Rezept, das Ihrer Freundin geholfen hat, kann bei Ihnen das Gegenteil bewirken.

- Wenn Sie Vertrauen in alternative Methoden haben, ist das eine gute Möglichkeit. Bestimmte Atemtechniken, Homöopathie, Akupunktur, Biofeedback usw. können helfen, obwohl die Wirkung meistens schulmedizinisch nicht nachgewiesen werden kann. Fragen Sie nach der Ausbildung der Menschen, von denen Sie sich behandeln lassen, es gibt für einige dieser Methoden keine vorgeschriebene Qualifikation.
- Medikamente können vor allem über einen kürzeren Zeitraum bei starken Beschwerden nützlich sein. Informieren Sie sich bei Ihrer Frauenärztin oder bei Ihrem Arzt, was für Sie in Frage kommt, oder besuchen Sie eine Hormonambulanz. Probieren Sie mehrere Präparate und Dosierungen aus, wenn Sie nicht zufrieden sind. Nur Sie können die Wirkung auf Ihren Organismus beurteilen. Wenn Sie unter Ihren Hitzewallungen so stark leiden, dass eine möglichst rasche Linderung für Sie wichtig ist, dann können Sie ohne schlechtes Gewissen eine Hormonbegleittherapie machen. Es ist nicht nachgewiesen, dass Hormone, über einen kürzeren Zeitraum eingenommen, schädlich sind (das gilt nicht für brustkrebsgefährdete und brustkrebserkrankte Frauen).

Nachtschweiß
wird von vielen Frauen als weniger belastend empfunden, weil er nicht unter den Augen der Öffentlichkeit stattfindet. Dennoch kann er sehr störend sein, wenn Sie mehrfach davon aufwachen.

Tipps:

- Senken Sie die Raumtemperatur in Ihrem Schlafzimmer, damit Sie nicht so leicht ins Schwitzen kommen.

• Beobachten Sie, in welchen Nächten Sie besonders stark schwitzen. Spätes Essen und Alkohol fördern die nächtlichen Probleme.
• Verwenden Sie nur Bettwäsche, Nachthemden und Pyjamas aus Naturfasern oder schlafen Sie nackt.
• Legen Sie sich ein Handtuch und frische Wäsche neben Ihr Bett, so dass Sie zumindest nicht aufstehen müssen.
• Wenn Sie in der Nacht mehrfach schwitzen, verwenden Sie eine dünne Decke und darunter ein normales Leintuch, damit Sie nur das Leintuch auswechseln müssen.
• Reden Sie mit Ihrem Partner darüber, besonders dann, wenn Sie ein Schlafzimmer teilen. Die Phantasien, dass er Sie »ekelig« findet oder dass es ihn stört, wenn Sie schwitzen, haben meistens mit der Realität nichts zu tun.

Gewichtsprobleme
sind bei Frauen und Männern normale Begleiterscheinungen des Älterwerdens. Der Stoffwechsel verlangsamt sich und verbrennt nicht mehr so viele Kalorien wie früher. Viele Frauen, die Hormone einnehmen, klagen über eine besonders starke Gewichtszunahme, oft bis zu fünf Kilo. In einer bundesweiten deutschen Studie von Dr. Beate Schultz-Zehden nannten 70 Prozent der Frauen, die eine Hormontherapie abgebrochen hatten, als Hauptgrund ihre Gewichtsprobleme.
Tipps:
• Verlangen Sie nicht von sich, dass Sie das Gewicht aus Ihrer Jugend ein Leben lang halten. Es ist ganz normal, dass wir älter und schwerer werden. Das persönliche »Wohlfühlgewicht« zu ergründen, ist für die meisten Frauen eine große Herausforderung, weil wir in den Medien ständig mit superschlanken Models konfrontiert werden. Eine Hilfe kann die Berechnung nach dem so ge-

nannten »Body-Mass-Index« sein (Gewicht durch Körpergröße in Metern zum Quadrat. 20–25 ist der Idealbereich). Die Berechnung des »Idealgewichts« für Frauen nach der so genannten »Brocca-Formel«, Größe minus 100, minus 15 Prozent, die manche Ärzte noch immer verwenden, wurde früher von den amerikanischen Lebensversicherungen angewandt. Sie gilt als veraltet und verleitet zur unnötigen Quälerei.

- Manche Frauen leiden, wenn sie älter werden, an Übergewicht, weil sie nach dem Motto »Jetzt ist eh alles egal« leben. Das »Wohlfühlgewicht« zu finden, soll nicht gleich bedeutend mit »Sich-gehen-Lassen« sein.
- »Das Abendessen soll man seinen Feinden überlassen.« Diese chinesische Weisheit ist unpopulär, aber wirkungsvoll. Alles, was Sie nach 17 Uhr essen, schlägt besser an. Für viele Frauen ist es nicht realistisch, so früh zu essen, weil ein Großteil der zwischenmenschlichen Kommunikation nach der Arbeit beim Abendessen stattfindet. Nehmen Sie sich also nicht zu viel vor. Wenn Sie ein- oder zweimal in der Woche auf Ihr Nachtmahl verzichten und sich im Allgemeinen bewusst ernähren und sich nachts nicht »den Bauch voll schlagen«, genügt das meistens auch.
- Das Beste ist gerade gut genug für Sie. Wenn Sie lernen wollen, weniger zu essen, dann ist es besonders wichtig, der Qualität der Speisen einen hohen Stellenwert zu geben. Essen Sie nicht im Vorübergehen, setzen Sie sich an einen schön gedeckten Tisch.
- Bewegen Sie sich. Reden Sie sich nicht ein, dass Gymnastik oder Joggen in ihrem Leben absolut keinen Platz haben, meistens ist es nur eine Frage der Überwindung. Finden Sie eine Sportart, die Ihnen wirklich Spaß macht, sonst werden Sie nicht dauerhaft dabei bleiben. Wenn Sie

es mit Winston Churchill halten wollen, »no sports«, dann stehen Sie dazu und lassen Sie sich kein schlechtes Gewissen machen.

Schlafstörungen
gehören zu den unangenehmsten Beschwerden und beeinträchtigen meistens die Lebensqualität. Hier gelten im Wesentlichen die Empfehlungen für Hitzewallungen und Nachtschweiß. Zusätzlich können Sie noch auf ein paar andere Ratschläge achten:

- Versuchen Sie vor dem Einschlafen etwas »Beruhigendes« zu tun. Horrorfilme und die Besprechung der finanziellen Lage oder POGs (problemorientierte Gespräche) eignen sich nicht als Schlafmittel.
- Machen Sie einen Abendspaziergang, es lohnt sich. 20 Minuten oder eine halbe Stunde sind meistens genug.
- Versuchen Sie nicht, Ihre Schlafstörungen mit Alkohol zu bekämpfen, das hat meistens den gegenteiligen Effekt.
- Autogenes Training, Meditation oder andere Entspannungstechniken haben sich bei vielen Frauen bewährt.
- Legen Sie sich ein Ritual zurecht. Trinken Sie zum Beispiel vor dem Schlafengehen eine Tasse Tee (Hopfen, Johanniskraut, Baldrian) und lesen Sie im Bett noch ein paar Sätze aus einem »beruhigenden« Buch.
- Wechseljahre bedeuten auch Neuanfang. Vielleicht ist Ihr ganzes inneres System in Aufregung, weil sich das »Neue« noch nicht zeigt und das »Alte« noch nicht abgeschlossen ist. Haben Sie Geduld und versuchen Sie die Zeit zu nützen. Führen Sie Tagebuch, lesen Sie, wenn Sie können.
- Je weniger Sie Ihre Schlafstörungen zum Mittelpunkt Ihres Lebens machen, desto leichter werden Sie damit umgehen können.

• Wenn Sie in einen Kreislauf geraten, aus dem Sie nicht mehr herauskommen, kann ein leichtes, pflanzliches Schlafmittel Ihre Angst, schon wieder nicht einschlafen zu können, durchbrechen. Sprechen Sie mit Ihrer Ärztin oder Ihrem Arzt. Meiden Sie starke Schlaftabletten, die meisten machen schon nach wenigen Wochen abhängig.

Depressive Verstimmungen
gehören nicht zu den Wechseljahrbeschwerden. Sie treten in Krisenzeiten in allen Lebensphasen immer wieder auf. Für viele Frauen bedeutet das Klimakterium nicht nur das Ende ihrer körperlichen Fruchtbarkeit, sondern auch oft die Veränderung der Lebensumstände oder einen Neuanfang, der zunächst Schwierigkeiten bereitet. Mit »echten« Depressionen, an denen ungefähr 10 Prozent aller Frauen unabhängig von ihrem Alter leiden, haben diese Stimmungsschwankungen nichts zu tun.
Tipps:
• Beschäftigen Sie sich mit Ihrem Lebensstil. Was müssten Sie ändern, damit es Ihnen gut geht?
• Sport hebt die Stimmung, weil der Körper dabei Endorphine freisetzt, die sich auf das seelische Wohlbefinden auswirken. Sie sollten sich aber mindestens 20 Minuten bis eine halbe Stunde bewegen.
• Wenn Sie keine Zeit für Spaß haben, dann lernen Sie dort, wo Sie Verpflichtungen eingegangen sind, Nein zu sagen.
• Verdrängen Sie Ihre Gefühle nicht. Finden Sie jemanden, mit dem Sie darüber reden können: ihren Partner, eine Freundin, oder schließen Sie sich einer Wechseljahrselbsthilfegruppe an.
• Wenn Sie das Gefühl haben, dass professionelle Hilfe nützlich wäre, versuchen Sie es mit einer Therapie.

• Chemische Seelentröster sind gefährlich. Antidepressiva, die immer noch häufig verschrieben werden, wenn Frauen sich niedergeschlagen fühlen, sind hochwirksame Medikamente, die nach einiger Zeit abhängig machen.
• Das Versprechen der Pharmaindustrie, dass Hormone auch ein Allheilmittel bei seelischen Problemen sind, kann nicht eingelöst werden. Im Gegenteil: »Studien belegen«, schreibt Dr. Susan Love, »dass eine Östrogentherapie gegen Depressionen nichts ausrichtet. Eine Behandlung mit Östrogen oder mit einer Östrogen-Gestagen-Kombination kann sogar Depressionen verursachen.«

Konzentrationsstörungen
gehören zu den beunruhigenden Erscheinungen der Hormonumstellung. Auch das Wissen, dass sie wieder vorübergehen, kann viele Frauen nicht darüber hinwegtrösten, dass sie jetzt darunter leiden.
Tipps:
• Machen Sie eins nach dem anderen. Die Beschäftigung mit vielen Dingen gleichzeitig erhöht die Wahrscheinlichkeit, dass Sie dabei etwas übersehen oder vergessen. Stress und starke Belastungen beeinträchtigen Ihre Merkfähigkeit.
• Beobachten Sie sich und prüfen Sie, ob Sie nicht vielleicht Dinge vergessen, die Sie in Wahrheit nicht interessieren.
• Schränken Sie Ihren Alkohol- und Koffeingenuss ein, Drogen fördern die Vergesslichkeit.
• Wenn Sie Lust haben, machen Sie »Gehirnjogging«. Gedächtnistraining, und sei es nur Kreuzworträtsel lösen, kann nützlich sein.
• Es gibt verschiedene Heilkräuter, wie zum Beispiel

Salbei, Ginseng oder Ingwer, denen eine gedächtnisstützende Wirkung nachgesagt wird. Probieren Sie es einfach aus, wissenschaftlich nachgewiesen ist es nicht.

• Eine Östrogentherapie kann Ihre Konzentrationsfähigkeit fördern. Wenn Sie unter Ihrer Vergesslichkeit stark leiden, sprechen Sie mit Ihrer Ärztin oder Ihrem Arzt, ob eine vorübergehende Behandlung nützlich sein könnte.

Reizbarkeit und Ängstlichkeit

Das Klimakterium bedeutet, so wie die Pubertät, eine starke Umstellung für Körper und Seele. Alles gerät durcheinander. Nicht nur die Hormone purzeln, auch die Werte, an die Sie bisher geglaubt haben, müssen hinterfragt werden. Viele Privilegien der jungen Frau verschwinden, viele neue Privilegien der älteren Frau werden noch nicht entdeckt oder noch nicht in Anspruch genommen. Jede Neuorientierung macht auch gleichzeitig Angst. Es ist ganz normal, dass Sie verunsichert und empfindlich sind.

Tipps:

• Vermeiden Sie möglichst Dinge, von denen Sie wissen, dass sie reizbar machen. Jetzt ist es an der Zeit, Nein zu sagen, wenn Sie aufgefordert werden, sich zu »opfern«.

• Möglicherweise sind Sie gar nicht gereizt, sondern einfach nicht mehr so leicht auszubeuten. Die Umwelt nimmt Frauen, die selbstbestimmter handeln, oft negativ wahr.

Sexuelle Unlust

gehört nicht zu den Wechseljahrsbeschwerden, obwohl auch der »Libidoverlust« dieser Umstellungsphase zugeordnet wird. Neuere Studien weisen darauf hin, dass sexuelle Unlust in der Menopause durch psychosoziale Ereignisse wie Krisen, Scheidung, Krankheit und Todesfälle hervorgerufen wird und nicht, wie immer wieder behauptet wird, durch hormonelle Veränderungen, schreibt Dr. Beate Schultz-Zehden und nennt Zahlen aus ihrer Studie »Frauengesundheit in und nach den Wechseljahren«: »Der Wunsch nach sexuellen Kontakten war bei den befragten Frauen in der Regel größer als die tatsächliche Koitushäufigkeit: Bis zu 80 Prozent der 50–60-jährigen wünschten sich regelmäßigen sexuellen Verkehr, über 50 Prozent von ihnen sogar bis zu 5-mal im Monat.« Mit anderen Worten, nicht die generelle Unlust macht Frauen zu schaffen, sondern ihre Lebensumstände. Ein fehlender Partner und andere Probleme wurden von den 42 Prozent Frauen, die zum Zeitpunkt der Befragung kein aktives Liebesleben hatten, als Grund für die sexuelle Enthaltsamkeit angegeben.

Tipps:

- Wenn Sie keine Lust auf Sex haben, dann prüfen Sie, ob es möglicherweise mit Ihrer Partnerschaft zu tun hat.
- Wenn Sie keinen Partner haben, versuchen Sie es mit Masturbation. Falls Sie Anregungen dazu möchten, für »Sex for one« gibt es genügend Literatur auf dem Buchmarkt.
- Wenn Ihnen die körperliche Liebe unangenehm ist, versuchen Sie herauszufinden, ob das nicht schon früher so war. Vielleicht bietet Ihnen das Klimakterium eine Gelegenheit, zu Ihren Bedürfnissen zu stehen.
- Wenn Sie unter schweren Wechseljahrsbeschwerden, wie zum Beispiel Schlafstörungen, leiden, dann kann es sein, dass Sie vorübergehend für Sex nicht empfänglich sind. Keine Sorge, die Lust kommt wieder, bitten Sie Ihren Partner um Verständnis. Wenn Ihre Belastungen

zu lange andauern, sprechen Sie mit Ihrem Arzt über Möglichkeiten der Linderung.

• Falls Sie Schmerzen beim Verkehr haben, überprüfen Sie, ob es sich um gesundheitliche Probleme handelt oder ob sich Ihr Körper gegen eine unbefriedigende Vereinigung wehrt.

Trockenheit der Scheide

Wenn Sie Spaß am Sex haben, Ihre Scheide durch »Übung« trainiert ist und Sie keine gesundheitlichen Probleme haben, dann ist es sehr unwahrscheinlich, dass Sie im Klimakterium »austrocknen«, wie einige medizinische Ratgeber behaupten. Dass Sie mühelos genauso feucht werden wie früher, können Sie feststellen, wenn Sie sich selbst stimulieren. Nehmen Sie sich Zeit, sorgen Sie dafür, dass Sie nicht gestört werden, und begeben Sie sich auf Entdeckungsreise, das kann sehr erotisch sein. Wer aus der Übung kommt, gerät in einen Kreislauf, der oft nicht einfach zu durchbrechen ist. Je weniger Sex Sie haben, desto stärker die Trockenheit, je störender die Trockenheit, desto weniger Sex.

Tipps:

• Versuchen Sie herauszufinden, ob Ihr Körper nicht einfach ehrlicher ist als Sie selbst. Oft kann die Scheide trocken bleiben, weil das »echte« Begehren fehlt.

• Wenn Sie länger keine Lust hatten, weil Sie krank oder durch Beschwerden belastet waren, masturbieren Sie vor dem Geschlechtsverkehr, das kann Wunder wirken.

• Ein Gleitmittel kann durchaus erotisch sein. Wenn Sie eine trockene Scheide haben – die nicht durch Unlust bedingt ist –, bitten Sie Ihren Partner um eine Massage mit »Femilind« oder anderen Produkten.

• Vaginal angewandte Östrogene können, wenn nichts

anderes hilft, eine gute Maßnahme sein. Fragen Sie Ihre Ärztin oder Ihren Arzt.

Körperliche und geistige Erschöpfung
sind Symptome, unter denen auch Männer leiden, wenn sie älter werden und die Grenzen ihrer körperlichen Belastbarkeit ständig überschreiten. Lassen Sie sich also nicht einreden, dass »der Mangel an Antrieb« oder der »Verlust an Vitalität«, der speziell Frauen zugeschrieben wird, eine Erscheinung der Wechseljahre ist. Vielleicht ist Ihr Körper einfach weise geworden und lässt sich die ständige Schinderei nicht mehr gefallen. Für Schlafmangel, Hektik, Stress und andere Belastungen, die Sie ihm zumuten, zeigt er Ihnen von nun an einfach die rote Karte. Stopp, Erholung ist angesagt.
Tipps:
- Hören Sie auf Ihren Körper. Das ist nicht immer einfach, weil »Leistung« oft mit »jung« gleichgesetzt wird und »Entspannung« mit »Versagen« und Altwerden.
- Versuchen Sie nicht, mit den 30-jährigen in Konkurrenz zu treten. Zu den Weisheiten des Älterwerdens gehört auch, das Leben zu genießen.

Gelenks- und Muskelschmerzen
sind manchmal Begleiterscheinungen der Wechseljahre und können an verschiedenen Stellen auftreten. Manche Frauen spüren sie in den Fingergelenken, manche an den Ellbogen, andere im Rücken, in den Schultern oder in den Beinen.
Tipps:
- Wenn Sie häufig an Gelenks- und/oder Muskelschmer-

zen leiden, suchen Sie Ihre Ärztin oder Ihren Arzt auf, damit durch eine Untersuchung eine rheumatische Erkrankung ausgeschlossen werden kann.

- Probieren Sie aus, was Ihnen am besten hilft. Manche Frauen berichten, dass Bewegung die Schmerzen lindert, andere haben gute Erfahrungen mit Wärme oder Kälte gemacht. Auch Vitamin E kann hilfreich sein.
- Östrogenhaltige Salben werden von Hormonbefürwortern gerne als Mittel der Wahl angewandt, ob sie wirklich sinnvoll sind, ist umstritten. Auch hier gilt: Probieren Sie es aus.

Schwindelgefühle
gehören zu den Beschwerden, über die manche Frauen während des Klimakteriums klagen. Hormonschwankungen und ein instabiler Blutdruck können die Ursache dafür sein. Eine Behandlung gibt es dafür nicht. Wenn Sie sich Sorgen machen, dass Ihnen etwas schwer Wiegendes fehlt, lassen Sie es von Ihrer Ärztin oder Ihrem Arzt abklären. Vielleicht ist Ihnen auch nur schwindelig, weil so viel Neues in Ihrem Leben passiert.

Tipps:

- Legen Sie sich eine halbe Stunde hin, wenn Ihnen schwindelig ist.
- Versuchen Sie, Stress zu vermeiden, ein entspanntes Leben macht Sie vielleicht weniger anfällig.

Blasenschwäche
zählt zu den tabuisierten Erscheinungen des Älterwerdens. Die Peinlichkeit, »nicht dicht« zu sein, hindert Frauen oft daran, sich fachliche Hilfe zu holen. Die Blasenschwäche kann sich verschieden bemerkbar machen.

Finden Sie mit einem einfachen Fragenkatalog heraus, ob Sie darunter leiden:
Müssen Sie öfter als sieben bis acht Mal am Tag Wasser lassen? Müssen Sie oft während der Nacht Wasser lassen? Leiden Sie unter plötzlich auftretendem Harndrang mit nachfolgendem Harnverlust? Diese Symptome gehören alle zur so genannten »Dranginkontinenz«. Verlieren Sie Harn bei körperlicher Aktivität (»Stressinkontinenz«)? Verlieren Sie ständig Harn tropfenweise (»Überlaufinkontinenz«)?
Tipps:
• Die »Dranginkontinenz« können Sie vielleicht in den Griff bekommen, indem Sie trainieren, nicht gleich auf die Toilette zu gehen, wenn sie auftritt. Erst eine Stunde, dann zwei, dann drei.
• Wenn Sie unter »Stressinkontinenz« leiden, also zum Beispiel beim Lachen, Husten oder Niesen unfreiwillig urinieren, dann können Sie versuchen, mit Kegel-Übungen Ihre Beckenbodenmuskulatur zu trainieren. Den Muskel, den sie dabei stärken sollen, können Sie spüren, wenn Sie während des Urinierens den Harnstrahl unterbrechen, er zieht sich zusammen. Versuchen Sie, diesen Muskel mehrfach täglich bewusst anzuspannen und wieder zu entspannen. Es gibt auch eigene Übungsprogramme dafür, informieren Sie sich.
• Wenn Sie ausgehen und sich durch Ihre Harninkontinenz gestört fühlen, können Sie eine Binde benützen.
• Operative Eingriffe machen nur bei schweren Beschwerden einen Sinn.
• Ob Hormone bei Blasenschwäche helfen, wird kontroversiell diskutiert. Während Hormonbefürworter bei Stressinkontinenz empfehlen, Östrogene als Vaginalprodukte in die Scheide einzuführen, sieht Dr. Susan Love

die Sache differenzierter: »Östrogen, insbesondere vaginal appliziertes Östrogen, kann sich bewähren, wenn die Inkontinenz mit vaginaler Trockenheit zusammenhängt. Bei Stressinkontinenz ist Östrogen jedoch wirkungslos.«

Verstärkter Haarwuchs und Haarausfall
können für manche Frauen in den Wechseljahren lästig sein. Der verstärkte Haarwuchs – oft am Kinn und an der Oberlippe – hängt damit zusammen, dass die männlichen Hormone im Körper dominanter werden.
Haarausfall ist eine normale Alterserscheinung, und vielleicht tröstet es Sie, dass es kaum Frauen mit Glatzen gibt. Wenn Sie unter massivem Haarausfall leiden, fragen Sie Ihre Ärztin oder Ihren Arzt, vielleicht kann Ihnen ein spezielles Hormonpräparat helfen.

Beschwerden, die in diesem Kapitel nicht beschrieben wurden,
sind wahrscheinlich nicht so häufig, aber dennoch wichtig, wenn Sie darunter leiden. Gehen Sie vor wie bei allen anderen Symptomen. Fragen Sie sich zuerst, wie Sie Ihren Lebensstil verändern könnten, damit Linderung oder Heilung eintritt. Informieren Sie sich über verschiedene Heilmethoden, am besten bei mehreren Quellen, weil die Ratschläge oft sehr unterschiedlich sind. »Doktorshopping« ist durchaus erlaubt, wenn Sie das Gefühl haben, von Ihrer Ärztin oder Ihrem Arzt nicht kompetent beraten zu werden. Es kann auch sein, dass Ihnen Kräuterheilkunde, Homöopathie, chinesische Medizin oder andere Naturheilverfahren helfen.

SCHRECKGESPENST OSTEOPOROSE

Obwohl die »Knochenbrüchigkeit« oder der »Knochenschwund« keine Erkrankung der Wechseljahre ist, wird sie inzwischen so damit identifiziert, dass keine Frau mehr daran vorbeikommt: »Früher war die Osteoporose eine Krankheit wie viele andere – und weder die Ärzte noch die Industrie machten davon viel Aufhebens oder hielten das Leiden für wichtig genug, es zum Gegenstand großer wissenschaftlicher Studien zu machen«, schreibt Annette Bopp für die Stiftung Warentest in ihrem Ratgeber »Wechseljahre«. »Als sich jedoch herausstellte, dass sich die Knochenentkalkung mit Östrogenen aufhalten lässt, entdeckte die Industrie diese Krankheit als Quell für einen Milliarden-Umsatz an Medikamenten.« Für Univ.-Prof. Dr. Klaus Klaushofer vom Wiener Ludwig-Boltzmann-Institut für Osteologie ist das Interesse der Pharmafirmen hingegen ein Segen, »weil die Aufmerksamkeit auf eine wichtige Erkrankung gelenkt wird.«
Doch wer ist wirklich davon betroffen?
Auch hier gehen die Meinungen auseinander, und letztendlich kann nur geschätzt werden. Während Professor Klaushofer angibt, dass in der Gruppe der über 50-jährigen jede dritte Frau an Osteoporose leidet, spricht Dr. Susan Love von jeder vierten; und die deutsche Stiftung Warentest bezieht sich auf Daten von der EVOS (European Vertebral Osteoporosis Study) und meint: »Diese Zahlen stehen möglicherweise auf wackeligen Füßen. Andere Statistiken geben an, dass nur 12 Prozent der Frauen betroffen sind, zumindest in den europäischen Ländern.« Das deutsche »arznei-telegramm« beziffert das Lebenszeitrisiko einer 50-jährigen Frau, einen Schenkelhalsbruch zu erleiden, mit 14 Prozent und gibt an,

dass 80 Prozent der Hüftfrakturen nach dem 75. Lebensjahr auftreten.

Was ist Osteoporose?

Sie können sich Knochen wie eine Baustelle vorstellen, an der ständig gearbeitet wird. Aufbauen, umbauen, abbauen. In den ersten 20 bis 30 Lebensjahren überwiegen die Aufbauprozesse. Mit ungefähr 35 Jahren hat der Körper die maximale Knochenmasse erreicht, die ihm zur Verfügung stehen wird. Von nun an beginnt ein langsamer Abbau, der durch den Wegfall der Östrogene mit dem Beginn der Wechseljahre beschleunigt wird. Bis zum 70. Lebensjahr geht ungefähr ein Drittel der Knochenmasse verloren.

Was ist eine normale Knochendichte?

Die Latte wurde von den Medizinern hoch gelegt. Während man als gegeben annimmt, dass die anderen Organe altern, wird bei der Messung der Knochendichte die typische Knochendichte einer 35-jährigen zu Grunde gelegt. Das heißt, wer nicht die Knochendichte einer jungen Frau aufweist, leidet bereits an »Knochenschwund«. Als »schwere« oder »manifeste« Osteoporose bezeichnet man eine Knochendichte, die mehr als 2,5 Standardabweichungen darunter liegt. »Im Grunde weiß niemand, welche Knochendichte als ›normal‹ zu betrachten ist«, kritisiert Dr. Love die heute gültigen Standards. »Glatte Haut ist für eine 35-jährige ›normal‹. Folgt daraus, dass Falten bei einer 60-jährigen ›abnorm‹ sind? Ist graues Haar abnorm? Unser ganzer Körper verändert sich, warum also sollten unsere Knochen im siebten Lebensjahrzehnt im selben Zustand sein wie im vierten?«
»Die Knochendichte ist jedoch für das Risiko, eine

Fraktur zu erleiden, nicht allein ausschlaggebend«, meint Professor Klaushofer. »Es hängt auch von der Mikroarchitektur des Knochens und von vielen Faktoren, die mit dem Knochen selbst nichts zu tun haben, ab (wie zum Beispiel Muskelkraft), ob Sie gefährdet sind, eine Fraktur zu erleiden. Man kann die mikroarchitektonische Zerstörung des Knochengewebes allerdings nur an Knochenbiopsien messen, und daher bleibt in der Praxis als bester Indikator für den Verlust der mechanischen Belastbarkeit die Feststellung der Knochendichte.«

Risikofaktoren für Osteoporose
(aus Annette Bopp, »Wechseljahre«, Stiftung Warentest):

- kalziumarme Ernährung, bedingt durch eine Abneigung gegen Milch, Joghurt, Käse, Quark (Topfen), Gemüse
- Bewegungsmangel, vor allem längere Phasen ohne Bewegungsmöglichkeit (lange Bettlägrigkeit, Rollstuhl)
- Häufung von Osteoporose-Fällen in der Familie, zum Beispiel bei Großmutter, Tanten, Schwestern – das legt eine erbliche Veranlagung für schwache Knochen nahe
- zarter, feingliedriger Körperbau und/oder deutliches Untergewicht
- Rauchen (Nikotin bremst die Osteoblasten)
- starker Alkoholkonsum (fördert ebenso den Knochenabbau)
- kollagenarme, dünne Haut
- eine Vorliebe für Schokolade, Cola, Kaffee, Wurst und damit für phosphatreiche Kost
- sehr späte erste Menstruation (älter als 16 Jahre) oder lange Menstruationspausen in der Jugend (zum Beispiel bei Ballett-Tänzerinnen, Leistungssportlerinnen) und dadurch bedingtes zeitweiliges Östrogendefizit

- häufige Abmagerungskuren
- Magersucht (Anorexie) oder Ess-Brech-Sucht (Bulimie)
- Überfunktion der Schilddrüse und/oder der Nebennieren (schütten Hormone aus, die den Knochenabbau fördern)
- früh eingetretene Wechseljahre (um das 40. bis 45. Lebensjahr)
- Zuckerkrankheit oder langjährige Behandlung mit Kortisonpräparaten (zum Beispiel wegen Neurodermitis, chronischer Polyarthritis oder Asthma)
- Verlust der Eierstöcke und/oder der Gebärmutter

Doch selbst wenn mehrere dieser Risikofaktoren auf Sie zutreffen, heißt das noch lange nicht, dass Sie tatsächlich an Osteoporose erkranken werden. Es bedeutet nur, dass es Sinn machen kann, Ihre Knochendichte messen zu lassen, um ein eventuelles Risiko für Knochenbrüche frühzeitig zu erfassen. Eine einzelne Messung ist jedoch nicht immer aussagekräftig. Selbst wenn Sie eine geringere Knochenmasse haben, müssen Sie noch lange nicht zu den »Schnellabbauern« gehören.

Welche Frauen sollen ihre Knochendichte messen lassen?

Kritiker wehren sich zunehmend dagegen, dass allen Frauen in den Wechseljahren das Messen der Knochendichte empfohlen werden sollte. Die Qualität der Messungen ist sehr unterschiedlich, es bedeutet hohe Kosten für das Gesundheitssystem und verursacht Ängste und unnötige medizinische Maßnahmen. Das deutsche »arznei-telegramm« schreibt dazu im April 1999: »Vom Screening (also von einer routinemäßigen Untersuchung aller Frauen, Anm. d. Autorin) auf erniedrigte Knochendichte ist abzuraten. Normwerte und Standardabweichungen richten sich meist nach Angaben der Gerätehersteller und variieren erheblich. Standardisierung und Qualitätssicherung sind dringend erforderlich. In einer britischen Untersuchung führten die Referenzbereiche eines Herstellers im Vergleich zu einer unabhängig erstellten Normalverteilung zum Anstieg der Diagnose Osteopenie oder Osteoporose von 46 % auf 73 %.«

»Es macht wenig Sinn«, meint auch Professor Klaushofer vom Ludwig-Bolzmann-Institut für Osteologie in Wien, »dass alle Frauen mit 50 ihre Knochendichte messen lassen. Die Knochendichtemessung ist zwar noch immer die beste Möglichkeit, das Risiko abzuschätzen. Aber nachdem Wirbelbrüche um das 60. Lebensjahr und Schenkelhalsbrüche ab dem 65. Lebensjahr auftreten, werden viele Messungen am Anfang der Menopause vergebens sein.« Dennoch plädiert der Professor dafür, dass jede Frau, die sich Sorgen um ihre Gesundheit macht, das Recht haben soll, ihre Knochendichte zu erfahren.

»Für Frauen mit hohem Risiko ist eine Knochendichtemessung auf jeden Fall nützlich, wenn sie bereit sind, daraus Konsequenzen zu ziehen und Maßnahmen zu ergreifen.«

Doch mit einer Messung alleine ist es meistens nicht getan: »Sie sollten die Untersuchung im Abstand von ein bis drei Jahren wiederholen, am besten mit derselben Messmethode«, empfiehlt der Osteoporosespezialist. »Wichtig ist auch, dass die Skelettregion gleich bleibt, damit ein korrekter Vergleich möglich ist. Je nach Alter wird an der Lendenwirbelsäule oder in der Hüftregion gemessen.«

Vorbeugung gegen Osteoporose

»Grundsätzlich ist es so«, meint Professor Klaushofer, »dass man im Laufe seines Lebens ein Bankkonto an Knochenmasse anlegt. Der persönliche Lebensstil ist ein wesentlicher Faktor, der bestimmt, wie viel Knochenmasse man sich durch eine gesunde Lebensweise aufbaut und wie viel man verbraucht. Das bedeutet, dass jeder Mensch – es sei denn, er leidet an einer Krankheit, die das verhindert – die Chance hat, seine Knochengesundheit ganz wesentlich zu beeinflussen.«

- Ernähren Sie sich kalziumreich. Milchprodukte und Gemüse sind während der Wechseljahre besonders wichtig.
- Hören Sie auf zu rauchen oder schränken Sie Ihren Zigarettenkonsum zumindest ein, Nikotin bremst den Knochenaufbau.
- Alkohol in größeren Mengen fördert den Knochenabbau.
- Koffeinmissbrauch führt ebenfalls zu einer Abnahme der Knochendichte.
- Meiden Sie einseitige Abmagerungskuren. Mäßiges Übergewicht kräftigt sogar den Knochen.
- Gehen Sie an die frische Luft. Unter Sonneneinstrahlung erzeugt der Körper Vitamin D3, das für die Knochenqualität entscheidend ist.
- Bewegen Sie sich, es beugt dem Knochenabbau vor und fördert die Knochenneubildung.

Verbesserung der Knochendichte durch Bewegung

Neben gesunder Ernährung ist Bewegung die beste Methode, den Knochen zu stärken:

Eine Studie an der Universität Wien verglich die Auswirkungen von regelmäßiger Gymnastik im Vergleich zu einer Hormontherapie als Vorbeugung gegen Osteoporose: Die Frauen, die über 30 Monate hinweg regelmäßig ein Übungsprogramm absolvierten, konnten sich ihre Knochendichte ebenso erhalten wie die Frauen, die eine Hormontherapie erhielten. Es gab keinen signifikanten Unterschied.

Die Kontrollgruppe, die weder Gymnastik machte noch Medikamente einnahm, wies nach 30 Monaten eine geringere Knochendichte auf. »Diese Studie lässt somit die Schlussfolgerung zu, dass ein regelmäßiges körperliches Training eine vergleichbar ähnlich präventive Wirkung wie die Östrogensubstitution auf den postmenopausalen Knochendichteverlust haben dürfte«, urteilen die AutorInnen der Arbeit.

Zu ähnlichen Ergebnissen kam Dr. Peter Donhauser in seiner Dreijahresstudie »Optifit« (Osteoporosis Physical Training Intervention for Females under Individual Treatment), die an der Klinik für Physikalische Medizin und Rehabilitation der Universität München (LMU) durchgeführt wurde: Frauen mit Osteoporose in der Menopause schützen sich vor weiterem Knochenabbau, wenn sie regelmäßig und ausreichend intensiv trainieren. Sie bauen darüber hinaus neue Knochenmasse auf und mildern signifikant Rückenschmerzen, und zwar völlig unabhängig davon, ob sie Östrogene einnehmen oder nicht.

Professor Klaushofer betont die Wichtigkeit von Bewegung für die Knochengesundheit, rät jedoch Frauen, die an schwerer Osteoporose leiden, zu einer zusätzlichen Behandlung mit Medikamenten: »Körperliches Training allein genügt bei einer geringen Knochendichte nicht und ist nicht so wirkungsvoll wie eine Hormontherapie. Die Bewertung internationaler Studien zeigt, dass Sport allein nicht ausreicht, um den Knochenabbau zu verhindern.«

Hormone als Vorbeugung gegen Osteoporose?
Diese Entscheidung können letztendlich nur Sie selbst nach Prüfung aller vorhandenen Daten oder nach einem Gespräch mit einer Ärztin oder einem Arzt Ihres Vertrauens treffen.
»Entgegen der gängigen Praxis sehen wir beim derzeitigen Stand des Nichtwissens keinen Platz für Hormone in der Primärprävention osteoporotischer Frakturen bei Frauen nach den Wechseljahren. Gesunde Frauen, die eine Hormonbehandlung wünschen, sollten darüber aufgeklärt werden, wie wenig ein langfristiger Nutzen gesichert ist und welche Risiken sie eingehen«, schreibt das »arznei-telegramm«, der Informationsdienst für Ärzte und Apotheker in seiner Ausgabe vom April 1999. »Wahrscheinlich wird jede verhinderte Femurfraktur (Oberschenkelbruch, Anm. d. Autorin) mit einer zusätzlichen Brusterkrankung erkauft«.
Professor Klaushofer nähert sich dem Thema ebenfalls eher kritisch: »Bei gesunden Frauen macht die Einnahme von Hormonen zur Verhinderung einer späteren Osteoporose wenig Sinn, weil sich herausgestellt hat, dass die Compliance, also die Therapietreue, äußerst schlecht ist. Eine Behandlung mit Östrogenen oder Bisphosphonaten ist als Vorbeugung *dann* empfehlenswert, wenn Frauen mit 60 oder 70 Jahren eine niedrige Knochendichte und damit ein hohes Bruchrisiko aufweisen.«
Tatsächlich weisen Langzeitbeobachtungen nach, dass bei Frauen, die Östrogene einnehmen, das Frakturrisiko stark sinkt. Allerdings nur, wenn die Einnahme konsequent über Jahre fortgesetzt wird.
»Bei Werten von 1 bis 2 Standardabweichungen unter der Knochendichte einer 35-jährigen können Sie versuchen, den Knochenabbau durch Bewegung, gesunde Ernährung

und durch die Einnahme von Calcium und Vitamin-D-Präparaten zu beeinflussen,« empfiehlt Professor Klaushofer den Frauen, die die Vorstellung, ein Leben lang Hormone zu schlucken, nicht attraktiv finden.
»Bei einem sehr niedrigen Wert (2,5 Standardabweichungen) sind weitere Untersuchungen und eine Hormontherapie oder andere Medikamente, zum Beispiel Bisphosphonate, zu empfehlen.«

Bedrohung Herzinfarkt

Die Natur ist klug. Sie stattet die Frauen, solange sie für den Nachwuchs sorgen müssen, mit einem speziellen Schutz gegen Herzerkrankungen aus. Das erklärt, warum 30- oder 40-jährige Männer relativ oft einen Herzinfarkt erleiden, während Frauen kaum davon betroffen sind. Erst während der Wechseljahre, also sieben bis acht Jahre später, verlieren die Frauen dieses Privileg und sind ebenso gefährdet wie die Männer desselben Alters. Dennoch sind Herz-Kreislauf-Erkrankungen (Herzinfarkt und Schlaganfall), weit vor Brustkrebs, die Todesursache Nummer eins bei Frauen.
Obwohl auch die koronaren Herzerkrankungen nicht zu den typischen Wechseljahrsbeschwerden zählen, werden sie von vielen Ärzten gerne in einem Atemzug genannt. Denn: Frau soll mit Hormonen vorbeugen.
Wie sich jetzt herausstellt, möglicherweise ein voreiliger Ratschlag: Die erste randomisierte, prospektive, kontrollierte Studie (HERS) über die Wirkung von Hormonen in Zusammenhang mit Herzerkrankungen ergab, dass bei Frauen, die bereits einen Herzinfarkt erlitten hatten und anschließend zur Vorbeugung mit Östrogen-Gestagen behandelt wurden, kein positiver Effekt nachweisbar war. Im Gegenteil: »Da es im 1. Jahr nach Beginn der Be-

handlung zu einer Zunahme der kardiovaskulären Komplikationen gekommen ist, muss von einer solchen Behandlung nun grundsätzlich abgeraten werden«, schreibt Professor Ingrid Mühlhauser.
»Der wissenschaftliche Beweis für einen möglichen Nutzen einer Hormonbehandlung im Sinne einer Primärprävention steht noch aus. Zu dieser Fragestellung wird zurzeit die so genannte Womens Health Initiative in den USA durchgeführt«. Also mit anderen Worten: Abwarten. »Wegen der möglichen Gefahren, Nebenwirkungen und Kosten ist ein derartiger medikamentöser Ansatz als Dauerprävention von Herz-Kreislauf-Erkrankungen in der weiblichen Bevölkerung in der Postmenopause zurzeit abzulehnen«, meinen die Experten (»arznei-telegramm« im April 1995).
Die Fülle der Informationen, die ich für Sie in diesem Kapitel gesammelt habe, gibt Ihnen vielleicht die Möglichkeit, sich bewusster mit Ihrer Gesundheit zu beschäftigen. Einfach ist es dennoch nicht, weil es zu den meisten Themenkreisen kontroversielle Meinungen gibt. Dennoch: Sie sind die Expertin. Sie leben seit 50 Jahren in diesem Körper, den niemand genauer kennt, von dem niemand besser sagen kann, was ihm gut tut.

Weiterführende Literatur zu diesem Kapitel:

Annette Bopp, »Wechseljahre«, Stiftung Warentest
Dr. Susan Love, »Das Hormonbuch«, Krüger Verlag
Dr. phil. Beate Schultz-Zehden, »Körpererleben im Klimakterium« (Forschungsberichte zur Medizinischen und Klinischen Psychologie), Profil Verlag
Dr. phil. Beate Schultz-Zehden, »Frauen – Gesundheit in und nach den Wechseljahren«, die 1000 Frauen Studie, Verlag Kempkes

Aufgetaucht

Hebe dein Bewusstsein und erkenne, dass du alterslos bist.
Du bist so jung wie die Zeit und so alt wie die Ewigkeit. ...
Es gibt immer etwas Neues, Aufregendes zu lernen oder zu tun.
Leben in einem Zustand der Erwartung hält dich wachsam und jung.
Wenn dein Geist alt und träge wird, verliert das Leben seinen Glanz und seine Würze.
Halte deinen Geist wachsam und du wirst nie alt.

Eileen Caddy

Das Gras unter mir ist satt und grün, wie sonst nirgends in Europa. Es mag den Regen, der typisch für dieses Land ist. Ob es damals, als ich hier gelebt habe, auch so oft geregnet hat? Ich kann mich nicht erinnern, es war nicht wichtig.
Während die Boing der British Airways über englische Landhäuser Richtung London fliegt, versuche ich die 18-jährige zurückzuholen, die mit gebrochenem Herzen Paris verlässt, weggeschickt von dem Mann, dem sie ihr Leben widmen wollte:
Kaufhaus Marks & Spencer auf dem Klo. Der Versuch, sich mit einem Minirock zu trösten, ist missglückt. Da sitzt sie und heult sich die Augen aus, weil sie nicht weiß, wohin mit sich, und schaut sich verliebt das Foto in ihrer Geldtasche an. Michel Bove, 20 Jahre älter und sehr erfahren, lächelt melancholisch in Schwarzweiß. Sie steht erst auf, als eine andere Kundin an die Türe klopft, und geht verträumt davon. Auf der Rolltreppe ein siedend heißer Schreck. Die Geldbörse. Auf die Klorolle gelegt, vergessen. Zurück. Sie ist nicht mehr da. Die einzige Erinnerung an Michel und die ganze Barschaft für einen Neuanfang verloren.
Eine männliche Stimme aus dem Lautsprecher holt mich zurück in die Gegenwart. Der Kapitän teilt uns mit, dass alle Landebahnen in London Gatwick für die nächste halbe Stunde besetzt sind. Ich krame weiter in der Erinnerung, die mehr als 30 Jahre alt ist:
Austrian Catholic-Center. Auffangbecken für verlorene Mädchen. Ein billiges Bett, der Geruch nach Frömmigkeit.
Vorstellungstermin in der Österreichischen Fremdenverkehrswerbung. Natürlich kenne ich meine Heimat ganz genau, internationale Fahrpläne lesen, kein Problem.

Alles gelogen. Ich bekomme trotzdem den Job. Selbst in meinem Unglück bin ich eine begabte Schauspielerin.

Eine winzige Wohnung mit Kochnische in der Leamington Road, neben mir Lisa aus Graz, die die Wände ihres Zimmers mit Silberfolie auskleidet, damit es nicht so banal aussieht. Einen Stock unter mir Serge aus Paris, der mir das Kiffen beibringt, Hare Krishna singt, dazu tanzt und mit einem Glöckchen läutet. Ein Badezimmer für alle im zugigen Treppenhaus, Malcom ist der einzige Engländer in diesem schäbigen Appartementhaus. Gott weiß, warum es ihn in diese »Ausländerbude« verschlagen hat. Eines Tages platzt er herein, als ich vergessen habe, die Türe zuzusperren, und ist »shocked«, weil er wahrscheinlich noch nie eine nackte Frau in der Badewanne gesehen hat. Nach der Arbeit Bohnensuppe aus der Dose, Danish Pastries zum halben Preis im Abverkauf, bevor der dänische Laden in der Conduitstreet um 18 Uhr zusperrt, jede Nacht unterwegs.
Im Keller des Büros Mr. McNamara, der damals schon ein alter Mann und ziemlich zahnlos ist: »Tiny, you can't burn a candle on both ends« (Kleine, du kannst eine Kerze nicht an beiden Enden abbrennen), sagt er in astreinem Cockney, wenn ich in Minirock und Maximantel übernächtig an ihm vorbeikomme.
Nach einiger Zeit ein neuer Michel, diesmal aus Tunesien. Wunderschön und zärtlich. Wie ein ergebener Diener bringt er mir nach der Liebe als Belohnung köstliche Tramezzini vom Italiener um die Ecke ans Bett und schenkt mir ein Glas Champagner ein. Als er in sein Heimatland zurückkehrt, um das Hotel seines Vaters zu übernehmen, will er mich mitnehmen. Nein danke. Ich will kein Nest mehr bauen, das ist vorbei. Ich schenke

ihm meine Fellmütze, die er so liebt, und denke nicht daran, dass er sie in Djerba nicht braucht. Ich bin froh, wieder frei zu sein, und sitze im Wartezimmer einer englischen Ärztin, die mir die Pille verschreibt.
Was weiß ich noch? Wenig. War ich glücklich? Keine Ahnung. Wenn man 19 ist, denkt man nicht an Glück. Man lebt.
In London Gatwick prasselt der Regen an die Glasscheiben des langen Ganges, der mich zu meinem Anschlussflug nach Inverness führt. Vor mir ein Paar, das sich schon auf die Sonne eingestellt hat. Weiße Jeans, Hawaihemd, bunte Turnschuhe, der Pulli lässig um die Schultern geschlungen. »In der Karibik hat es 30 Grad, Gott sei Dank sind wir bald weg von hier«, sagt sie und hängt sich glücklich bei ihm ein.
Bin ich verrückt geworden? Warum habe ich das getan? Karl hätte mich zu einem Urlaub in der Sonne eingeladen, Mauritius, Malediven, was immer ich mir gewünscht hätte zu meinem 50. Geburtstag. Ich könnte jetzt den Mantel in den Koffer packen, meine Hand in seine legen, in ein paar Stunden in der Sonne liegen und am Abend im Strandrestaurant mit ihm frischen Fisch essen.
Stattdessen fliege ich allein nach Schottland, wo mich Kälte und Regen erwarten.
Findhorn. Ein Ort, der mich schon seit vielen Jahren anzieht. Auf der Liste der unerfüllten Träume steht er ganz oben. Aber wird es nicht vielleicht ein Alptraum? Was bringt mich dazu, gerade jetzt, Ende Februar, ins schottische Hochmoor zu reisen, anstatt mit dem Mann, den ich liebe, unter Palmen zu sitzen? Plötzlich bin ich wieder ein ängstliches kleines Mädchen, das einen Fehler gemacht hat, der nicht mehr zu reparieren ist. Karl hat mir die 14 Tage in Findhorn geschenkt. »Wenn es für dich

wichtig ist, dann sollst du das tun. Es ist dein Geburtstag.« Warum hat er mich nicht abgehalten! Am liebsten möchte ich wieder umdrehen und zurück nach Hause.
Der Flug ist verspätet. Sophie wird vergeblich auf mich warten. Sie war auch noch nie in dem berühmten schottischen Dorf und hat mich bestärkt, eine Woche später nachzukommen. Am Telefon klang sie ganz vergnügt, und als ich kurz vor meinem Abflug noch immer zweifelte, gab sie mit einem einzigen Satz den Ausschlag für meine Entscheidung: »In den Süden fahren, das ist das Alte. Das kannst du immer noch. Wenn du deine Vision suchst, dann bist du hier besser aufgehoben.« Ich grabe in meiner Tasche und finde den Prospekt, den sie mir geschickt hat. 1962 von Eileen und Peter Caddy gegründet, ist Findhorn inzwischen eines der größten spirituellen und ökologischen Zentren der Welt, »ein Platz, wo das Gewöhnliche magisch wird.«
Sophie sieht anders aus. Ich kann nicht sagen, was sich genau verändert hat, aber irgendwie kommt sie mir gesünder und natürlicher vor. Sie trägt ein Flanellhemd in sanften Farben, das ich noch nie an ihr gesehen habe. »Du siehst gut aus, hast du dich neu eingekleidet?« versuche ich die erste Verlegenheit unseres Wiedersehens zu überspielen. »Nein, ich habe das Hemd aus der Tausch-Boutique. Du legst hinein, was du nicht mehr brauchst, und nimmst dir, was dir gefällt. Es ist ganz einfach und kostet nichts. Ich war ja völlig falsch angezogen. Mein Gott, was machst du hier mit einer Kostümjacke aus Kaschmir? Alles, was du brauchst, sind warme Pullover und Flanellhemden.«
»Danke, dass du mir das am Telefon nicht gesagt hast. Ich tausche am besten gleich in der Boutique ein paar Sachen ein.«

Auf dem Förderband fährt zum dritten Mal eine verwaiste Tasche an mir vorbei, mein Koffer ist nicht angekommen. Ob das ein gutes Omen ist? Ich fange buchstäblich neu an. Ich besitze nicht einmal eine Zahnbürste.

In der Nacht sitzen wir in unserem altmodischen Zimmer im Cluny-Hill College, dem Schulungszentrum von Findhorn, in den Betten und reden uns die Köpfe heiß. So stelle ich mir das Leben im Internat vor. Ich trage eines von Sophies Riesen-T-Shirts, Chris, die aus Chicago angereist ist, schenkt mir ein Reiseset mit einer Zahnbürste, das sie im Flugzeug bekommen hat. Meine größte Sorge ist die Arbeit, die mich hier erwartet. Ich mag nichts tun, ich bin auf Urlaub und soll dennoch an fünf Vormittagen in dieser Woche in einem der Departments zupacken. Das gehört zum System. Wer sich hier eine Eintrittskarte verschaffen will, muss vorher an einer »Experience-Week« teilnehmen, damit er den Geist von Findhorn besser versteht.

»Kann ich mir aussuchen, wo ich arbeite, ich will unbedingt in den Garten«, frage ich besorgt. Meine Großmutter war eine Gärtnerstochter, und ich habe von ihr die Liebe zu Pflanzen geerbt. Ich sehe mich schon richtig romantisch in den wunderbaren Gärten von Findhorn in der Erde wühlen. Damals, als die Bewegung anfing, wurde der Ort durch seine überdimensional großen Kohlköpfe weltberühmt.

»Lass dich überraschen. Ihr werdet gemeinsam meditieren, und dann wirst du wissen, wo du am meisten für dein Leben lernen kannst.« Ich sage nichts mehr, bin aber entschlossen, mir einen Platz bei den Gärtnern zu verschaffen.

Ich stehe in der Küche und kämpfe mit den Tränen. Nicht weil ich Zwiebel schäle, sondern weil ich seit zwei

Stunden Kartoffeln wasche und schneide. Niemand bemerkt mein Unglück. Die anderen sind so damit beschäftigt, Spaß zu haben und sich angeregt zu unterhalten, dass sie von meinem Kleindrama keine Notiz nehmen. Wie konnte das geschehen? Es fing alles so wunderbar an:

Wir sitzen im berühmten Meditationszentrum von Findhorn Park, mir gegenüber, auf ihrem gewohnten Platz neben der Eingangstüre, Eileen Caddy, die Frau, die mit ihrem Mut und ihrem Engagement dieses einzigartige Dorf miterschaffen hat. Sie ist inzwischen mehr als 80 Jahre alt und nimmt am Geschehen in der Foundation noch immer regen Anteil, dazu gehört die tägliche Morgenmeditation. Ich bin entspannt und zufrieden und höre die Botschaft zum Tag, die von Esther, einer Frau mit einer schönen, tiefen Stimme, vorgetragen wird:

»Fühle dich nicht erdrückt von dem, was getan werden muss.

Lerne einfach, einen Schritt nach dem anderen zu setzen, und wisse, dass dich jeder Schritt deinem Ziel näher bringt.

Versuche nicht zu laufen, bevor du nicht gehen kannst.

Lade dir nichts auf, was zu viel für dich ist, sodass jeder Schritt eine Anstrengung bedeutet.

Du erkennst den richtigen Weg, wenn jede Handlung dich mit Freude erfüllt.

Halte inne in dem, was du gerade tust, und ändere deine Haltung.

Übergib alles dem Universum, entspanne dich und genieße, was du tust, auf eine vollkommen neue Weise.

Die Veränderung deiner Haltung kann mit einem Augenzwinkern beginnen. Verändere schnell und tanze und singe durch diesen Tag.«

Die Meditation bestärkt mich in meinem Wunsch, es mir im Garten gut gehen zu lassen.
Ana aus Spanien, unser »Focaliser«, also der, der das Ganze im Auge behält, bittet uns, die Augen zu schließen. »Ich werde jetzt alle Departments, in denen Menschen gebraucht werden, vorlesen, und jeder von euch hebt die Hand, wenn er sich angezogen fühlt.«
Ja, und so bin ich in der Küche gelandet. Wie ferngesteuert, habe ich bei der Küchenarbeit aufgezeigt. Jetzt stehe ich hier und hasse meine Arbeit.
Ich habe kochen immer gehasst. In meiner Erinnerung gibt es diese Düfte nicht, denen die hübschen Kinder im Fernsehen begeistert nachlaufen, um dann auf die Mami oder die Omi zu treffen, die geruhsam mit einer geblümten Schürze etwas Köstliches umrührt. In meiner Erinnerung kommt eine erschöpfte Mutter vor, die schnell aus dem Geschäft nach oben in die Wohnung läuft, um etwas auf den Tisch zu bringen, das rasch fertig und billig ist. Eines von uns vier Kindern musste dann helfen und für eine große Familie Zwiebel schneiden, Bohnen putzen, Äpfel und Kartoffeln schälen, und das alles nach Plan. Er hing am Küchenkasten, und ein großes »H« bedeutete Haushalt. Wer nicht vor dem Essen half, war fällig für den Abwasch, für den Müll oder für das große »K«. Es hieß Kinderdienst und versprach einen Nachmittag ohne Freunde, dafür mit unserem kleinen Bruder, der spazieren gefahren werden musste.
Am Abend beklage ich mich bei Sophie: »Kannst du mir sagen, was das soll? Ich bezahle dafür, dass ich hier Kartoffeln schäle, Töpfe wasche und einen ganzen Vormittag frustriert bin.«
Sophie lacht. »Mir ging es am ersten Tag ganz ähnlich. Ich habe mich für den Garten gemeldet, weil ich dachte,

dass das am wenigsten Arbeit ist. Dann stand ich dort in der Kälte und im Regen und habe versucht, die harte Erde umzustechen. Neben mir lehnte sich Karen aus Belgien auf ihren Spaten und hat sich eine gute Zeit gemacht. Ich konnte es kaum ertragen. Mein ganzer Ehrgeiz, dieses Stück möglichst schnell und gut umzugraben, kam durch, und am Mittag habe ich nicht nur die faule Karen gehasst, obwohl mich ihre Arbeitsmoral nichts anging, ich konnte mich vor lauter Erschöpfung kaum noch rühren. Und so geht es fast allen. Die meisten entdecken an sich Verhaltensweisen, die ihnen das Leben im Alltag schwer machen, und dürfen hier lernen, anders damit umzugehen.«
Ich bin nicht allein mit meinen Schwierigkeiten. Nach dem Abendessen setzt sich Hannah zu uns und erzählt von ihren Erfahrungen mit »homecare«, was so viel wie Haushaltspflege bedeutet. Ehe sie sich's versah, hatte sie sich freiwillig zum Kloputzen gemeldet und musste damit fertig werden, dass auch sie ein Lebensmuster wiederholt: »Du kannst ganz sicher sein, wenn es im Lehrerteam an meiner Schule eine unangenehme Aufgabe gibt, egal, worum es sich handelt, sie bleibt garantiert an mir kleben, weil ich die Stille nicht ertrage, die die Atmosphäre vergiftet, wenn sich niemand meldet. Dann zeige ich immer auf, obwohl auch ich nicht will.«
Am nächsten Tag wieder in der Küche. In der Eingangsrunde, dem so genannten »Tuning-in«, bei dem ein Gebet gesprochen wird und jede Küchenhelferin und jeder Helfer erzählt, wie es ihm geht, teile ich meine Erfahrung von gestern mit. Das ändert alles. Ich schäle Zwiebel und werde von den anderen ermutigt und unterstützt. Sie kommen vorbei, erzählen mir ein Stück aus ihrem Leben und freuen sich, wenn ich lache. Ich merke,

wie oft ich nichts sage, wenn ich leide, wie ich darauf warte, dass die Menschen, die mich umgeben, meine Verfassung von alleine bemerken. Es ist plötzlich so einfach, zu meinen Gefühlen zu stehen.
Am dritten Tag kommt mir meine Abneigung gegen die Arbeit in der Küche bereits lächerlich vor. Warum habe ich mich so viele Jahre so lieblos durch meine Aufgaben als Hausfrau gekämpft? Ich kann es fast nicht mehr verstehen. In der Nacht lese ich in der Biographie von Peter Caddy, der mit seiner Frau Eileen das Dorf gegründet hat, und bin von seiner Lebenseinstellung beeindruckt: Liebe den Ort, an dem du gerade bist, liebe die Menschen, die mit dir sind, und liebe deine Arbeit, ist sinngemäß seine Botschaft. Wenn es dir nicht gelingt, dann ist es besser, du hörst für eine Weile auf zu arbeiten und wartest, bis sich deine Haltung dazu ändert, denn die Energie deines Unwillens wird in allem sein. Im Essen, das du zubereitest, in den Wänden, die du streichst, in den Buchhaltungsunterlagen, die du erstellst.
Das ist das Geheimnis. Ich muss meine Haltung zu den ungeliebten Tätigkeiten in meinem Leben verändern, dann wird die Arbeit leichter.
Findhorn ist ein merkwürdiger Ort. Es geschieht in meiner »Erfahrungswoche« nichts wirklich Spektakuläres, und dennoch komme ich auf subtile Weise an viele meiner grundlegenden Verhaltensmuster heran. Ich bemerke, wie rasch ich mich zurückziehe, wenn Kommunikation nicht perfekt läuft. Wenn der Mensch, mit dem ich spreche, nicht so liebevoll und mir nicht so zugewandt ist, wie ich es mir erwarte. Wie eine Auster verschließe ich mich und lasse nichts und niemanden mehr an mich heran. Der Mechanismus ist ganz subtil und kaum merkbar. Aber ich handle sofort nach meinem

inneren Glaubenssatz »Es wäre besser, allein zu sein« und ziehe mich in meinen gläsernen Turm zurück. Es ist schmerzhaft, aber dennoch gut, zu bemerken, wie ich mich durch dieses Muster selbst vom Leben abschneide.

Durch die Ehrlichkeit und das Vertrauen, das hier eine Grundqualität ist, bleibt nichts, was wichtig ist, im Verborgenen. Ich erfahre in den Morgenrunden die erstaunlichsten Dinge, weil die Frauen und Männer in meiner international besetzten Gruppe sich hier in einer Weise öffnen, wie ich es bisher noch nie erfahren habe. Die von mir als arrogant eingeschätzte Norwegerin entpuppt sich als große Zweiflerin an ihrem Leben, der stille Japaner, den ich für desinteressiert hielt, hat ein großes, warmes Herz und leidet unter seiner Sprachbarriere, Rebecca aus London, die am Abend nicht in den gemeinsamen Wohnsalon kommt und der ich Ablehnung der Gruppe unterstellt habe, muss sich immer wieder zurückziehen, weil sie sich selbst in der Menge verliert. Alle habe ich unbewusst mit einem Etikett versehen, auf dem stand, was ich in sie hineindenke. Ich entschuldige mich innerlich und versuche mein Herz offen zu halten.

In der Nacht rede ich mit Sophie. Wir sind beide am Tag so beschäftigt, dass wir keine Zeit dazu haben. Sie macht bei Ike Isaksen »Hero's Journey«, eine einwöchige Abenteuerreise auf der Suche nach ihrer Heldin und ihrem Dämon.

Jeden Schritt vollziehe ich nach und bin gefangen in ihren spannenden Erzählungen. Gleichzeitig läuft in meinem Inneren ein Film, und ich überlege ständig: »Wie ist das bei mir?«

In den ersten beiden Tagen, bevor sie in ihrem Spiel ganz versinkt, versucht Sophie noch, für mich eine private Heldenreise zu inszenieren:

»Leg dich bequem hin und entspanne dich«, sagt sie mit ihrer Therapeutinnenstimme. »Und jetzt gehst du aus dem Zimmer, die Treppe hinunter, dann den Gang entlang und kommst in einen großen Saal mit vier Türen. Über der ersten Türe steht das Wort ›Home‹ (zu Hause). Öffne jetzt die Türe und sieh dich um.«
Ich sehe das Haus meiner Eltern, aber es ist nicht mehr der Platz, an den ich gehöre. Die vielen Orte und Wohnungen, in denen ich schon gelebt habe, ziehen an mir vorbei. Und plötzlich merke ich, dass ich traurig werde. Ich habe kein Zuhause. Es gibt keinen Platz, zu dem ich mich wirklich zugehörig fühle. Tief in mir weiß ich, dass meine Heimat in mir ist, dass Karl und die Kinder dazu gehören. Aber das Gefühl von Erde unter meinen Füßen, das Wissen, dass es einen Ort gibt, von dem ich sagen könnte, »das ist mein Wohnsitz«, das fehlt mir.
»Mama, wann ziehen wir endlich wieder um?« hat Antonio letzthin gefragt. Er hat Recht. Wir leben schon vier Jahre in dieser Wohnung am Augarten, einem der schönsten Parks der Stadt, das ist für mich fast schon ein Rekord. Ich bin nirgends länger als drei Jahre geblieben. Die Zigeunerin wollte immer weiter. Zehn Mal bin ich alleine in Wien umgezogen. Allerdings noch nicht, seit wir geheiratet haben. Karl wohnt noch immer in einem Bezirk auf der anderen Seite des Parks, und wir treffen uns zum Frühstück in unserem Lieblingscafé am Servitenplatz. Bisher war das gut. Wir sind sehr verschieden, die räumliche Trennung macht manches einfacher, und es hatte auch einen gewissen Reiz. Aber jetzt spüre ich meine Sehnsucht nach einer Heimat im geographischen Sinn. Ich möchte mit meiner Familie sesshaft werden.
Sophies Stimme holt mich aus meinen Gedanken. »Und

jetzt öffne die zweite Türe, auf der ›Lifework‹ (Lebenswerk) steht.«
Es ist ein großer Raum. Ich sitze an meinem Schreibtisch und arbeite. In einem anderen Teil des Zimmers sehe ich Menschen in farbigen Kleidern. Sie spielen Theater und singen und tanzen. Ich wünsche mir, dass das meine Zukunft ist. Aber ich kann nicht hin. Eine gläserne Wand trennt mich von dem bunten Treiben. Ich fühle mich wie eine Gefangene in einer begrenzten Welt. Ich klebe fest als Schriftstellerin. Ich möchte hinaus, ich will mich erweitern.
»Und jetzt öffne die Türe ›Beloved‹ (die Geliebten)«, höre ich Sophies Stimme aus der Ferne. Ich sehe Karl und die Kinder und meine Freunde. Ich spüre meine Liebe, aber nur für einen Augenblick. Dann kommt mir plötzlich alles unsicher vor. Ich lege die Hände über meine Brust, als ob ich mich schützen müsste. Ich spüre, dass ich mich nicht uneingeschränkt und vollkommen in die Liebe hineinfallen lassen kann.
Über der letzten Türe, die ich öffne, steht das Wort »Self« (das Selbst). Der Raum ist erfüllt von Licht, und ich stehe mit weit geöffneten Armen da. Ich merke, dass hier alles möglich ist, wenn ich vertraue. Aber nach einem kurzen Augenblick verschließe ich mich wieder und kann das Licht, das ich gesehen habe, nicht mehr spüren.
Vertrauen. Einer der wichtigsten Grundsätze hier. »Das Leben hält täglich neue Wunder bereit, wenn wir bereit sind, unsere Vorstellungen loszulassen«, sagt Ana und lässt uns »car and driver« (Auto und Fahrer) spielen. Ich bin das Auto und muss mich mit geschlossenen Augen »fahren« lassen. Chris führt mich einmal schnell und einmal langsamer durch den großen Ballsaal von Cluny-

Hill und ich stehe Todesängste aus, obwohl sie sehr achtsam ist. Ich bin es gewöhnt, alles selbst zu bestimmen und selbst zu lenken. Ich kann nicht loslassen. Es macht mich traurig, und gleichzeitig spüre ich, dass es gut ist, diese Begrenzung zu bemerken. Nur so geschieht Veränderung. Nach den ersten fünf Tagen in Findhorn komme ich mir vor wie ein Kristall, der hier seinen Feinschliff bekommt. Den Menschen in meiner »Experience-Week« geht es ähnlich.

Sissi sagt den Satz beim Mittagessen, und mir fällt die Kartoffel von der Gabel, die ich gerade zum Mund führen wollte: »Ich bleibe hier.« Sie sagt es in ihrem schönen Tiroler Dialekt, den ich so gerne mag: »I blaib do.« Ich habe sie lieb gewonnen in dieser Woche und bin gern mit ihr und den beiden anderen Frauen in meinem Alter am Abend in der »Hexenstube«, wie sie ihr gemeinsames Zimmer nannten, zusammengesessen. Graciella aus Italien, die eine große Firma leitet, Sheila, eine Therapeutin aus Schottland, und eben Sissi. Sie hat so etwas Erdverbundenes, Geradliniges. Ihre Sprache ist ohne Schnörksel, und was sie empfindet, teilt sie ohne Umwege mit. »Ich bin glücklich hier, und ich werde meine Töpferwerkstatt in Österreich auflösen und in Findhorn neu anfangen.« Sie sagt es mit einer Bestimmtheit, die keinen Zweifel daran lässt, dass sie es ernst meint. Mit 50 ein Neuanfang in einem Land, dessen Sprache sie holprig spricht, in einem Umfeld, das im Alltag eine große Herausforderung bedeutet. »Sissi, hast du dir das gut überlegt? Deine Freunde, deine Karriere als Töpferin, es lief doch alles gut zu Hause?« »Ja, das stimmt«, sagt meine neue Freundin und schiebt ihren Teller energisch zur Seite. »Aber ich war im letzten Jahr schon unruhig. Ich hatte das Gefühl, dass es an der Zeit ist, mich wieder zu verändern. Ich war Köchin, und eines Tages war mir das nicht mehr genug. Da wurde ich Töpferin und konnte mich nach kurzer Zeit gut davon ernähren. Warum soll ich nicht noch einmal ein Wagnis eingehen? Worauf soll ich warten? Bis ich 60 bin? Ich bin im richtigen Alter für ein neues Abenteuer.«

Und was ist mit mir? Will ich noch einmal neu anfangen, brauche auch ich ein Abenteuer?

Der Gedanke begleitet mich durch meine letzten beiden Tage in Findhorn. Ja, ich will ein Abenteuer. Aber in diesem Abenteuer muss meine Familie Platz haben. Karl, mein Mann, Anna und Antonio, meine beiden Kinder, und meine Freunde. Ich will nicht weg. Ich möchte dort etwas verändern, wo ich hingehöre: zu Hause.

Lust auf 50

Wir rufen den verlorenen Kontinent ins Leben zurück, mit unserem ganzen Dasein. Wenn der Falkner den Schrei ausstößt, kehrt der entflogene Falke zu ihm zurück; wenn wir unsere Intuition und unser Urwissen sprechen lassen, kehrt die Wilde Freiheit zu uns zurück. Es gibt keinen anderen Weg. Wenn sich irgendetwas Grundsätzliches verändern soll, dann in uns und durch uns. …

Seid ihr im Begriff, euch frei zu strampeln, ein Risiko einzugehen und das künstlich Aufgepfropfte hinter euch zu lassen? Gut. …

Um der wilden Wolfsfrau so nahe wie möglich zu kommen, müssen wir das Rudel suchen, den Seelenverwandten nahe sein, ein paar Revolutionen in der Nachbarschaft anzetteln, den Leuten fühlbare, greifbare Liebe geben, auch Mitgefühl und Poesie und Fakten und Fabeln vom alten Wissen. …

»Darüber hinweg« und »darüber hinaus« sind unsere Losungsworte. Fort, fort von dem, was uns gefangen hält, durch alle Illusionen hindurch und darüber hinaus ins Freie! Endlich!

Clarissa Pinkola Estés

Ich beobachte die Frau, die ihren Mann zum Tanz verführt. Sie bewegt sich in ihrer roten Seidenjacke und dem kurzen, schwarzen Rock mit einer Lust und Freude, die sie sehr anziehend macht. Rundum bunte Blumensträuße und Kerzen, die Band spielt eine mitreißende, wilde Musik, bei der kaum jemand sitzen bleiben kann. Gelächter, angeregte Gespräche.

Das Bild bleibt in meiner Erinnerung. Es ist mein 50. Geburtstag, und die Frau bin ich. Neugeboren in eine Zeit, die in buntes Papier verpackt auf mich wartet. Alles ist möglich, und am Anfang des Lebens, auf das ich mich freue, steht dieses Fest. Meine Freunde haben es für mich gestaltet. Jede und jeder hat auf seine Weise dazu beigetragen. Ich fühle mich verwöhnt, geliebt und bin dankbar. Ich schneide meine Geburtstagstorte an, auf der »Lust auf 50« steht, und spüre mit jeder Faser, dass es stimmt.

Am Morgen danach trage ich meine Waage in den Keller. Ich brauche sie nicht mehr. Ich liebe meinen Körper so, wie er ist, ich habe zum ersten Mal das Gefühl, dass er schön ist, genau so, wie er sein darf für eine Frau, die gerade ein halbes Jahrhundert gelebt hat. Ich will ihn gut behandeln, wie es sich für das Haus gehört, das mein Wesen beherbergt, aber ich will ihn nicht mehr quälen und verurteilen.

»Wenn ihr zurück in euren Alltag kommt«, hat uns Ana, die Seminarleiterin in Findhorn gewarnt, »dann werden die Dämonen kommen und euch sagen, dass es unmöglich ist, eurer Vision zu folgen. Ihr werdet vielleicht sogar eine Zeit lang deprimiert sein. Lasst euch nicht unterkriegen, der Same ist gesät, auch wenn ihr noch nicht wisst, wie die Pflanze aussehen wird. Jede Veränderung braucht ihre Zeit.« Wieso braucht alles seine Zeit? Ich habe keine Zeit, ich will alles, und zwar sofort! Ich will dieses kraft-

volle, farbige Leben einfangen und keinen Tag mehr vergeuden.
Die ersten Wochen nach meiner Rückkehr aus Findhorn verbringe ich in Euphorie und dem Glauben, dass sich alles ganz schnell wandelt. Wie durch einen Zauberstab, mit dem ich mein Leben berühre. Doch nach kurzer Zeit türmen sich meine Wünsche vor mir auf wie Berge, die ich nie erklimmen kann. Ich bin entschlossen, jede Ecke in meiner Wohnung meinen neuen Ansprüchen von Ordnung anzupassen. Ich will jeden Tag in Liebe in meiner Küche herrliche Gerichte zaubern, ich will einmal in der Woche einen Tanzabend selbst gestalten und meine Freunde dazu animieren mitzutun. Ich will den Mann finden, der »Hero's Journey« erfunden hat, und von ihm lernen. Ich habe es satt, ohne Karl im Alltag zu leben, und möchte mit ihm ein Haus oder eine Wohnung suchen …
Wann?
Mein Verlag ruft an und will den Text für die Ankündigung von »Lust auf 50« im Verlagsprogramm. Die Grafiker arbeiten am Buchumschlag, wann kann ich mir die Entwürfe ansehen? Meine Experten für den Teil, der sich mit Daten und Fakten beschäftigt, wollen wissen, wann sie das fertige Manuskript lesen können. Wach auf, Dornröschen, du hast geträumt!
Jetzt bin ich wirklich deprimiert. Ich fühle mich wie ein Rennpferd, das galoppieren will und stattdessen in seinem Stall eingesperrt bleibt.
Wie schon oft in letzter Zeit kehre ich mit meinen Gedanken nach Findhorn zurück, und plötzlich stehe ich in der großen Küche, neben mir Marie Claude, eine 65-jährige Französin aus Paris. Sie ist nur für ein paar Tage hier, weil sie ihre Tochter Francine besucht, und ich bin

an diesem Vormittag ihre Übersetzerin. »Weißt du«, sagt sie und schneidet fast zärtlich aus einer Kartoffel eine Stelle aus, die der automatische Schäler nicht erfasst hat, »als ich so alt war wie du, da war ich auch noch ungeduldig und dachte, dass ich alles sofort ändern muss, alles neu planen muss. Jetzt wache ich auf und bin dankbar für jeden neuen Tag, für jede Begegnung, die er mir bringt, und genieße den Augenblick.

Habe ein bisschen Geduld mit deinen vielen Plänen. Du kannst Ebbe und Flut nicht beschleunigen, und du kannst die Jahreszeiten nicht vorantreiben. Alles geschieht in der richtigen Ordnung. Und so ist es in deinem Leben auch. Wenn du vertraust und in Frieden mit dir selbst bist, dann werden die Dinge von alleine ihren richtigen Platz finden.« Sie sagt »se mettre à sa place«, ein Ausdruck, den es in unserer Sprache nicht gibt und der mir so gut gefällt. Dann schweigt sie, und wir vertiefen uns weiter in die wichtige Aufgabe, Kartoffeln für 100 Menschen in annähernd gleich große Stücke zu schneiden. »Jetzt, wo ich dich kennen gelernt habe«, sagt sie nach einer Weile, »habe ich dein Gesicht in mein Herz aufgenommen. Ich werde es mir immer merken und in Liebe an dich denken. Wenn man so alt ist wie ich, dann hat man Zeit für solche Dinge.«

Es tut mir gut, in meinem hektischen Alltag an Findhorn zu denken. An Ian, der uns in der Küche immer wieder zusammenrief, um ein Lied zu singen, an seine Frau Rosi, die tagelang, ohne ungeduldig zu werden, neben ihrem Hund Wache hielt, als er krank war, obwohl sie daran gewöhnt ist, als Botschafterin für Findhorn in der ganzen Welt herumzureisen. An die vielen Menschen, die ihre Aufgabe schon gefunden haben, und an die vielen, die noch auf der Suche sind.

Meine Frage »Wie alt bist du?«, die ich in den ersten Tagen in dem schottischen Dorf am Meer allen Frauen ab 40 gestellt habe, kam mir bald absurd vor. »Wieso fragst du, ist das wichtig für dich?« sagt die Töpferin und wischt sich den Lehm von ihren Händen, um mit mir eine Tasse Tee zu trinken. »Hier, in unserer Gemeinschaft, sind die Menschen daran interessiert, ob du deinen Lebenssinn gefunden hast und ob du zufrieden bist, das Alter spielt keine Rolle.« Auriel geht gerade draußen vorbei, und ich wünsche mir, auch so eine glückliche, alte Frau zu werden. Sie lebt seit Jahren in Findhorn, und wenn Gäste kommen, die Eileen Caddys Haus, das Community Center, das Theater, die ökologischen Einrichtungen, die Glashäuser und vieles andere besichtigen möchten, dann wird Auriel geholt. Weil sie am schönsten erzählt und am meisten über die Entwicklung der Gemeinschaft weiß. Die Türe ihres Hauses steht immer offen, und ihre liebevolle Weisheit ist bei allen gefragt. Wie werde ich eine weise Frau?
Ich hole »Opening Doors within« von Eileen Caddy und schlage wahllos eine Seite auf: »Wachst du jeden Morgen mit einem Liebeslied und mit Dankbarkeit in deinem Herzen auf«, übersetze ich. »Bist du bereit für alles, was der Tag bringen mag, wissend, dass es ein wunderbarer Tag ist, weil ich vor dir gehe und deinen Weg bereite? Erwartest du das Beste von diesem Tag, und siehst du, wie sich alles perfekt fügt?«
Nein, tue ich nicht. Noch nicht.
Sophie wirbelt am Nachmittag in meinem Büro vorbei und gibt wie immer eine kostenlose Weisheit von sich, nach der ich nicht gefragt habe: »Du bist mit deinen Gedanken schon in der Zukunft, anstatt dass du das, was es in der Gegenwart gibt, genießt. Das macht dich unzufrieden.«

Sie hat Recht.
Einen Schritt nach dem anderen.
Dennoch, irgendetwas in meinem Leben hindert mich daran, hinauszugehen. Diesen engen Platz an meinem Schreibtisch zu verlassen und die vielen bunten Pakete aufzumachen, die wie eine Verheißung auf mich warten.
Es ist Ostermontag, im Fernsehen zeigen sie endlich wieder einmal »Schlaflos in Seattle«, und ich höre zum mindestens zehnten Mal einen meiner Lieblingssätze. Meg Ryan sagt ihn, als sie sich (Gott sei Dank ohne Erfolg) selbst überreden will, einen langweiligen Mann zu heiraten: »Man muss erwachsen werden, man kann nicht ewig diesem Traum nachhängen, wie aufregend das Leben sein könnte.«
Nein, ich muss nicht erwachsen werden, wenn es bedeutet, meine Träume zu vergessen.
Nun bin ich seit sechs Wochen aus Findhorn zurück und habe noch nichts von dem umgesetzt, was mir dort so wichtig war. Weder koche ich liebevoll, noch tanze ich einmal in der Woche, das Kabarettstück, in dem ich selbst auftreten möchte, habe ich auch noch nicht geschrieben, und von Paul Rebillot, dem Erfinder der Heldenreise, weiß ich nicht einmal, ob er noch lebt. Es ist, als ob ich an meinem Schreibtisch klebe, und trotz aller guten Vorsätze nichts unternehmen kann. Es stimmt, ich habe viel zu tun, aber nicht so viel, dass ich nicht in kleinen Schritten anfangen könnte, meine Träume zu verwirklichen.
Am Wochenende kommen Mathias Varga von Kibèd und Insa Sparrer nach Wien. Die Ausbildung in »systemischer Strukturaufstellungsarbeit« in München bei den beiden ist einer meiner Träume, der sich zögerlich erfüllt. Ich war so begeistert, als ich sie vor zwei Jahren kennen

lernte! Endlich eine Therapieausbildung, die Spaß macht. Ich habe so lange danach gesucht.
Und wieder, wie so oft, habe ich das Gefühl, als ob ich mir dieses Wochenende nicht erlauben dürfte. Diesmal gehe ich trotzdem hin. Ich bin weit zurück in meiner Ausbildung. Die anderen nehmen an zwölf Workshops im Jahr teil, ich bringe es auf sechs oder sieben. Und jedes Mal habe ich einen triftigen Grund. Zu viel Arbeit, die Kinder brauchen mich, Karl ist nur an diesem Wochenende in Wien, weil er so viel unterwegs ist usw. Niemand in meiner Familie verlangt diesen Verzicht. Aber ich leiste ihn, weil ich ein schlechtes Gewissen habe. Warum eigentlich?
Ich bitte meine Lehrer, das Thema für mich aufzustellen. Mathias entscheidet, dass wir den Schreibtisch, den Kleber, der mich an ihm festhält, und die kreative Bandbreite, die ich nicht leben kann, mit Personen darstellen. Das Bild ist fertig, und ich sitze da und staune: Meine Rollenspielerin, eine eher kleine Frau, steht eingeklemmt zwischen einem sehr großen Mann im grauen Pullover, der den Schreibtisch spielt, und einer ziemlich beleibten Dame, die sich als »Kleber« zur Verfügung gestellt hat, und fühlt sich wohl. »So ist es richtig«, sagt sie. »So bin ich es gewöhnt.« Als »kreative Bandbreite« habe ich mir eine attraktive Frau in meinem Alter ausgesucht. Sie kehrt allen den Rücken zu und hat mit dem ganzen nichts zu tun. »Hier gibt es versteckte Loyalitäten«, meint Mathias. »Du verzichtest auf die Bandbreite deiner Begabungen, um jemanden in deiner Familie zu ehren.« Wen ehre ich? Meine Großmutter, die so klug und gebildet war und doch ihr ganzes Leben lang nur dem Großvater und ihren Kindern gedient hat, meine intelligente, abenteuerlustige Mutter, die Verkäuferin wurde, weil das

Geld nur für das Studium der Brüder reichte? Die fast nebenbei fünf Kinder großziehen musste und ihr Leben lang im Geschäft meines Vaters gerackert hat? Habe ich ihnen unbewusst versprochen, dass auch ich ein weibliches Schicksal der Entsagung auf mich nehme und »brav und fleißig« bin?
Mathias stellt mich ins »geheilte« Bild. Jetzt bin ich nicht mehr eingesperrt. Kleber und Schreibtisch stehen links von mir, und ein Stück vor mir – als Zukunftsvision – die Brandbreite. Ich bin dem Schreibtisch noch immer verbunden, er ist wichtig und gehört zu mir, aber er erdrückt mich nicht mehr. Der Klebstoff ist mein Verbündeter, damit ich konsequent bei meiner Arbeit bleiben kann. Ich fühle mich leicht und möchte sofort losstürmen, so, als ob mein Weg nun endlich frei wäre.
Beim Mittagessen finde ich endlich Paul Rebillot. Nicht persönlich, aber ich lerne eine Seminarteilnehmerin kennen, die mir von ihm erzählt. »Er kommt im Juni nach Europa und macht am Chiemsee eine ›Heldenreise‹.« Der Amerikaner aus San Francisco war Schauspieler, wurde dann Gestalttherapeut und hat eine Methode entwickelt, mit der er weltberühmt wurde. Er lässt Menschen, die ihr Innenleben besser kennen lernen wollen, die Helden und Dämonen, die es in jedem von uns gibt – wie in einem Theaterstück – spielen und ermöglicht so die Integration der verschiedenen Anteile.
Ich denke nur noch an Paul Rebillot und meine Heldenreise. Einer meiner Träume ist greifbar nahe. Die Anmeldung weggeschickt, der Termin bestätigt. Doch schon nach ein paar Tagen kommen die Zweifel. Darf ich wirklich wegfahren, mitten im Stress, den Abgabetermin dieses Buches einzuhalten? Die Kinder, die jetzt, kurz vor Ferienbeginn, in der Schule alle wichtigen Prüfungen

haben, mit Karl alleine lassen? Wäre es nicht besser, zu Hause zu bleiben, eine gute Mutter zu sein und eine fleißige Autorin? Die »Vernünftige« gewinnt immer mehr Oberhand, und ich beschließe, mir jedenfalls noch kein Hotelzimmer zu bestellen.
Sophie bringt mir einen Stapel Texte zurück. Sie ist meine beste kritische Leserin und meine »Lupe«.
»Wo sind in deinem Buch eigentlich die Frauen, die keine Probleme mit Männern haben, weil sie gar keinen Mann mehr wollen oder höchstens einen fürs Bett? Diese selbstbewussten, selbstständigen Berufstätigen, die sich ihrer Karriere widmen und ihre ganze Kraft zur Verfügung haben, weil sie nicht von Beziehungskriegen abgelenkt werden. Und wo sind die neuen Männer, die, die sich einlassen, die nicht weglaufen, die Verantwortung für die Beziehung und ihre Gefühle übernehmen. Es gibt sie doch. Warum erzählst du nichts davon?«
Stimmt, sage ich und denke nach langer Zeit wieder daran, wie ich vor acht Jahren Karl kennen gelernt habe:
Das Schneetreiben ist so dicht, dass ich die Straßenschilder nicht mehr lesen kann. Ich verliere die Orientierung und weiß plötzlich nicht mehr, ob ich links oder rechts abbiegen muss, um zu dem Haus zu gelangen, in dem meine spirituelle Lehrerin wohnt. Plötzlich lande ich in einer Sackgasse vor einer Gärtnerei, die geschlossen ist. Was passiert hier? Ich habe mich noch nie verirrt!
Irene öffnet mir die Türe, ich entschuldige mich und weiß, dass es kaum glaubhaft klingen kann. Mitten in Wien, in einer Gegend, die mir vertraut ist, bin ich im Schneesturm wie in einem Labyrinth umhergeirrt. »Du bist nicht zu spät, du kommst genau richtig«, beruhigt sie mich: »Der Mann, der vor dir da war, hat diese zusätzliche Zeit gebraucht.«

In diesem Augenblick erscheint »der Mann, der vor mir da war«.

»Ach, Sie sind der Typ, für den ich mich eine halbe Stunde im Schneesturm verirren musste«, sage ich provokant und warte auf eine passende Antwort. »Danke«, sagt er und sieht mich ruhig an. Ich bin von seinem »Danke« völlig aus der Bahn geworfen. So reden die Männer nicht, mit denen ich gewöhnlich verkehre. »Ich habe mich heute mit dem Thema ›starke Frauen‹ beschäftigt, das braucht Zeit«, ergänzt er ernst, und ich bemerke, dass er bernsteinfarbene Augen hat. »Ich bin eine starke Frau«, sage ich und komme mir völlig absurd vor. Er lächelt liebevoll: »Ich weiß.« Und plötzlich liege ich in seinen Armen und weine. Ich kenne seinen Namen nicht, ich bin nicht daran gewöhnt zu weinen, und schon gar nicht in fremden Männerarmen, und dennoch ist es geschehen. Wir stehen in diesem Vorzimmer, und ich weiß eines: Ich will ihn wieder sehen.

Meine Sitzung bei Irene ist einem ähnlichen Thema gewidmet: Wenn ich so bin, wie ich bin, eine starke, lebendige Frau, dann bekommen die Männer Angst und laufen weg. Ich erzähle von meiner Sehnsucht nach einem »echten« Partner, davon, dass ich es müde bin, eine einsame Wölfin zu sein, dass es mich anstrengt, immer so hoch zu fliegen und dann umso tiefer zu fallen. »Dein Mangel ist schon behoben«, sagt Irene. Und ich weiß, dass der Satz mit diesem Mann zu tun hat, der gerade weggegangen ist.

»Ja, Sophie, du hast Recht, das, was mir besonders nahe ist, habe ich vergessen. Ich bin mit einem Mann verheiratet, der sich tief einlässt und Verantwortung für die Beziehung übernimmt, der nicht wegläuft, wenn es schwierig wird. Und ich war einmal diese Frau, die du beschreibst: Kinder, Karriere, bei Bedarf Sex. Es gab lange nichts, was ich vermisst habe. Manchmal war für ein paar Stunden die Sehnsucht nach einem Platz da, an dem es gut und sicher ist, aber es war auch schnell wieder vorbei.«

Außerdem, denke ich mir, als Sophie schon gegangen ist, hatte ich immer die Vorstellung, dass guter Sex und Liebe nicht vereinbar sind. Mit Karl ist das anders. Je tiefer ich mich einlasse, desto mehr kann ich mich öffnen. Ich denke an Sophies Worte, als sie aus Amerika zurückkam und sich nach langer Zeit wieder verliebt hatte: »Weißt du«, sagte sie, »Sex ist ganz anders als früher. Ich bin nicht mehr so gierig und will nicht mehr so oft. Aber wenn wir miteinander schlafen, und ich gehe dann auf die Straße, dann merke ich, dass mir die Menschen nachsehen, weil ich so glücklich bin.« Ja, für mich stimmt das auch. Unsere sexuellen Begegnungen sind heute frei von jeder Verfügbarkeit für den anderen, frei vom Druck, etwas beweisen oder leisten zu müssen. Wenn es zwischen uns fließt, dann ist es erotisch und zärtlich und tief und ehrlich zugleich. Keine Spur von »nachlassender Libido«.

Kaum schwelge ich in Zufriedenheit, kommt das nächste Tief. Ich hole die Waage wieder aus dem Keller. Es ist, als ob meine Essstörung, von der ich mich schon geheilt glaubte, vehement wieder ausbricht. Dieser Tag hat mich zur Verzweiflung gebracht. Butterbrot, Käsebrot, Marmeladenbrot, Schokolade. Vor und zurück. Dazwischen ein Apfelstrudel im Kaffeehaus mit Karl. »Sie verstehen mich nicht«, sage ich und versuche zu verbergen, dass mir die Tränen kommen. »Sie haben keine Ahnung, wie eine lustvolle 50-jährige aussieht.« Er schaut mich mitfühlend an. »Und das trifft dich ganz persönlich.« Ja, es trifft mich ganz persönlich, dass die Grafiker Buchumschläge entworfen haben, die nichts mit dem zu tun haben, worüber ich erzähle. Oder doch. Es hat mit diesem Niemandsland zu tun, in das Frauen geschickt werden – und sich schicken lassen, wenn sie nicht mehr jung und noch nicht alt sind. Mit sicherem Gefühl für die gesellschaftliche Wahrheit haben die Studios, die beauftragt waren, eine Frau ins Bild zu setzen, der man den Spaß am Leben glaubt, ein Klischee nach dem anderen produziert: Die erste angeblich 50-jährige ist nicht zu erkennen. Man sieht von hinten eine schmale, magersüchtige Figur, die sich vom Leben abwendet. Die zweite Frau trägt ein Kleid aus den 70-er Jahren, wahrscheinlich stammt das Foto von damals, und lacht genauso, wie ich mir das vorstelle. Fröhlich, ungehemmt, vital. Allerdings ist sie mindestens 60 und hat schlohweißes, wahrscheinlich gefärbtes Haar. Die dritte Frau ist 70 und lacht erst gar nicht mehr, obwohl es auch in diesem Alter noch einiges zu lachen gibt. Und weil es darum geht, dass alle älteren Menschen jünger aussehen sollen, als sie sind, gibt es natürlich auch die 30- oder vielleicht 40-jährige. Man kann es nicht genau sehen, weil das Foto absichtlich unscharf ist. Keine Falten, keine Konturen, die Hälfte des Gesichtes abgeschnitten. Das Tabu perfekt umgesetzt. Eine Frau bemüht sich, nicht zu zeigen, dass sie älter wird. Und weil sie nur noch die Hälfte wert ist, fehlt ihr auch noch ein Auge, ein Ohr, und die Hälfte des Gehirns. Natürlich reagiere ich überempfindlich, denn bisher war ich mit den Buchumschlägen dieser Grafiker immer zufrieden. Aber es ist mir egal. Ich bin so getroffen, dass ich meinen Unmut ungefiltert und schriftlich an den Verlag weiterleite. So nicht, bitte einen neuen Vorschlag.

Ein paar Tage später ein Anruf von Friederike, der Assistentin des Verlegers. »Wir finden keine passenden Darstellungen von Frauen in deinem Alter. Die Agenturen liefern kein gutes Material, und im Internet lässt sich auch nichts finden. Wir wollen dich fotografieren.«
Der Fotograf kommt und ist jung und sehr engagiert. »Sie werden sehen, wir machen ein Foto, auf dem sie wie 35 aussehen«, strahlt er mich an. »Genau das ist es, was ich nicht will. Ich will nicht jünger aussehen. Ich möchte, dass Sie jede einzelne meiner Falten im Gesicht zeigen, das ist mir wichtig.« Er sieht mich so erstaunt an, dass ich erst jetzt merke, wie weit ich mich von dem entfernt habe, was mir noch erstrebenswert schien, als ich anfing, dieses Buch zu schreiben. Jünger aussehen, dazu gehören, zu dieser Gesellschaft der ewig 30-jährigen. Nein, ich will es nicht mehr. Ich möchte endlich so alt sein dürfen, wie ich bin, so attraktiv sein dürfen wie eine Frau in meinem Alter. Ich habe es satt, dafür gelobt zu werden, dass ich nicht aussehe wie 50. Ich sehe aus wie 50, weil 50-jährige heute so aussehen können. Punkt.
Ich fühle mich mit allen Frauen meines Alters so solidarisch, dass ich selbst Fremde auf der Straße begeistert anlächle, und wenn mir eine besonders gut gefällt, dann sage ich es ihr. »Wir Frauen«, heißt das Gefühl, und es spürt sich richtig gut an.
Ich bemerke nicht, dass sich mit der Zeit eine rosarote klebrige Masse in meinem Hirn ausbreitet, die den Namen »Frauen sind die besseren Menschen« trägt. Die tägliche und oft auch noch nächtliche Beschäftigung mit »uns« führt zu einem Realitätsverlust, der mich vergessen lässt, dass eine interessante Frau nicht automatisch ein offenes, liebevolles Herz ihr Eigen nennt.
Doch keine Sorge. Die erste Lektion folgt auf dem Fuß:

Sie beginnt harmlos. Ich halte einen Vortrag vor Wirtschaftsfrauen, die sich in ihrem »Nobelclub« regelmäßig treffen, um einander zu unterstützen und sich auszutauschen. Ich bin begeistert. Jede dieser Direktorinnen, Geschäftsführerinnen, Firmenbesitzerinnen hat eine Ausstrahlung und ein Know-how, das sich sehen lassen kann. Ich öffne mein Herz ganz weit und erzähle über die »Lust und Erotik mit 50«. Geschützt, geachtet, unter meinesgleichen.

Der Vortrag ist zu Ende, eine der Frauen erinnert uns alle daran, dass im Kosovo Krieg herrscht und wir uns hier privilegiert über ein Luxusthema unterhalten, während dort unsere Schwestern getötet und vergewaltigt werden. Betroffenheit. Ich sage einen Satz, der zu dieser Betroffenheit passt, und plötzlich kommt symbolisch aus der ersten Reihe ein Messer geflogen. Die Frau, die es wirft, ist mir bisher nicht aufgefallen. Doch jetzt kommt eine Flut von ungerechten Beschuldigungen: von naiver Mitleidsmasche, von Anmaßung und Herablassung ist die Rede. Alle sind fassungslos über den verbalen Überfall, doch keine verteidigt mich ernsthaft. Die Präsidentin will retten, was noch zu retten ist, und versucht, der peinlichen Lage mit einem Blumenstrauß und der Bitte um Applaus für meinen Vortrag zu entkommen.

Ich erlaube es ihr nicht. Ich sitze da mit Tränen in den Augen und zeige meine Verletzung. »So gehen Frauen miteinander um. Und es ist nur ein Beispiel von vielen. Solange wir Krieg gegeneinander führen und uns nicht bei dem, was wir sagen und tun, den Bonus der guten Absicht geben, solange werden wir die Macht, die uns zusteht, weil wir die Hälfte der Bevölkerung stellen, nicht erlangen.«

Es ist ganz still im Saal. Dann zögernder Applaus. Der

Abend ist dennoch verdorben. Heftige Diskussionen in Grüppchen, tausend Entschuldigungen der Präsidentin, eine der Frauen kommt auf mich zu und sagt: »Tut mir Leid, dass es gerade Sie getroffen hat. Aber diese Diskussion, die jetzt geführt wird, war längst fällig.« Schön, dass mein eigener Lernprozess der ganzen Gruppe gedient hat.

Kaum erholt vom Schock, trete ich schon wieder – wie im Kasperltheater das Krokodil – zum nächsten Schlag auf den Kopf an.

Diesmal sitze ich in der Jury eines Schülerwettbewerbs. Neben mir die Dramaturgin eines Theaters. »Wie gefallen Ihnen die Aufführungen«, frage ich sie in der ersten Pause. Einfach so, um mit ihr in Kontakt zu kommen. »Ich kann mit Ihrer Frage nichts anfangen«, sagt sie streng. Ich wiederhole meinen Satz in anderen Worten, was sie noch ungehaltener macht: »Ich weiß nicht, was Sie meinen, das kann man doch nicht einfach so oberflächlich beurteilen, das ist doch alles viel differenzierter.«

Wenn dir etwas zweimal passiert, dann kannst du schon auf ein drittes Mal warten.

Der dritte Schlag auf den Kopf kommt von einer Autorin, mit der ich über ein gemeinsames Buch diskutiert habe. Nach einer längeren Nachdenkpause merke ich, dass mich das Thema nicht genug interessiert, und rufe sie an. Die Eislawine, die sich via Telefon über meinen Kopf ergießt, als ich ihr meine Ablehnung des Projekts mitteile, nimmt mir für einen Augenblick den Atem. Dann bin ich froh. Ich war anfänglich so von ihr begeistert, dass ich mit ihr am liebsten eine Bürogemeinschaft gegründet hätte.

Spätestens jetzt bemerke ich, dass mein Unterbe-

wusstsein mir ständig Botschaften schickt, damit ich etwas verstehen lerne. Aber was? Ich grüble.
Dann frage ich Karl. Er ist Arzt und Therapeut und hat, wenn er nicht gerade im Konflikt mit mir ist, immer gute Ideen: »Ich glaube«, sagt er, »dass dein neuer Zugang zu deiner Weiblichkeit, deine Akzeptanz für dich selber eine Bedrohung für manche Frauen ist. Und außerdem öffnest du dein Herz und prüfst nicht ausreichend, ob es einen geschützten Rahmen dafür gibt.«
Stimmt. Ich stürze mich speziell mit Frauen ganz leicht in eine Offenheit, in der ich jede Vorsicht vergesse.
»Und was denkst du denn, was du aus diesen Ereignissen für dich lernen kannst?« setzt er hinzu und löst einen neuen Nachdenkprozess in mir aus.
Bald wird es mir klar: Ich bin oft in Diskussionen, die mir ans »Eingemachte« gehen, vorschnell hart und verletzend. Vielleicht nicht mehr ganz so brutal wie die Wirtschaftsfrau nach meinem Vortrag. Aber immer noch genug, um Schaden anzurichten. Ich bin auch, wie die Dramaturgin, hochmütig, wenn ich glaube, dass ich von einem Thema mehr verstehe als alle anderen. Ich schlage zurück wie die Autorin, wenn ich vermute, dass jemand an meinem Wert zweifelt und meine Arbeit nicht ausreichend schätzt.
Lektion gelernt, danke ihr Frauen.
Immer wieder geschehen jetzt Dinge, die mein Leben ein Stückchen verändern. So, als ob meine innere Wandlung der letzten beiden Jahre sich in vielen kleinen Details im Alltag zeigt:
Meine Füße tun mir weh. Die Straßenbahn in die Innenstadt ist mir vor der Nase weggefahren, ich gehe 20 Minuten zu Fuß und merke, dass mein Schuhwerk sich nicht dazu eignet. Ich habe meine Stöckelschuhe

mein ganzes Leben lang nicht in Frage gestellt. Wer zu kurze Beine hat, muss etwas dagegen tun. Karl mag mich lieber in flachen Schuhen, aber den Gefallen kann ich ihm nicht tun. Ich fühle mich ohne Beinverlängerung nicht attraktiv.

In einem Schuhladen am Weg sehe ich in der Auslage cremefarbene Mocassins aus weichem Wildleder, genau im Ton meines Kostüms. Als ich nach zehn Minuten wieder auf dem Gehsteig stehe, hat sich für meine Füße die Welt verändert. Es ist herrlich. Weich und angenehm schmiegen sie sich an, wie eine Indianerin komme ich mir vor, so natürlich wird plötzlich mein Gang. Wieso habe ich mich fast 35 Jahre lang gequält? Für meine Schönheit in Kauf genommen, dass mir nach längerem Stehen oder Gehen der Rücken wehtut. Ich kann es nicht mehr begreifen. Nein, ich werfe meine Schuhe mit Absätzen nicht weg. Es gibt Tage, da mag ich die Verlängerung meiner Beine noch immer. Aber von nun habe ich die Wahl, und das tut gut.

Manche Veränderungen bemerkt man erst daran, dass das Problem verschwunden ist: Ich sitze auf einem Tisch, der ein Rednerpult ersetzen soll. Meine schwarzlila gestreifte Jogginghose ist mit Schlamm bespritzt, das weiße T-Shirt, das ich trage, verschwitzt, meine Haare stehen in alle Richtungen, und zu allem Überfluss sind meine Joggingschuhe – genau in Augenhöhe meiner Zuhörer – nass-grau mit Lehm verschmiert. »Ich brauche bitte eine Lesebrille, eine oder eineinhalb Dioptrien«, sage ich gelassen in die Runde und warte, bis eine der Damen in ihrer Handtasche kramt und mir aushilft.

Ich bin zu einem Vortrag und einer Lesung in einem Pensionistenheim eingeladen, das Thema heißt »Sexualität gestern und heute«, Jugendliche diskutieren mit alten

Menschen. Ich kann nichts für meine unpassende Kleidung. Die Organisatorin der Veranstaltung wurde krank, und als ich rechtzeitig nachfragte, ob der Termin in meinem Kalender korrekt sei, wusste niemand etwas davon. Also nahm ich am Morgen dieses Tages den Hund, der sich über die Abwechslung freute, fuhr in den Wald und gönnte mir einen guten Vormittag.

Schon auf dem Rückweg läutet in meinem Auto das Telefon: »Frau Daimler, wo sind Sie, wir sitzen hier in unserem Festsaal und warten auf Sie.« »Ich komme«, sage ich, und es ist mir vollkommen egal, dass ich keine Zeit habe, mich als Autorin zu verkleiden. Kein Make-up, kein Lippenstift, kein edles Kostüm, keine schönen Schuhe, keine Brille, die im Ton zu meiner Kleidung passt: ich pur, ohne Schnörksel.

Früher hätte ich mich das nie getraut. Ich wäre nach Hause gehetzt, hätte mich umgezogen oder meinen Auftritt abgesagt. Ich bin nicht mehr von meinem Äußeren abhängig. Es wird ein guter Vortrag mit einer entspannten Diskussion. Die Panne bringt uns einander näher, der Abstand zwischen Autorin und Publikum wird durch mein saloppes Jogging-Outfit aufgehoben. Später sitze ich in meinem Lieblingscafé in der Sonne, noch immer »ungepflegt«, und bin glücklich über meine neue Freiheit. Ich mag es, eine »gepflegte Erscheinung« zu sein, aber früher habe ich es gebraucht, um mich sicher zu fühlen, jetzt bin ich frei. Ich könnte singen vor Freude.

Ich bringe die Waage, die ich bei meiner letzten Krise wieder aus dem Keller geholt habe, nicht mehr zurück. Die Feindschaft zwischen uns ist vorbei. Jetzt liegt sie auf einem Schrank in meiner begehbaren Garderobe, und manchmal, wenn ich mich unsicher fühle, ob »alles in Ordnung ist mit mir«, dann hole ich sie herunter und frage sie um ihren Rat. Aber die Abstände zwischen unseren Begegnungen werden immer länger. Am Anfang habe ich mir erlaubt, mich einmal in der Woche zu wiegen. Ich sage »erlaubt«, weil es mich damals noch eine kleine Überwindung kostete, das morgendliche Ritual der Abwaage, das wie Zähneputzen zu mir gehörte, zu unterlassen. Mit der Zeit vergaß ich sie, die mehr als 30 Jahre ein wichtiger Teil meines Lebens war. Ich merke an meinen Röcken und Hosen, wenn ich zu üppig gelebt habe, das genügt.

Außerdem jogge ich fast täglich. Das ist neu. Am Anfang war es mehr Pflichtbewusstsein und Vorsorgeprogramm gegen Osteoporose. Irgendwann fing es an, mir wirklich Spaß zu machen. Ich habe das Gefühl, dass mein Tag ganz anders beginnt, wenn ich 20 Minuten durch den Park vor meiner Türe oder durch die Wälder der Umgebung laufe.

Ich muss an meine Eltern denken. Für mich war es immer ein bisschen merkwürdig, dass sie jeden Morgen nach dem Aufstehen turnen. Konsequent, Tag für Tag, Jahr für Jahr. Jeder sein eigenes Übungsprogramm, aber beide nach Musik. Und egal, ob es schneit oder stürmt, der tägliche Spaziergang am See wird nur ausgelassen, wenn sie krank sind. Es kam mir übertrieben vor. Jetzt geht es mir wie ihnen. Noch nie war mein Interesse, zu meinem Körper gut zu sein, so groß wie jetzt. Ich weiß um seine Grenzen Bescheid, ich kenne meine Möglichkeiten, ihn fit zu erhalten, und ich engagiere mich dafür. Und dennoch – obwohl ich mehr für mich selbst tue, habe ich das Gefühl, weniger gehetzt zu sein. Es ist, als ob meine innere Haltung mein äußeres Erleben verändert.

Sarah lädt mich in ihr Häuschen am Land ein. Wir haben

einander aus den Augen verloren, als ich aus dem Beruf als Journalistin ausstieg, in dem sie noch heute arbeitet. Jetzt, wo wir beide 50 sind, verbindet uns etwas Neues. Eine Art Forscherdrang, voneinander zu erfahren, wie das Älterwerden wirklich ist. »Ich habe letzte Woche einen Hormonspezialisten interviewt«, sagt sie und probiert mit einem Fuß aus, ob das Wasser der Donau schon warm genug zum Eintauchen ist. »Er hat gesagt, ›Gnädige Frau, ich stelle Sie so ein, dass Sie von Ihren Wechseljahren nichts mitkriegen.‹ ›Wie meinen Sie das, ich bin doch kein Vergaser‹, sage ich. ›Na ja, ich verpasse Ihnen eine maßgeschneiderte Hormontherapie, garantiert ohne Nebenwirkungen.‹ ›Und was ist mit meinem Brustkrebsrisiko?‹ ›Das ist doch alles ein Blödsinn, ich kann Ihnen da Studien zeigen ...!‹ ›Randomisiert, prospektiv, kontrolliert?‹ frage ich und lache innerlich, als er ein verblüfftes Gesicht über mein Fachwissen macht.«

Es ist schön, über die Zeit, in die wir hineinwachsen, so gut Bescheid zu wissen. Seit ich verstehe, dass die Wechseljahre ein vorübergehender Zustand sind, eine wichtige Phase im Leben, die den Auftakt zur Neuorientierung signalisieren, haben sie für mich jeden Schrecken verloren. Ich bin bereit.

»Ich lebe im Augenblick ohne Mann«, sagt Sarah beim Mittagessen, das wir in ihrem verwunschenen kleinen Garten einnehmen. Ihre Großmutter hat ihr das Haus vererbt, und jetzt spart sie für die Renovierung. »Und es tut mir gut. Ich bin viel kreativer im Beruf, und am Wochenende schreibe ich an einem Buch, für das ich schon einen Verlag gefunden habe. Ich verliere mich immer so leicht, wenn ich mich verliebe. Ich ertappe mich, wie ich von der selbstbewussten, selbstständigen Frau zum Weibchen mutiere. Ich bin weniger kritisch, leiser und irgendwie angepasster, so, als ob ein Gen freigesetzt würde, das mich dämpft. Nicht, dass ich jetzt den Rest meines Lebens ohne Partner verbringen möchte. Aber etwas elementar Wichtiges hat sich in mir verändert: Männer sind nicht mehr mein Lebensmittelpunkt. Ich bin auch ›unbemannt‹ zufrieden und glücklich und genieße meine sozialen Kontakte, die ich brauche. Dieses Gefühl, nicht vollständig und daher immer auf der Suche zu sein, ist plötzlich weg. Das heißt nicht, dass ich ganz ohne Männer lebe. Ich habe einen Freund in der Redaktion, mit dem ich über meine Texte rede, einen anderen, mit dem ich herrlich essen, ausgehen und diskutieren kann. Und der Dritte ist fürs Bett.«

Nein, ich will mir nicht vorstellen, ohne Karl zu leben, aber auch in meiner Beziehung zu ihm hat sich etwas verändert. Ich bin nicht mehr unbewusst in Sorge, dass er mich verlassen könnte. Ich kann darüber lächeln, wenn meine Mutter sagt: »Dass du ja nicht mit ihm streitest, so einen Mann findest du nie wieder.« Ich bin mir meiner Liebe zu ihm bewusst, aber auch meines Werts.

Sarah und ich sitzen zufrieden vor dem Haus, in dem ihre Großmutter so viele Jahre gelebt hat. Eine Frau, die noch wenig von Freiheit wusste, wie die meisten ihrer Generation. Ich erzähle Sarah von Ludovika, der Mutter Kaiserin Elisabeths von Österreich. Sie war so unglücklich mit Max in Bayern, den man ihr gegen ihren Willen zum Mann gab, dass Sie ihn im Schock in einen Schrank sperrte, als er sich in der Hochzeitsnacht nehmen wollte, was ihm – aus seiner Sicht – gehörte. Und Sophie, eine von Sisis verheirateten Schwestern, wurde ins Irrenhaus gesperrt, weil sie sich in einen anderen Mann verliebte und es wagte, ihre Romanze nicht zu verstecken. Damals schrieb Sisi: »Du bist im Irrenhaus, du bist gefangen, ein

Opfer deiner tollen Leidenschaft; es bricht mein Herz, denk ich der wilden, bangen Verzweiflung, die dich packt in deiner Haft.« Es liegen nicht einmal zwei Jahrhunderte zwischen damals und heute. Wie sollen wir problemlos frei und gleichberechtigt sein?

Meine Freiheit hält sich jedenfalls sehr in Grenzen. Ich bin immer noch damit beschäftigt, mir zu überlegen, ob ich »Hero's Journey« bei Paul Rebillot nicht absagen soll. Ich zögere meine Hotelbuchung weiter hinaus und sehe schon einmal im Prospekt nach, was es kostet, wenn ich das Seminar storniere. Die Frage wird immer brennender: Darf ich wirklich »mein's« machen, meiner Vision folgen, obwohl ich nicht beweisen kann, dass es »geschäftlich nützlich« sein wird. Vielleicht gehört diese Reise zum »unnötigen Firlefanz«, der schon in meiner Kindheit nicht populär war.

Autobahn Wien–Salzburg. Der Lastwagenfahrer scheint von meinen inneren Dämonen geschickt. Nein, bitte jetzt kein Unfall, ich habe es schon bis zum Mondsee geschafft und bin entschlossen, mich durch nichts abhalten zu lassen. Ich bremse von 130 scharf herunter und komme seiner hinteren Stoßstange gefährlich nahe. Warum muss der Mann so rücksichtslos aus der Tankstelle herausfahren?

Ich fluche und überhöre fast den Satz, den Irene, meine spirituelle Lehrerin, gerade mit etwas verzerrter Stimme und mangelhafter Tonqualität aus meinem alten Kassettenrecorder im Auto sagt: »Für dich und alle anderen Frauen in deinem Alter ist es Zeit, eure wahre Größe zu leben. Wenn du dich in jedem Augenblick fragst, wovon fühle ich mich wirklich angezogen, wo geht meine Freude hin, dann kannst du nichts falsch machen.«

Der alte Mann mit dem weißen Haar sitzt mit gekreuzten

Beinen am Boden und hält seine Harfe im Arm. Meine Heldenreise hat begonnen, und ich weiß, dass ich zur richtigen Zeit am richtigen Platz bin. In diesem wunderschönen Hotel in der Nähe des Chiemsees, inmitten von Wiesen und Wäldern, werde ich mit Paul Rebillot auf die Suche nach meiner Heldin und meinem Dämon gehen. Er lächelt uns zu und fängt mit seiner tiefen Stimme an zu singen:

Have you ever noticed
How the question »Why?«
Is a way to clip your wings
When you want to fly?
»Why should I live something new?«
»Should I even try?«
And you are trapped in the labyrinth
Of the question »Why?«

(Hast du je bemerkt, dass die Frage »Warum?« ein Weg ist, deine Flügel zu stutzen, wenn du fliegen willst. Warum soll ich ein neues Leben beginnen? Warum soll ich es überhaupt versuchen? Und schon bist du gefangen im Labyrinth der Frage »Warum«?)

Während Paul weitersingt, spüre ich, wie ich ruhig und zufrieden werde. Ich habe es geschafft. Ich bin hier, am Anfang eines großen Abenteuers.

»In jedem von euch«, sagt der Therapeut später, »gibt es einen Teil, der etwas aus seinem Leben machen will, der Veränderung und Weiterentwicklung sucht. Der mutig voranschreitet und sich durch nichts davon abhalten lassen will, das Beste zu tun und zu wollen. Und dann gibt es aber auch den Teil, der die Bequemlichkeit schätzt. Der sich im Vertrauten einrichtet, der lieber leidet, als sich Neues zu erkämpfen. Wenn dieser Konflikt zwischen Sehnsucht und Sicherheit in euch nicht

gelöst wird, wenn der abenteuerliche und der schützende Teil nicht integriert wird, dann werdet ihr unzufrieden.«
Ich denke an meine vielen schlaflosen Nächte und verstehe, dass meine Heldin und mein Dämon sich damals erbitterte Schlachten geliefert haben.
Und wieder werde ich die Stufen hinunter zu dem Raum mit den vier Türen geleitet. Diesmal nicht von meiner Freundin Sophie, die mich in Findhorn ein Stück ihrer eigenen Heldenreise miterleben ließ, sondern von Paul, der den »Fools-dance«, wie er ihn nennt, mit seiner Harfe begleitet.
Meine inneren Bilder haben sich verändert, in jedem der Zimmer, das ich betrete, finde ich eine neue Situation vor: Noch immer habe ich kein Zuhause. Aber jetzt ziehen nicht mehr die Erinnerungen an die vielen Wohnungen, die ich schon verlassen habe, an mir vorbei. Jetzt steht ein weißes Sofa ganz allein auf einem schönen Parkettboden, ein Symbol für unser Zusammenleben. Karl und ich haben es in einem Möbelgeschäft entdeckt. Daneben, als Bild im Bild, sehe ich uns in der Lobau, einem Naturschutzgebiet am Rand von Wien. Hier kommen wir oft her, um miteinander zu reden, zu laufen und in einem kleinen See zu schwimmen. Ja, es stimmt, die Natur ist ein Stück gemeinsames Wohnzimmer für uns. Aber die Sehnsucht nach einem »echten« Wohnsitz bleibt.
Auch im Raum »livework« (Lebenswerk) gibt es einen kleinen Fortschritt. Ich sitze nicht mehr angenagelt an meinem Schreibtisch. Ich habe ihn schon verlassen und stehe an der Glaswand, die mich von dem bunten Treiben da draußen trennt. Ich bin noch immer traurig, dass ich nicht mitspielen kann, aber ich klebe zumindest nicht mehr am Sessel und bin meiner Vision schon ein paar Schritte näher gekommen.

Im Zimmer mit den »Geliebten« breite ich meine Arme aus und spüre, dass mein Herz ein Stück weiter offen ist, und auch mein »Selbst« fühlt sich sicherer und wohler. Danke Findhorn, ich fange schon an, die Früchte meiner Arbeit zu ernten.

Auf meiner Reise mit Paul erfüllen sich viele meiner Träume. Ich tanze, ich spiele Theater, ich mache mit einfachen Instrumenten Musik und stelle meine Heldin und meinen Dämon dar. Und auch wenn ich nur bei meinen Spaziergängen in den Wäldern der Umgebung singe, weiß ich doch, dass ich mich eines Tages – so wie er – getrauen werde, mit meinen selbstgetexteten Liedern hinauszugehen.

Die Heldin, die ich in diesen Tage finde, ist mutig, gerecht, stark, total authentisch, erotisch, abenteuerlustig, gütig, hingebungsvoll, frei und leicht. Ich habe Mühe, mich damit anzufreunden, dass es all diese wunderbaren Charaktereigenschaften in mir gibt, auch wenn manche noch der Entwicklung bedürfen, und rufe Karl an.

»Warte einen Augenblick«, sagt er, »ich hole einen Text von Nelson Mandela, den ich dir vorlesen will:

Unsere tiefgreifendste Angst ist nicht,
dass wir ungenügend sind.
Unsere tiefgreifendste Angst ist,
über das Messbare hinaus kraftvoll zu sein.

Es ist unser Licht, nicht unsere Dunkelheit, die uns am meisten Angst macht. Wir fragen uns, wer bin ich, mich brillant, großartig, talentiert, phantastisch zu nennen?

Du bist ein Kind Gottes. Dich selbst klein zu halten, dient nicht der Welt. Es ist nichts Erleuchtetes daran, sich so klein zu machen, dass andere um dich herum sich nicht unsicher fühlen.

Wir sind alle bestimmt zu leuchten, wie es Kinder tun.

Wir sind geboren worden, um den Glanz Gottes, der in uns ist, zu manifestieren. Er ist nicht nur in einigen von uns, er ist in jedem einzelnen. Und wenn wir unser eigenes Licht erscheinen lassen, geben wir unbewußt anderen die Erlaubnis, dasselbe zu tun. Wenn wir von unserer eigenen Angst befreit sind, befreit unsere Gegenwart automatisch andere.«

Ich fühle mich gleich besser und sehe der Konfrontation mit meiner dunklen Seite am nächsten Tag etwas gelassener ins Auge.

Meine Heldin hat es dennoch nicht einfach mit dem Dämon, der ihr den Weg ins Land der Wunder versperren will. Er ist mächtig, stark, verächtlich, sehr vital und kennt sie gut. Er weiß genau, wie er sie klein machen kann. Er sagt Sätze zu ihr, die sie mitten ins Herz treffen: »Du kleine, unwichtige, wertlose Idiotin. Was glaubst du denn, was du hier tust? Wenn ich das Wort ›Selbstverwirklichung‹ schon höre, dann wird mir schlecht. Arbeite gefälligst etwas Anständiges und vergiss endlich diesen unnötigen Firlefanz. Nur wer arbeitet, darf essen. Und wenn ich daran denke, wie viel Geld du ausgibst für diese lächerliche Selbsterforschung, dann bekomme ich einen Tobsuchtsanfall.«

Aber weil es in Märchen und in Mythen ein gutes Ende gibt, versöhnen sich die beiden und schließen einen Pakt. Die Heldin schenkt ihm ein Stück ihres inneren Friedens und ihrer Liebe. Der Dämon gibt ihr seine Vitalität und Stärke dafür und verspricht, sie nicht mehr ständig zu belästigen. Aber aufpassen wird er dennoch, dass »die Närrin« nicht zu »verrückt« wird!

Am Ende der Reise nimmt Paul uns das Versprechen ab, jetzt sofort in unserem Alltag etwas von dem zu verändern, was uns in dieser Woche wichtig erschienen ist.

»Fangt mit einem Traum an, der relativ leicht zu erfüllen ist, und sagt euren Satz laut in die Runde, damit es Zeugen gibt für eurer Vorhaben.«
»Ich wollte schon als Kind Gitarre spielen lernen, nächste Woche nehme ich meine erste Gitarrenstunde«, sage ich und bin erstaunt von meinem Mut. Seit 40 Jahren sehne ich mich danach, zu singen und mich selbst mit einem Instrument zu begleiten. Ich habe lange genug gewartet. Laut Statistik bleiben mir vielleicht noch mehr als 30 Jahre zu leben. Genug Zeit für die Erfüllung dieses Traums.
»Und vergesst nicht, dass eure Heldinnen und Helden auf Widerstand stoßen werden, sobald ihr zu Hause seid. Wenn ihr Sätze sagt wie ›Ich habe keine Zeit, das ist doch nicht notwendig‹ oder ›Das mach' ich, wenn ich erst einmal … ‹, dann wisst, dass euer Dämon zu euch spricht.«

Montagmorgen:
Der Gitarrelehrer, den ich durch Sophies Vermittlung sofort finde, sagt am Telefon:
»Wann können Sie zu Ihrer ersten Stunde kommen, Sie haben wahrscheinlich kleine Kinder zu betreuen?«
»Nein«, sage ich. »Ich bin 50 und ich bin frei.«

Was noch alles gesagt wurde ...

Würde man die meisten Medikamente, die Psychiater Frauen mittleren Alters verschreiben, ins Meer werfen, wären die Frauen gesünder und die Fische kränker.

Dr. John Studd, Arzt

Ärzte sind genauso empfänglich für Marketingtricks wie wir. Medikamente und Krankheiten sind Modesache, genau wie Lippenstiftfarben und Automodelle.

Dr. Susan Love, Ärztin

Die Frauen mittleren Alters, die anfangen, für Marathonläufe zu trainieren, werden nie so weit oder so schnell laufen, wie sie es als Teenager oder Twens vielleicht gekonnt hätten, doch die Frauen, die ihre Seele auszubilden suchen, können auch jenseits der Fünfzig noch zur vollen geistigen und intellektuellen Entfaltung finden.

Germaine Greer, Autorin

Wir behandeln das Alter als einen beschämenden Zustand, nicht als Lebensphase. Statt dem Alter Respekt zu erweisen, speisen wir es mit Trugbildern ewiger Jugend ab.

Dr. Susan Love, Ärztin

Die treibenden Kräfte unserer Konsumgesellschaft machen sich neue Entdeckungen voll zunutze, oft, indem sie sie mit unseren Ängsten vor dem Altwerden und Sterben verknüpfen – am wirksamsten aber mit den von der Werbung geschaffenen Leitbildern für Schönheit und Attraktivität.

Dr. Susan Love, Ärztin

Zu sich selbst finden heißt nicht, selbstsüchtig werden. Es bedeutet vielmehr, sein Leben nicht länger ausschließlich an den Bedürfnissen der Menschen im eigenen Haushalt oder am Arbeitsplatz zu orientieren.

Germaine Greer, Autorin

Die Kosmetikindustrie verkauft Hoffnung in Flaschen.

Charles Revlon, Kosmetikhersteller

In der ersten Hälfte des Lebens opfern wir unsere Gesundheit, um Geld zu erwerben, und in der anderen opfern wir Geld, um die Gesundheit wieder zu erlangen.

Voltaire, Schriftsteller

Vergleichen muss man können und die Vergleiche aushalten. Was sind ein paar Falten auf dem Bauch, gemessen an der Fülle eines siebzigjährigen Lebens.

Anne Rose Katz, Autorin

Dass es Frauen geben soll, die in dieser Zeit nichts Besonderes spüren, ist ein Märchen. Wenn dies der Wahrheit entspräche, wäre es bedauerlich, denn es ist nicht das Ziel des Lebens, nichts zu spüren.

Germaine Greer, Autorin

Die Menopause ist keine Krankheit. Es ist ein Übergangsritual, gleichzusetzen mit Geburt, Pubertät, sexueller Initiation und Tod.

Judy Hall, Autorin

Bevor man uns zu verstehen gab, dass das Leben einer Frau aus drei Phasen besteht – der Kindheit, dem Erwachsensein und dem Alter –, haben wir intuitiv gewusst, dass es unzählige mehr gibt. Irgendwie wussten wir, dass »das nicht alles sein konnte«, und viele von uns beschlossen damals schon, sich mit aller Kraft dagegen zu wehren, wie Schlafwandlerinnen in dieses öde, verheißungslose Konzept gehüllt auf unser Alter und den Verfall des Körpers zuzusteuern.

Clarissa Pinkola Estés, Autorin

Östrogene sind für alles verantwortlich, was wir Männer an Frauen so lieben.

Prof. Dr. Christian Lauritzen, Gynäkologe

Im 17. Jahrhundert haben nur 28 Prozent der Frauen die Menopause erreicht. Jetzt sind es in der entwickelten Welt 95 Prozent.

Judy Hall, Autorin

Wer die Doppelnatur einer Frau übersieht und nur ihre äußere Erscheinung wahrnimmt, kann sich auf eine große Überraschung gefasst machen, denn irgendwann steht die Wildnatur in ihr auf und bekundet Interessen, Gefühle und Ansichten, die nichts oder nur wenig mit dem früher bekundeten Weltbild zu tun haben.

Clarissa Pinkola Estés, Autorin

Bibliographie

ANNÄHERUNG IN KLEINEN SCHRITTEN: Andrews, Lynn, Aufbruch in ein neues Leben, Verlag Goldmann, Seite 49, 40, 195, 196 – **Morgan, Marlo,** Traumreisende, Verlag Goldmann, Seite 193 – **Onken, Julia,** Feuerzeichenfrau, Beck'sche Reihe, Verlag C. H. Beck, Seite 32 f.

BEOBACHTUNGEN VOM RAND: Greer, Germaine, ab 40, Econ-Verlag, Seite 26, 23, 67/79, 68 – **Onken, Julia,** Feuerzeichenfrau, Beck'sche Reihe, Verlag C. H. Beck, Seite 117 – **Onken Julia,** Die Kirschen in Nachbars Garten, C. Bertelsmann, Seite 170, 152 – **Huber Johannes, Worm, Alfred,** Frau sein ein Leben lang, Verlag Wilhelm Maudrich, Seite 25, 49 f., 49, 50 – **Die Zeit,** Nr. 40, 24. 9. 1998, Seite 25 f.

HINEINGESPRUNGEN: Grof, Christina und Stanislav, Spirituelle Krisen, Kösel Verlag, Seite 29, 61, 61 – **Greer, Germaine,** Ab 40, Econ-Verlag, Seite 36

DATEN, FAKTEN, KOMMENTARE: Adam, Michael, Dr. med., alle Zitate aus einem Interview mit der Autorin. – **Bopp, Annette,** Wechseljahre, Stiftung Warentest, Seite 92, 232, 236, 237 – **Donhauser, Peter,** Dr., in: New Dimensions in Osteoporosis, Ausgabe 1, Jg. 1, Seite 14–16 – **Klaushofer, Klaus,** Univ.-Prof. Dr. med., alle Zitate aus einem autorisierten Interview mit der Autorin – **Love, Susan,** Dr., Das Hormonbuch, Krüger Verlag, Seite 23, 14, 89 f., 41, 42, 42, 42, 42, 56, 58, 42, 44, 64, 63, 65 f., 67, 67, 68, 16, 110, 291, 297, 140 – **Mühlhauser, Ingrid,** Univ.-Prof. Dr. med., Kohortenstudie versus randomisiert-kontrollierte Studie am Beispiel der Behandlung mit Sexualhormonen in der Postmenopause, aus: Diabetes und Stoffwechsel 1999, im Druck – **Schultz-Zehden, Beate,** Dr., Körpererleben im Klimakterium, Profil Verlag, Seite 61–67, 131, 96–111, 119–122, 119, 123, 124, 23, 23, 24 – **Schultz-Zehden, Beate,** Dr., FrauenGesundheit in und nach den Wechseljahren, Seite 35, 21, 79, 106 f. – **Univ.-Klinik für Physikalische Medizin und Rehabilitation,** Prävention der postmenopausalen Osteoporose: Östrogensubstitution versus Krankengymnastik – **arznei-telegramm,** 4/95, April 1995, Sonderbeilage, 37, 40, 42, 42 – **arznei-telegramm,** 4/99, April 1999, Seite 43, 43, 44

AUFGETAUCHT: Caddy, Eileen, Footprints on the path, Findhorn Press, aus dem Englischen übersetzt, Seite 18 – **Caddy, Eileen,** Opening Doors within, Findhorn Press, freie Interpretation der Meditation vom 29. Juni

LUST AUF 50: Caddy, Eileen, Opening Doors within, Findhorn Press, Meditation vom 30. Juni – **Daimler, Renate,** Diana & Sisi. Zwei Frauen ein Schicksal, Deuticke – **Pinkola Estés, Clarissa,** Die Wolfsfrau, Wilhelm Heyne Verlag, Seite 468 f. – **Rebillot, Paul,** The Call to Adventure, Harper San Franzisco

WAS NOCH ALLES GESAGT WURDE: Greer, Germaine, Ab 40, Seite 47, 53 – **Hall, Judy,** Holistic view of Menopause?, Findhorn Press, Seite 20, 24 – **Katz, Anne Rose,** Die Freiheit der späten Jahre, Seite 138 – **Lauritzen, Christian,** Prof. Dr., zitiert aus: Wechseljahre, Stiftung Warentest, Seite 169 – **Love, Susan,** Dr., Das Hormonbuch, Krüger Verlag, Seite 54, 37, 13 – **Pinkola Estés, Clarissa,** Wilhelm Heyne Verlag, Seite 286, 136 – **Revlon, Charles,** zitiert aus: 50 und aufwärts, Stiftung Warentest, Seite 74 – **Studd, John,** Dr., zitiert aus: Wechseljahre, Stiftung Warentest, Seite 58 – **Voltaire,** zitiert aus: 50 und aufwärts, Stiftung Warentest, Seite 40